KOBIETY, KTÓRE ŚPIEWAŁY MŁYNARSKIEGO

KOBIETY, KTÓRE ŚPIEWAŁY MŁYNARSKIEGO
JOANNA NOJSZEWSKA

MARGINESY

COPYRIGHT © BY Joanna Nojszewska

COPYRIGHT © BY Wydawnictwo Marginesy, Warszawa 2024

„Kobiety w moim życiu zliczy któż?"

Lato 2014. Mieszkanie Wojciecha Młynarskiego w starej kamienicy tuż przy warszawskiej politechnice. Udało się! Przeprowadzam wywiad z mistrzem. Rozmowa ukaże się w „Twoim Stylu", miesięczniku, z którym jestem związana od lat. Pismo kobiece, więc kusi mnie, żeby porozmawiać o kobietach właśnie. Wspominamy jeden z pierwszych sukcesów pana Wojciecha. W 1964 roku na opolskim festiwalu Kalina Jędrusik dostaje nagrodę za piosenkę z jego tekstem *Z kim tak ci będzie źle jak ze mną*. Znana anegdota mówi, że kiedy artystka pierwszy raz przeczytała słowa tego utworu, zdziwiła się: „Młody człowieku, skąd pan tyle rzeczy wie o kobiecie?".

„No właśnie, skąd? Był pan wtedy zaledwie po dwudziestce" – dopytuję teraz i ja, siedząc w słonecznym pokoiku przy Lwowskiej. I słyszę: „Odpowiem pani, tak jak wtedy Kalinie. Tylko z wyobraźni... Też się śmiała. A skoro pani pyta o kobiety, które miały wpływ na moje życie, to Kalinę muszę wymienić koniecznie. Robiła na mnie kolosalne wrażenie. Nie raz żeśmy sobie ciekawie rozmawiali z nią i jej mężem Stanisławem Dygatem. Podziwiałem jej inteligencję, poczucie humoru i dystans do codziennych wydarzeń. W piosence *Z kim tak ci...* sporo tej Kaliny jest".

Czy tylko wyobraźnia kierowała piórem tamtego dwudziestotrzylatka? Chyba nie byłoby tak wrażliwego na kobiecą duszę tekściarza, gdyby nie mama Magdalena, babcia Cesia i ciotka Kaczurbina, gdyby nie siostra Basia. Całe dzieciństwo pełne kobiecych furkotów, emocji, spraw. W wywiadzie radiowym powiedział kiedyś: „W domu otoczony byłem zgrają bab, wchodziły mi na głowę, ale próbowałem nimi rządzić". Kiedy go o to zagadnęłam, zaproponował: „Nazwijmy to łagodniej – siostra i cztery kuzynki. Czy włazily na głowę? Nawet jeśli, źle tego nie wspominam. Za to pamiętam, że pisałem jasełka, rozdawałem im role i kazałem grać".

Przyznał też wtedy (opatrując swoje słowa jakże pożądanym przez dziennikarzy zdaniem „Nigdy jeszcze o tym nie mówiłem"), że gdy był mały, największy wpływ miała nań babunia. Cecylia Zdziechowska, mama mamy. To ona pilnowała jego wychowania. „Często darłem z nią koty, a ona przywiązywała mnie do kaloryfera! Ale potem byłem jej wdzięczny. Babunia to w ogóle powieściowy typ. Zaraz po wojnie mieszkaliśmy w dużym domu w Komorowie pod Warszawą. Pełnym ludzi, których trzeba było wykarmić i zorganizować im życie. Babunia to umiała". Wiedziała też, jak zadbać o potrzeby artystyczne mieszkańców. Przychodził na przykład pan melorecytator i grając na fortepianie, deklamował Norwida. Po występie babcia do srebrnej cukiernicy zbierała dla niego datki. „Byłem uczony dobrego wychowania, szurania nóżką, całowania w rękę, puszczania pani pierwszej przez drzwi, wstawania, kiedy mówili do mnie dorośli, niemówienia niepytanym. Jednym słowem odebrałem to, co się nazywa kindersztubą" – mówił Młynarski w wywiadzie dla radia.

A mama? Magdalena ze Zdziechowskich. Ku lekkiemu przerażeniu rodziny wyszła za Mariana „Milka" Młynarskiego. Człowieka uzdolnionego muzycznie i pełnego wdzięku, lecz słabego zdrowia. Kiedy zmarł na gruźlicę, miała zaledwie dwadzieścia siedem lat. Syn Wojtek – tylko dwa. Był rok 1941, środek wojny. Już nigdy z nikim się nie związała. Żyła długo. To jej Młynarski poświęcił jeden z najpiękniejszych utworów, *Naszych matek maleńkie mieszkanka* z poruszającym obrazkiem – ktoś dzwoni do drzwi i matka myśli, że to „syn królewicz wrócił szóstką koni", niestety, „to tylko pan listonosz z rentą". Kilkoma słowami umiał odmalować żal starszej kobiety, ale i pewne pogodzenie się z losem: syn daleko, ma swoje sprawy, może kiedyś wróci.

Sam autor wspominał, że kiedy zaprezentował mamie ten utwór, tylko uśmiechnęła się smutno... Nie bez kozery śpiewający tę piosenkę Michał Bajor w książce *Moje piosenki* komentował: „Wszelkie filmowe wyciskacze łez typu hollywoodzkiego są przy tym utworze dziecinną igraszką. Tu nie ma żartów. Podczas tej piosenki ludzie naprawdę płaczą".

To pani Młynarskiej zawdzięczamy tekściarza, który nie został naukowcem. W filmie *Młynarski. Piosenka finałowa* wspomina on, jak na koniec studiów radził się mamy, co wybrać. Bo na uniwersytecie proponowano mu asystenturę. A jego – po sukcesach w Hybrydach – ciągnęło na estradę. Wahał się. „Odbyłem niesłychanie ważną dla moich losów rozmowę z moją mamą, której powiedziałem, że jestem rozdarty. Jedno to jest ten uniwersytet, a drugie [...] żebym chciał robić to, co już robię w teatrzyku studenckim. I mama poradziła mi, żebym wybrał to drugie".

Ważną postacią dzieciństwa była też ciotka Maria Kaczurbina. Kompozytorka, uczyła w konserwatorium, w zespole Mazowsze. „Niespecjalnie pozwalała na żarty, a ja byłem zawsze rozżartowany. Ale to jej zawdzięczam muzyczne podstawy – mówił mi. – A muzyczne wyczucie i poczucie humoru wyrobiła we mnie pianistka i kompozytorka Franciszka Leszczyńska, koleżanka mamy z radia, z redakcji audycji dla dzieci i młodzieży. Dobrych parę lat później napisaliśmy razem do kabaretu Dudek piosenkę *Po co babcię denerwować"*. Młynarski wspominał też profesor Stanisławę Ostrowską, polonistkę z pruszkowskiego liceum im. Tomasza Zana. Jak sam przyznał, w latach nastoletnich łobuzował, ciągnęło go do „typowo sztubackich, smarkackich przedsięwzięć". A ona jakoś umiała do niego przemówić, rozniecić zainteresowanie literaturą.

Przypadek, ale można traktować go jak symbol: Giełda Piosenki, cykliczna impreza będąca swego rodzaju selekcją przed festiwalem w Opolu (a dla najlepszych – katapultą), odbywała się przez pewien czas w warszawskiej kawiarni U Ewy (według niektórych źródeł nazywała się po prostu Ewa), przy ulicy Konopnickiej. To tam na początku lat sześćdziesiątych Młynarski mógł się zaprezentować jako profesjonalny autor i wykonawca („Wówczas skromny nieprzeczuwający swej kariery członek grupy aktorskiej studenckiego kabaretu Hybrydy" – pisał Jerzy Grygolunas w książce *Festiwale opolskie*). To tam po raz pierwszy wybrzmiała piosenka *Z kim tak ci będzie źle jak ze mną*, wyśpiewana przez Jadwigę Strzelecką. Adrianna Godlewska-Młynarska, artystka, była żona pana Wojciecha, mówiła mi o tym miejscu: „Te Giełdy Piosenki były dla nas osobnym światem, w który nie wchodziła cenzura, polityka, czuliśmy się tam wolni". On sam po latach użył określenia: laboratorium polskiej kultury masowej.

Tekściarski debiut Wojciecha Młynarskiego w Opolu to też rzecz śpiewana przez kobietę. Koleżanka z teatru studenckiego, Janina Ostala, wykonała *Ludzie to kupią*, piosenkę tytułową programu napisanego przez Młynarskiego dla Hybryd. Lata później, podczas kultowego koncertu *Nastroje, nas troje* autor przypomniał ten moment w okolicznościowym kupleciku:

> Startowałem w roku sześćdziesiątym trzecim
> włos na jeża miałem krótko, oko szczyre
> i opolskie me pisanie
> rozpocząłem od zadania
> straszliwego ciosu w piosenkarską szmirę.

W rozmowie ze mną wyznał: „Wie pani, ja daleko mocniej przeżyłem drugi opolski festiwal. Bo tam już wystąpiłem jako zawodowy tekściarz, a nie student amator. *Spaloną ziemię* śpiewała Krystyna Konarska, piękna dziewczyna, która wcześniej wylansowała mój pierwszy przebój, *Jesienny pan*. No a przede wszystkim Kalina Jędrusik i *Z kim tak ci będzie źle jak ze mną*".

Na ten temat też powstał okolicznościowy utwór:

Rok następny i festiwal numer drugi
z niebywałym wprost wzruszeniem tu wspominam,
bo dostałem, chłopię młode,
pierwszą w życiu mą nagrodę,
wyśpiewała ją wspaniała mi Kalina.

O Kalinie powstają dziś filmy, Konarską mało kto pamięta, wyjechała wkrótce potem do Francji, gdzie nagrała wiele piosenek jako Cristina. Jest piękne zdjęcie z tamtego festiwalu: dwoje młodziaków, Wojtek i Krysia, na ulicach Opola. On w jasnym garniturze, obcięty na jeżyka, ona w jasnej sukience, z koczkiem. Oboje *so sixties*.

Opole to „festiwal, którego Wojciech Młynarski stał się objawieniem, bohaterem i etatowym kolekcjonerem nagród głównych i wyróżnień" – jak pisze wielki znawca twórczości Młynarskiego, Dariusz Michalski. Przez wiele lat na kolejnych festiwalach artystki zdobywały laury za piosenki z tekstami Młynarskiego. Łucja Prus z *Kocham się w poecie*, Alicja Majewska z *Żaglem*... (bez którego dziś nie może odbyć się żaden jej koncert) czy z *Odkryjemy miłość nieznaną*, Danuta Błażejczyk z piosenką *Taki cud i miód*, Edyta Geppert z *Och, życie, kocham cię nad życie*.

Lucjan Kydryński celnie podsumował to na okładce płyty *Młynarski śpiewany przez przyjaciół* z 1986 roku (której z pasją słuchałam jeszcze jako nieletnia, podziwiając też samą okładkę z charakterystyczną, lekko przygarbioną sylwetką Młynarskiego wykonaną talentem i kreską Andrzeja Pągowskiego):

> Młynarski, wiadomo, ma zbyt wiele pomysłów, by wszystkie zdołał wyśpiewać sam, pisuje więc teksty również dla przyjaciół. Inne niż dla siebie, ale wcale nie gorsze; sobie rezerwując twórczość – jeśli można to tak określić: satyryczno--publicystyczną, przyjaciół szczodrze obdarza tekstami przebojowymi, najczęściej lirycznymi lub dowcipnymi (opartymi na zabawnych, nieraz przewrotnych skojarzeniach) słownymi igraszkami, lecz i małymi dramatami prosto z codziennego życia. Przyjaciołom przysparza tymi piosenkami laurów na festiwalach [...], podnosi nakłady ich płyt, zwiększa natężenie oklasków, bo firma Młynarski zawsze produkowała i produkuje towar najwyższej jakości.

O Opolu, zwłaszcza o pierwszych latach festiwalu, pięknie opowiadała mi Adrianna Godlewska-Młynarska:

> Prawie nikt nie pytał o pieniądze, bo pieniądze były żadne. Najważniejsze było, żeby się spotkać. Byliśmy bardzo młodzi, dwadzieścia parę, trzydzieści lat. Młodzieńcza fantazja – nocna jazda polewaczką, słynne posiady w restauracji Pod Pająkiem. Karol Musioł, przez uczestników festiwalu zwany „tatą", przewodniczący Miejskiej Rady Narodowej, uwielbiał nas i ze wszystkim szedł nam na rękę. Mimo cenzur. A w amfiteatrze, jak Jurek Połomski wykonywał *Cała sala śpiewa z nami*, to słynny sektor D – gdzie siedzieli artyści – robił buju-buju. Byliśmy szczęśliwi, że możemy się spotkać. Zawsze piękna pogoda, początek lata. Spało się w prywatnych kwaterach, u ludzi. Dziś jada się sushi, a my jedliśmy twarożek w barze Krówka i to było dla nas

najlepsze na świecie. Najwspanialsze mam z Opola wspomnienia.

Fantastycznym podsumowaniem pierwszych piętnastu lat obecności tekściarza w Opolu jest wspomniany koncert *Nastroje, nas troje*, gdzie na scenie obok Wojciecha Młynarskiego stanęli także Agnieszka Osiecka i Jonasz Kofta. Śpiewane są teksty całej trójki, ale widać, że *spiritus movens* jest jeden. Młynarski krąży nieustannie jak elektron, zręcznie lawirując wśród kabli, "sunie" swoje piosenki oraz specjalnie na ten wieczór przygotowane kuplety.

Przeurocza wprost opolska publiczności,
luba dziatwo, cni mężowie i niewiasty,
to jest chyba niezła chwila,
by niewielki zrobić bilans,
bo w Opolu goszczę już po raz piętnasty.

To koncert legendarny, historyczny. Na scenie najlepsi: Rodowicz, Sipińska, Prus, Frąckowiak, Umer, Lewandowska, Grechuta, Mec, Rosiewicz, Skaldowie, Gołas – niepoprawny facecjonista. Mam postulat: nagranie powinno być powtarzane w telewizji co roku. I funkcjonować wśród tematów maturalnych.

Jeszcze drobiazg – à propos kobiecych tropów – czy to nie ciekawe, że w latach 1965–1967 początkujący pan tekściarz był pełnoetatowym redaktorem w telewizyjnej rozrywce i zajmował się tam między innymi cyklicznym programem *Z kobietą w tytule*? Choć sam przyznawał, że tytuł umowny, bo „to były małe monografie poszczególnych bardzo znanych twórców piosenki europejskiej i światowej".

Miał wreszcie „Młynarz" wiele życzliwych kobiet wśród artystek. Na pewno ważne były dla niego rozmowy z Ewą Wiśniewską czy z Haliną Kunicką. Cenił Irenę Kwiatkowską, z którą zetknął się w Dudku. To od niej nauczył się, „że wszystko, nawet najlepsza improwizacja, musi być wykute na blachę. To, co powinno dawać złudzenie lekkości, musi być w sposób niesłychanie żmudny przygotowane". Ewie Bem podarował – jak sama mówiła – piosenki pieczątki: *Moje serce to jest muzyk* i *Żyj kolorowo*.

A czy można nie wspomnieć o Hannie Banaszak śpiewającej *Mam ochotę na chwileczkę zapomnienia* i o jej czarującym zwischenruf? A Magda Umer, która z taką nadzieją śpiewa zawsze *Jeszcze w zielone gramy* i która w 2003 roku w teatrze Ateneum przygotowała wzruszający spektakl *Młynarski, czyli trzy elementy* (obsada głównie męska, ale kobiece evergreeny śpiewała Joanna Liszowska). I jeszcze Urszula Sipińska z weselnym dziś hitem *Cudownych rodziców mam*.

Nawet Maryla Rodowicz, tak organicznie przypisana do Osieckiej, ma w swojej historii muzyczne przygody z Młynarskim. Kiedy na początku drogi artystycznej szukała repertuaru, on z telewizyjnego programu o balladach amerykańskich ściągnął dla niej scenariusz odcinka z ich polskimi tłumaczeniami. Skorzystała z nich, a w 1981 roku zaśpiewała w Opolu wspomnieniowy utwór Młynarskiego *Fruwa twoja marynara*.

Wreszcie Agnieszka Wilczyńska, szczęściara, dla której napisał piosenki na płytę już w XXI wieku. Album nazywał się *Pogadaj ze mną*, a sam tekściarz, pytany przeze mnie, wskazywał, że hitem może być zamieszczone na nim piękne tango z muzyką Korcza *Bądź moim Piazzolą*. Po latach Agata Młynarska powiedziała, że ta płyta była dla jej taty rodzajem terapii.

Młynarski, wychowany w domu wielu kobiet, już jako dorosły człowiek sporo inspiracji czerpał z własnego stadła, o czym poruszająco mówiła mi Adrianna Godlewska-Młynarska. Siedziałyśmy w jej mieszkaniu przy ulicy Łowickiej, w pokoju z widokiem na ogród – tym samym, w którym pan Wojciech tworzył. Tuż przy oknie, na ścianie, trzy okładki płyt – w tym ta najbardziej wzruszająca, debiutancka: *Wojciech Młynarski śpiewa swoje piosenki* z 1966 roku. Dwa czarno-białe zdjęcia autora na żółtym tle i odręczny dopisek „Mojej żonie" oraz autograf. Myślałam: jakże musiał smakować tym świeżym wówczas małżonkom, dwudziestoparolatkom, ów pierwszy sukces... „Mama była dla taty przez wiele lat jego pierwszą słuchaczką i muzą" – mówiła mi Agata Młynarska. A pani Adrianna opowiadała:

Twórczość nie może istnieć bez życia. Nie można o niej mówić w oderwaniu od naszego domu. Nie jest czymś oddzielnym, jak w tym wierszu u Tuwima: że Staszek, że koń, że drzewo... Teksty powstawały na bazie rzeczywistości. A dowodem namacalnym jest cykl *12 godzin z życia kobiety*. To życie naszego domu, z którego mąż całymi rękami, całą głową czerpał, po czym siadał, brał kartkę i pisał to, co było w jego sercu. Wychował się wśród kobiet i potem też przyszło mu żyć wśród kobiet. Widocznie miał taki los, taki przydział, że kobiety go otaczały i w pewnym sensie chroniły.

Przeżycia córek, ich powiedzonka czy szkolne zmagania (Agaty z matematyką na przykład) też nieraz trafiały do piosenek. Córki przyniosły ojcu wiele radości, podczas rozmowy ze mną opowiadał z dumą: „I w jednej, i w drugiej widzę moje cechy: energię i pasję do wykonywanego zawodu. Agata w telewizji, Paulina pisze bardzo interesujące książki. Staram się nie wtrącać do ich życia, ale jak pytają – a zdarza się – wtedy doradzam, jak umiem najlepiej". Przyznawał też, że gdy były malutkie, poświęcał im za mało czasu. „Mój zawód jest bardzo zazdrosny, bez litości zżera czas".

„Wojtek miał ogromną atencję do kobiet" – mówił Michał Bajor w internetowym programie *Agata się kręci*. „Wielkie towarzystwo kobiece otaczało Wojtka" – powiedziała podczas rozmowy do tej książki jedna z bohaterek, Joanna Szczepkowska. Myślę, że to zdania klucze do pełnej odpowiedzi na pytanie, jakie przed laty młodemu Wojtkowi zadała Kalina Jędrusik. Nie tylko z wyobraźni ta wiedza o kobietach była.

* * *

Francuzi mają takie ładne słowo: *déclic*. Oznacza chwilę, w której coś się zapala, zaczyna, rusza. Mój *déclic*, czyli pomysł na książkę o kobietach zakochanych w piosenkach Wielkiego Tekściarza, pojawił się, gdy wracałam z festiwalu twórczości Wojciecha Młynarskiego w Gdańsku. Bodajże druga edycja, jeszcze z jego udziałem. Udana (jak każda) i obfitująca w wydarzenia – od wspólnego słuchania winyli po dyskusje w towarzystwie tuzów polskiej kultury. Mistrza chyba te chwile cieszyły – pamiętam, jak mówił ze sceny: „Jestem cały w skowronkach". To było święto jego, ale też święto inteligencji. Tej, którą prosił, by się nie wycofywała.

Gdzieś między Elblągiem a Nidzicą uprzytomniłam sobie, że nie tylko napisał dziesiątki pięknych i głębokich tekstów dla uznanych polskich artystek, ale też że ciągle wiele młodych kobiet odnajduje się w jego liryce. Festiwal był przez nie zdominowany, a większość ich występów zapamiętałam jako minispektakle wyśpiewane ze zrozumieniem i pasją.

Mam do jego sztuki szczególny sentyment. Sama jestem – ośmielę się rzec – kobietą śpiewającą Młynarskiego. Pozwolą państwo na osobisty obrazek: kwiecień, 1991 rok, Warszawa, Stara Prochownia. Premiera spektaklu *Układanka* z piosenkami Wojciecha Młynarskiego. Na scenie – Teatr Akademicki Uniwersytetu Warszawskiego pod patronatem Jego Magnificencji Rektora (taka była pełna nazwa). Od kilku miesięcy jestem w teatralnym zespole, poszłam na pierwszą próbę, bo patrząc na ogłoszenie o naborze wiszące na moim wydziale lingwistyki stosowanej, usłyszałam (serio!) wewnętrzny głos: „idź". A nie jestem osobą, która na co dzień słyszy głosy – bynajmniej.

Na próbach w akademiku przy ulicy Belwederskiej było nas ze dwa tuziny, ale do spektaklu *Układanka* trafiła zaledwie piątka. Graliśmy kilkanaście piosenek mistrza – na wesoło i na poważnie. Trochę ruchu scenicznego, drobne elementy kabaretowe. Zbiorówki, solówki, duety. Ja śpiewałam solo *Tak jak malował pan Chagall*. Wspaniała przygoda – a to na próbę zawitał Wiesław Gołas, a to udawaliśmy się szlifować śpiew do profesor Katarzyny Zachwatowicz (w jej mieszkaniu przy Lwowskiej szuraliśmy do pokoju prób na filcowych podkładkach). Podczas premiery za kulisy wpadł po swoim występie kolega aktor i z dużą siłą porwał mnie w objęcia. „Pomyliłem się, ale nikt nie zauważył!" – zawołał zziajany ze szczęścia. I tak zaczęła się historia związku, w którym jesteśmy do dziś. Można rzec, używając tytułów piosenek Młynarskiego, że wybuchł on gdzieś między *Lubmy się trochę* a *Przetrwamy*.

Wtedy na studiach było jeszcze wiele naszych występów – od Białegostoku i Sanoka po Paryż (i tamtejszy Instytut Polski). Zaśpiewaliśmy nawet w Piwnicy pod Baranami, pamiętam, jak Piotr Skrzynecki zapowiedział: „Oni są z Warszawy, poklaszczcie im trochę".

Po dwudziestu latach reaktywowaliśmy się jako wyjątkowo poważni ludzie – dziennikarka, mąż z wykształcenia hungarysta, prawniczka, tłumacz i muzyk – nasz pianista. Zrobiliśmy podobny spektakl. Odmłodnieliśmy, poczuliśmy, że jeszcze w zielone gramy. Zdziwione mięśnie znowu ruszyły w scenicznej choreografii, chociaż nie wszystko było takie samo. W latach dziewięćdziesiątych kolega robił tak zwanego fiflaka (czyli fikołka) podczas *Żniwnej dziewczyny*, teraz już wolał wykonać utwór mniej wyskokowo. Po raz kolejny – i to się nie zmieniło – doceniliśmy finezję tekstów, roznamiętniliśmy się wokalnie. Arturze, Mery, Piotrze, Tomku – z serca dziękuję za tę wspólną przygodę. Ta książka jest też dla Was. Nasz spektakl miał premierę w Hybrydach, wystąpiliśmy z nim w PROM-ie Kultury, Instytucie Teatralnym, w Centrum Kultury Łowicka, na gdańskim festiwalu twórczości Wojciecha Młynarskiego. Jestem wdzięczna ówczesnemu szefowi festiwalu Jackowi Bończykowi, że nas tam „zakwalifikował". Daliśmy wtedy występ w Teatrze w Oknie – tak się podobał, że następnego dnia go powtórzyliśmy. Wtedy byliśmy po czterdziestce, teraz żartujemy, że za parę lat trzeba będzie powoli zacząć szykować się do *Rififi po sześćdziesiątce*.

Cytaty z „Młynarza" są w naszym domu ważne. To cząstka rodzinnej historii, która idzie w następne pokolenie. Używa ich nawet córka, która jako dziecko sporo czasu przesiedziała na naszych próbach. „Drukowałam dla ciebie osobne pisemko" – powiedziała niedawno, wróciwszy z obozu, na którym część uczestników miała chorobę zakaźną, a ona nie chciała mnie martwić (to oczywiście cytat z *Po co babcię denerwować*). Sama gra ciężką muzę, ale docenia piosenki Młynarskiego za teksty i „zrywne pianinko".

Być może moje upodobanie do jego piosenek bierze się także z frankofilstwa i studiów lingwistycznych. Młynarski lubił i cenił kulturę francuską, często zaznaczał, że na początku artystycznej drogi ważną inspiracją okazała się wizyta w paryskiej Olimpii. Wtedy zdał sobie sprawę, że jeden człowiek – Bécaud czy Aznavour – stoi na scenie i „trzyma w garści całą publikę". Francuskich wzorów się nie wystrzegał, a nawet autoironicznie opowiadał w publikacji *Młynarski & Sent. Jesteśmy na wczasach*: „Próbowałem takiego gatunku – nawet myślałem, że to jest mój własny pomysł, że wszystko sam wymyśliłem [...], a to chodziło o to, żeby brać różne powiedzonka, które są z baru mlecznego, z platformy tramwajowej, spod budki z piwem – pakować je do piosenek i mieszać to jednocześnie ze sformułowaniami z dziedziny literatury wysokiej, takimi eleganckimi. Dopiero jak zacząłem tłumaczyć piosenkę francuską [...], zorientowałem się, że to jest norma. To jest zasadą tych piosenek, one są tak robione".

Ten dualizm pięknie ujęła Agnieszka Osiecka, stwierdzając, że twórca operuje „żargonem warszawskim, gazetowym skrótem, młodzieżowymi powiedzonkami, którym nadaje nową, poetycką rangę. Z piosenek Młynarskiego powiedzonka te wracają nieraz z powrotem na ulicę i stają się przysłowiami na każdą okazję".

W wywiadzie z 2014 roku mistrz – jakby na potwierdzenie – rzekł mi: „Agnieszka Osiecka twierdziła, że ludzie mówią szlagwortami, trzeba tylko umieć to usłyszeć i za pamięci zapisać, a z obróbką można poczekać".

Badaczka Aneta Wysocka zauważa: „W poszukiwaniach recepty na twórczość Wojciecha Młynarskiego wszyscy zwracali uwagę na język łączący kolokwializmy z warsztatową elegancją". A dzieci pana Wojciecha we wstępie do tomiku *W Polskę idziemy* ujęły rzecz tak: „Młynarski potrafił w lot wyłapać powiedzonka, emocje i oczekiwania wiszące w nadwiślańskim powietrzu, a nade wszystko słuchać drugiego człowieka".

Dzięki tym piosenkom powracam do lat sześćdziesiątych, siedemdziesiątych i osiemdziesiątych. Dekad, kiedy jeszcze nie było mnie na świecie albo byłam mała. Czasu, do którego mam sentyment. W którym słońce świeciło bardziej beztrosko i w którym, cytując Pilcha, „wszyscy jeszcze żyli". Może tęskni mi się trochę do dawnego świata, bo był bardziej uporządkowany, a przynajmniej taki się wydawał? Powidoki tamtych lat są w piosenkach Młynarskiego. Zgadzam się z tym, co napisał kiedyś krytyk Jacek Sieradzki: „Gdy więc słucha się którejś z jego wczesnych piosenek, z jednej strony rozrzewniająco działa przypomnienie realiów nieaktualnej już «staroświeckiej» obyczajowości, z drugiej zaś trudno nie dostrzec, iż problemy, wady czy mechanizmy tam sportretowane dotyczą nas w równym stopniu, co słuchaczy premierowego wykonania. Przeszłość i teraźniejszość spotykają się na krótką chwilę w estradowej miniaturze".

Za te spotkania w miniaturze jestem Wojciechowi Młynarskiemu wdzięczna.

On sam w *Rozmowach poszczególnych*, wywiadzie telewizyjnym, który przeprowadziła z nim jego córka Agata, przyznał: „Postawiłem na taką formę, wydawałoby się ulotną, wydawałoby się nietrwałą, a w moim mniemaniu rokującą bardzo wielkie artystyczne nadzieje". Ktoś mógłby rzec: faktycznie, piosenka, sprawa ulotna, lekka muza, gdzie jej tam do powagi? I czy w ogóle ma znaczenie w codziennym życiu? W roku 1971, roku mojego urodzenia, ukazała się książka jednego z twórców festiwalu opolskiego, wspomnianego już Jerzego Grygolunasa. Na podobne wątpliwości odpowiada on tak: „Piosenki nie są marginesem życia. Są sztuką najbardziej masową. Towarzyszą nam wszędzie [...]. Żadna ze sztuk nie jest tak eksponowana za pomocą tak zwanych środków masowego przekazu i żadna ze sztuk nie jest tak obficie reprezentowana w codzienności".

Wiem, czuję i widzę, że tu akurat przez pół wieku nic się nie zmieniło.

Myśl o książce, w której wypowiadaliby się artyści śpiewający jego teksty, zdążyłam jeszcze przedstawić panu Wojciechowi. Pamiętam, oddzwonił do mnie w sobotę. Akurat szukałam czegoś na podłodze i – odebrawszy – z wrażenia zastygłam na chwilę na klęczkach. Co w duchu nawet mnie ubawiło! Usłyszałam, że pomysł ciekawy i warto o nim podyskutować. Zachęcona, zaczęłam układać w głowie plan, umawiać się na rozmowy. Jednak trudny czas w moim życiu prywatnym, a zaraz potem choroba i śmierć pana Wojciecha sprawiły, że odłożyłam przedsięwzięcie na przyszłość. To nie był ten moment. Dziś wracam do tematu. Bo wierzę, że Młynarski jest nam potrzebny. Że jego teksty to – bez cienia przesady – nasze dobro narodowe. Że ich połączenie ze znakomitą muzyką będzie cieszyć kolejne pokolenia. Jak on sam mówił: „Dobrze napisana piosenka wciąż zawiera w sobie ogromne możliwości. Bo zmusza do myślenia".

„Kobiety w moim życiu zliczy któż, / niewinne, doświadczone, dobre, złe" – te słowa Młynarskiego do muzyki Romana Orłowa z elegancją śpiewał Gustaw Lutkiewicz. Do pana Gustawa mam sentyment, to Kresowiak, jak duża część mojej rodziny, w dodatku przyjaciel wuja Mieczysława Rymkiewicza z gimnazjum w Wiłkomierzu. Wojciech Młynarski mówił mi, że Lutkiewicza do zaśpiewania tego utworu zaangażowała Agnieszka Osiecka. „Piosenka była napisana do programu studenckiego. Agnieszce się podobał, była na nim kilka razy. Ona wtedy zakładała tak zwane Radiowe Studio Piosenki, w którym różne lubiane przez siebie utwory polecała znanym wykonawcom. I postanowiła nagrać tę piosenkę z Lutkiewiczem. Ładnie to zrobił".

Mistrz podkreślał, że dużo zawdzięcza Agnieszce – mniej więcej w tym samym czasie zaproponowała, żeby w owym Studiu Piosenki jej asystował. „Tam pieczołowicie dobierano wykonawców, aranżerów – trzeba było przy tym wszystkim trochę pochodzić, przypilnować. Mnie ten zaszczyt spotkał, zwłaszcza kiedy Agnieszka wyjeżdżała – a wyjeżdżała często. Dużo jej zawdzięczam. To ona napisała przedmowę do mojego pierwszego zbiorku" – opowiadał. Po jej śmierci w 1997 roku ułożył wiersz *Poetka znikła w oddali*, z przejmującymi słowami: „Lecz skoro tak ją kochali, / tak bezgranicznie, tak mocno, / czemu w co drugim Jej wierszu, / taka straszliwa samotność?".

Nie chciał, aby do tego utworu powstała melodia. Wiele lat później o jego zaśpiewaniu zamarzył jednak zespół Pectus. Agata Młynarska opowiadała mi: „Powiedziałam Pectusom, że wolą taty było, aby ten wiersz pozostał bez muzyki. Pomyślałam jednak, że jeśli jej nie będzie, wiele osób w ogóle nie pozna tych pięknych słów. Stwierdziłam więc: zgoda, ale pod warunkiem, że namówią Magdę Umer, aby to zaśpiewała. Namówili".

Kobiety w moim życiu zliczy któż – sam autor też wykonywał tę pieśń, jeszcze jako młokos. Lucjan Kydryński, ze swoim legendarnym r, zapowiadał go wtedy: „Wojciech MłynaRski – *Kobiety w moim życiu zliczy któż*. Ze względu na wiek wykonawcy – utwóR baRdzo kRótki".

Kobiety w życiu Mistrza zliczę ja. Ale nie jest to opowieść sensacyjno-tabloidowa. Z szacunku dla Wojciecha Młynarskiego i jego rodziny, ale też z racji mojej konstrukcji mentalnej nawet przez myśl mi nie przeszło, aby interesować się tym kto, co, z kim i czy w ogóle. Chociaż – ze smutkiem stwierdzam – próbowano mi tu i ówdzie podobną narrację zasugerować. Takie mamy czasy...

W tej książce, owszem, będzie o namiętności – ale do słowa. O uniesieniach – ale intelektualnych. O zatraceniu się – tyle że w sztuce. O porozumieniu dusz, fuzji talentów i radości ze wspólnych zachwytów. Będzie pikantnie, bo Młynarski nie stronił od takich żartów. I będzie lirycznie, bo umiał grać na czułych strunach. Wierzę, że jest sporo osób, które taki rodzaj opowieści docenią. Nitką, która prowadziła mnie przez poszukiwania, były słowa profesora Kazimierza Rudzkiego wypowiedziane niegdyś do bohatera niniejszej książki: „Niech pan założy, że widz nie jest głupi, tylko inteligentny, a nawet często inteligentniejszy od pana. Niech pan tak pisze, żeby ten najbardziej wyrafinowany i inteligentny był z pana zadowolony".

Właśnie tak myślę o moich czytelniczkach i czytelnikach.

Kobiece wątki to oczywiście tylko jeden fragment układanki, jaką jest twórczość Młynarskiego. I – żeby było jasne – podziwiam też to, co wykonywał sam albo pisał dla artystów – mężczyzn. Jestem fanką jego recitali – osobiście byłam zaledwie na jednym, ale wiele mam na płytach i ich słuchanie dodaje mi energii. Znam dobrze młynarską bibliografię. Niemal cały przebieg jego kariery jest w opasłym tomie *Dookoła Wojtek* Dariusza Michalskiego. Niedawno wydano biografię pióra Michała Ostrowskiego. Kopalnią informacji są książki powstałe pod skrzydłami Agaty Młynarskiej – *Moje ulubione drzewo, czyli Młynarski obowiązkowo*, a także *Młynarski. Rozmowy*. Interesujące opowieści znalazłam w książkach bliskich: siostry Barbary Młynarskiej-Ahrens i Adrianny Godlewskiej-Młynarskiej. Niech ta opowieść je uzupełnia.

Mistrz napisał piosenkę *12 godzin z życia kobiety* – ja zapytałam dwanaście kobiet o mistrza. Wybitne polskie artystki. Na zaproszenie do rozmowy wszystkie zareagowały entuzjastycznie. Każdą fascynował na inny sposób. Pozwolił zrealizować marzenia, odkryć lepszą stronę, niektóre dzięki niemu odważyły się na coś, co wcześniej wydawało im się niemożliwe. Ale umiał też im po ludzku pomóc, doradzić. Może dlatego te „dziewczyny" były dlań „dobre nie tylko na wiosnę". Mam świadomość, że ważnych artystycznie kobiet związanych z jego twórczością jest znacznie więcej niż gościń tej książki. Ktoś inny może by skierował reflektor w inną stronę, szanuję wszystkie inne wybory, ale mnie pociągnęło akurat takie grono. Nasze rozmowy, pasjonujące *per se*, miały dodatkowy walor – niemal każda z pań przy okazji opowieści coś zanuciła, zaintonowała. Parę sekund, chwilkę. Mikrokoncerciki. Bonus, za który jestem wdzięczna.

Między ich opowieściami proponuję interludia (pan Wojciech chyba lubił to słowo, pojawia się w *Truskawkach z Milanówka*). To gawędki o dziewczynach, które z jego piosenek weszły do popkultury. Panna Krysia z turnusu trzeciego i inne. Swego rodzaju herstoria uniwersum stworzonego przez tekściarza. Szukając tropów, co rusz trafiałam na kobiece postaci w tekstach. Roman Orłów, kuzyn Młynarskiego i muzyk, z którym ten pisał piosenki na początku swej drogi artystycznej, wspominał, że jedną z pierwszych postaci kobiecych w tych tekstach mogła być... Lodzia milicjantka, legendarna warszawska funkcjonariuszka, która kierowała ruchem ulicznym.

Badaczka Katarzyna Burska, która napisała pracę o tytułach piosenek Młynarskiego, zwraca uwagę: „Dużą popularnością cieszą się imiona żeńskie, znajdziemy je w następujących utworach: *Jest jeszcze panna Hela, Kuzynka Urszula, Nie mam jasności w temacie Marioli*". Jej koleżanka z Uniwersytetu Łódzkiego, Anna Sokół-Klein, zauważa: „Jednym z motywów obecnych w twórczości poety jest kobieta – przedstawiona zarówno jako obiekt niespełnionej miłości, jak również wartościowa oraz pracowita żona, matka czy babcia".

Zatem: Młynarski kobiecym okiem i kobieta w oczach Młynarskiego. Niech ten świat z jego wyobraźni „przenika nas od stóp do głów" – jak w piosence *Przedostatni walc*. Jednej z jego ulubionych.

Ewa Wiśniewska

Gdy nastrój trwał i Duduś grał na saksofonie,
Naszym snom, marzeniom, łzom pan Duduś grał.
Byliśmy niewinni w te dni i tak pogodni,
Skrzył się czas od konceptów i dowcipów rac.
Ach, to był szał, gdy Duduś grał

Nie, Ewa Wiśniewska nie śpiewała tej piosenki. Ale fragment przywołujący rozwibrowaną atmosferę Hybryd lat sześćdziesiątych robi nam dobre tło pod scenę z partagasem.

W tej historii przyszła doktor Ewa, Cudzoziemka i pani Kurcewiczowa ma zaledwie siedemnaście lat. Ale już czuje się dorosła. Bo jest stu-dent-ką. Pierwszy rok szkoły teatralnej *oblige* – także do popalania w tajemnicy przed rodzicami. Zresztą kto w tamtych czasach nie popala? Nawet Hans Kloss i pancerni. A tu jeszcze kolega Wojtek częstuje ją w klubie rzadko spotykanym partagasem! „Dumny, że miał tak trudne do zdobycia papierosy. Pewnie dostał od jakiejś ciotki. W każdym razie przyszły z zagranicy. A ja w ogóle nie wiedziałam, co to jest. Pociągnęłam tego partagasa i zemdlałam. Siła uderzenia była nieprawdopodobna" – śmieje się dziś pani Ewa. Siedzimy wśród zieleni, w pięknym parku w Radziejowicach. Aktorka przyjeżdża tu co roku posłuchać koncertów muzyki poważnej. Tu też umówiła się ze mną na rozmowę o Wojciechu Młynarskim. Jej wielkim przyjacielu. Dla którego – jak mówi mi Agata Młynarska – była autorytetem.

Sprawdzam w internecie te partagasy. Okazuje się, że to najsilniejsze papierosy świata. No ładnie! Kubańskie, pakowane filtrem do dołu. A filtr tak zbity, że trzeba się mocno zaciągnąć, by cokolwiek wciągnąć. Na usprawiedliwienie „kolegi Wojtka" można dodać, że partagasy faktycznie paliło się najczęściej w dwie osoby. Wyjaśnienie znalazłam na portalu Nostalgia.pl: „Samodzielne wypalenie większej liczby tych fajek skutkowało ekstremalnymi doznaniami. Wytrawni wówczas palacze wspominają, że partagasy mogły się równać tylko z dwa razy ugaszonym mazurem lub ekstramocnym bez filtra".

Tyle nikotynologii stosowanej. Wróćmy do Hybryd. Zwłaszcza że nasi bohaterowie właśnie tam się poznali. Kiedy? „Dawno". – Uśmiecha się Ewa Wiśniewska. Nie ma w pamięci konkretnej daty. „Byliśmy tą młodzieżą, która się spotykała głównie właśnie w Hybrydach, Stodole, STS-ie".

„W największej sali od czwartku do niedzieli tańczyło się i słuchało jazzu. Najlepiej tańczył koleżka, którego nazywaliśmy «Henio Meloman» – czy to z żoną klarnecisty Izą Zabieglińską, czy to z Ewą Wiśniewską, podówczas studentką PWST" – wspomina Młynarski w książce *Moje ulubione drzewo*... Wiśniewska potwierdza: „Ciągle w tym samym sosie towarzyskim, w stałym kontakcie, w jednej grupie. Nie trzeba było jakichś specjalnych umizgów i korowodów, żeby się zaznajomić. To działo się naturalnie. Wojtek? Bardzo lubiliśmy ze sobą tańczyć".

Czy zrobił na niej wtedy wrażenie? Że zdolny, że miły? „Zwariowany. – Uśmiecha się znowu. – Pełen pomysłów, wdzięku, wszystkiego w ogóle. Traktowaliśmy jego odjazdowe pomysły jako rzecz naturalną dla młodego człowieka. Nikomu nie przyszło do głowy, że może to mieć jakiekolwiek inne podłoże..."

Z kolei pan Wojciech w książce *Młynarski. Rozmowy* wspominał: „W Hybrydach panowała miła, kameralna atmosfera. Nie tak jak dziś, gdy decybele rozrywają uszy i nie słyszy się własnych słów. Wtedy liczyło się, co kto powie, i muszę przyznać, miałem w klubie niezłe notowania. Byłem dowcipny, słynąłem z ripost, a to ceniono".

Hybrydy z partagasem to pierwszy – chronologicznie – mocny obrazek. Drugi ważny jest osadzony na niwie zawodowej. Młynarski z kompozytorem Orłowem proponują dyplomowanej już aktorce Wiśniewskiej, żeby zaśpiewała ich piosenkę. Charakterystyczną, dynamiczną. Odbywa się nawet kilka prób, w kawiarni Nowy Świat na pierwszym piętrze. Po czym aktorka wycofuje się z projektu. „Stwierdziłam, że nie doskoczę do wartości wykonania. I zrezygnowałam. Z wielkim trudem, bo musiałam się wyplątać i od Orłowa, i od Wojtka". Tą piosenką jest... *Z kim tak ci będzie źle jak ze mną*. „Zaśpiewała ją genialnie Kalina. Genialnie" – podkreśla Ewa Wiśniewska.

To był murowany hit, Jędrusik wygrała nim festiwal. Ze słynną frazą: „Oszukiwałeś mnie, dręczyłeś mnie", kończąca się słowami: „Kto będzie czekał w noc bezsenną – ty wiesz, że ja" piosenka jest chętnie słuchana do dziś. Czy nie żal, że się wypuściło z ręki taki skarb? „Nie. Od urodzenia jestem maksymalistką. Jeżeli wiem, że czemuś nie podołam, wolę w ogóle nie stawać w szranki. Nie można powiedzieć, że tę piosenkę odrzuciłam. Ja się jej przelękłam. Dlatego «wysnułam się» z tego pomysłu". Niechęć mojej rozmówczyni do śpiewania jest znana. Sama mówi o niej w wywiadach. Jeszcze do tego wrócimy.

Przyjaźń Ewy i Wojtka nawiązana w hybrydowych okolicznościach okazała się tą na całe życie. Ponad pięć dekad wiele razy bawią się i pracują razem. I nieustannie dyskutują. Tematy chwili, bardzo często polityczne. Kolejna rzecz, która ich łączy: brydż. Grają namiętnie. Podczas wspólnego tournée po Ameryce – na walizce w autokarze. W Polsce – w mieszkaniu Młynarskich na Łowickiej, gdzie zbiera się grupa brydżowa. Ewa Wiśniewska wspomina: „Oczywiście starałam się strasznie, bo zawodnicy, między innymi Gustaw Holoubek, grali genialnie. Musiałam do nich doskoczyć, żeby nie być wyłomem".

W książeczce dołączonej do płyty *Ateneum gra Młynarskiego* artystka dopowiada jeszcze, że to był brydż naprawdę na wysokim poziomie, nie jakieś przekładanie kart czy gawędzenie o tym, w co się jutro ubrać albo co się widziało w sklepie. Takie zachowanie było wykluczone. I dodaje, że Wojciech Młynarski był bardzo dobrym graczem. „Takim jak jego osobowość – szalenie aktywnym. Ale nie wymyślał nikomu. Był wyrozumiałym partnerem".

Są też inne spotkania. W tamtych latach rodzice pani Ewy mieszkają na ulicy Madalińskiego, na Łowicką to tylko dwa kroki. Artystka wspomina, że po wigilii u nich szło się do Młynarskich na ciąg dalszy:

> Człowiek już nie był w stanie zjeść niczego... oprócz genialnej kutii robionej u Wojtków. Spędzaliśmy tam dużo czasu. Bardzo śmieszne były w czasie posiedzisk – nie tylko wigilijnych, ale też świątecznych i nieświątecznych – występy małej Pauliny, która mając jakieś cztery, pięć latek, przebierała się w stroje Adrianny. I w tych za dużych butach i różnych kapeluszach dawała nam przedstawionko. Uwielbiałam też mamę Wojtka. Wspaniałą, cudowną, ciepłą postać, naprawdę taką do przytulenia. Jak się patrzy dziś na ich wspólne zdjęcia – ten wyraz twarzy mamy jest nie do przecenienia. Pełen łagodności. Przez wiele lat spotykaliśmy się też na wakacjach w Juracie. Albo u Jurka Derfla na sylwestrach czy wspólnych imieninach – Jerzego i Wojciecha przypada tego samego dnia, 23 kwietnia. Wojtek miał wybitną energię i dominował całe towarzystwo, ale można go było słuchać i jeść łyżkami.

Przyjaźń przez całe życie to cenna wartość. Próbuję dociec, co było jej podstawą. Bo można miło grać w brydża, obracać się w tym samym środowisku, można nawet wypalić razem rzeczonego partagasa – i się rozejść, do innych ludzi, innych znajomości. Co sprawiało, że aktorka i tekściarz tak dobrze się rozumieli? Wiśniewska odpowiada:

> Widocznie odbieraliśmy na tych samych falach: i rzeczywistość, i otaczający nas świat. A może połączyło nas umiłowanie do sztuki w ogóle? I mój podziw dla Wojtka pod każdym względem. To, że w swoich śpiewanych felietonach trafiał w sedno. Proszę zauważyć, że było potem masę odtwórców. Ale to jego felietony, skrótowo, reportersko podawane w recitalach, okazały się nie do przecenienia. To było przeżycie tego tekstu i jednocześnie nie-przeżycie go. Surowość w podaniu treści. I point. Genialne. Podkreślane i muzyką, i słowem. Cenię też jego tłumaczenia z francuskiego, wieczór w Ateneum poświęcony piosence Brela. I nasz *Hemar*, którego sobie ukochaliśmy, a do którego Wojtek mnie ściągnął zupełnie inną piosenką.

No właśnie, słynny *Hemar* w Ateneum z lat osiemdziesiątych! Są z tego spektaklu nagrania w sieci. Sam Młynarski opowiadał w książce *Dookoła Wojtek*: „Przez to przedstawienie przeszło wielu aktorów [...]. Była tam również doskonała Ewa Wiśniewska". Kiedy patrzę na ten spektakl, trudno mi pojąć niechęć mojej rozmówczyni do śpiewania. Bo przecież idzie jej! Od dziecka osłuchana – tata był skrzypkiem w filharmonii, w młodych latach uczyła się gry na pianinie. Potem w szkole teatralnej – nauka piosenki przedwojennej z Janiną Romanówną, współczesnej i amerykańskiej z Bardinim, findesieclowej z Sempolińskim. Studenci, jak mówi sama aktorka, byli „śpiewaczo wyciągnięci we wszystkie strony". A jednak...

W tej chwili już w ogóle nie śpiewam. Kiedyś tak – zrobiłam w telewizji nawet kilka „szołów" muzyki lekkiej, łatwej i przyjemnej. Ale potem chciałam się z tego wydobyć w inną przestrzeń. A tu Wojtuś zachęcił mnie do *Hemara*. Obiecał, że zaśpiewam pewną piosenkę, po czym dał ją Krysi Jandzie. A mnie powierzył *Pensylwanię*. Której nienawidziłam i której się śmiertelnie bałam. Z tego lęku podczas występu trzymałam się... własnego boa. Różowego. Dla wzmocnienia swojej osobowości i interpretacji. Ściskałam je usilnie! Wydawało mi się, że to jest jedyna gałąź, która mnie trzyma przy życiu – śmieje się artystka.

À propos boa – w jednym z programów teatru Ateneum znajduję spis kostiumów damskich do tego spektaklu, wykonanych w Modzie Polskiej. Między innymi siedem sukien dla Ewy Wiśniewskiej: różowa jedwabna, biała atłasowa, z niebieskich cekinów, kremowa z wełny, biała na finał, czarna z koralami oraz szal z lisów (!), wszystko razem dwieście sześćdziesiąt tysięcy złotych. Ówczesnych. To samo źródło podaje, że średnia pensja wynosiła wtedy niespełna trzydzieści tysięcy złotych.

Wracając do wyborów piosenek. To nie można było się zbuntować? Powiedzieć: „Ejże, drogi Wojtku, umawialiśmy się inaczej, nie chcę żadnej *Pensylwanii*!"? Artystka odpowiada:

I co by to dało? No, opieprzyłam go oczywiście, ale co z tego. A może też my za bardzo się kochaliśmy – przyjacielsko – żeby robić sobie jakieś afery? Zresztą miałam w tym spektaklu jeszcze inne teksty, które lubiłam. Mimo że ich też się bałam. Program był tak skonstruowany, że ja śpiewałam pierwsza. Wojtek przed występem miał fatalny, według mnie, zwyczaj podglądania, kto jest na widowni. Kiedy już stałam na scenie, w białym szalu, gotowa śpiewać: *„Je me sens... si petite...*

dans tes bras" [Czuję się taka mała w twoich ramionach – przyp. aut.], on szeptał: „Ewka, wiesz, kto jest na sali?!". Mówiłam mu, że nie chcę wiedzieć nic, bo już umieram, a jak się dowiem, będzie jeszcze gorzej. On mimo wszystko mi mówił, po czym wychodził do ludzi: król życia, uśmiechnięty, promienny konferansjer – wszystko fantastycznie. A potem rozświetlała się scena i ukazywałam się ja – w charakterze trupa, ledwo żywa z powodu tremy.

Ewa Wiśniewska przyznaje, że nie lubi oglądać swoich występów. „A Wojtas lubił" – zaznacza. Warto wspomnieć, że w *Hemarze* miał do swojej konferansjerki stosunek, powiedzmy, fantazyjny. Kiedy występowali po kilka dni z rzędu, pierwszego mówił krótko, następnego – już się czuł pewniej, więc gawędził dłużej. „A trzeciego to właściwie już nie wiadomo, po co myśmy – aktorzy – wpadali na tę scenę, bo można było go tam zostawić na cały spektakl. I on by opowiadał publiczności cudowne rzeczy. Byliśmy przerywnikami w jego olbrzymim monologu" – śmieje się pani Ewa.

„Konferansjerka Młynarskiego do tego spektaklu jest przykładem fenomenalnej gry z cenzurą. Młynarski skomponował spektakl-wykład, dzieląc się swoim zachwytem i fascynacją przedwojennymi mistrzami ciętego słowa i szczerej liryki" – komentuje na portalu Teatr-pismo.pl Ariadna Lewańska, wykładowczyni uniwersytecka i filozofka.

Detal, ale uroczy – Młynarski występował w tym spektaklu z żywym goździkiem w butonierce. Tak mu doradził wuj Adam Kaczurba. „Niby drobiazg, a taki ważny" – mówił konferansjer przy okazji premiery.

„Stwierdzić, że to udane przedsięwzięcie, to nic nie stwierdzić – pisze w monumentalnej książce o dyrektorze Januszu Warmińskim i jego teatrze Ateneum Aneta Kielak-Dudzik. –

Hemar od razu kradnie serca publiczności, która będzie wiernie mu towarzyszyć przez dziesięć kolejnych lat. Ateneum objedzie z przedstawieniem kraj i zagranicę – od Stanów Zjednoczonych przez Kanadę, Anglię i Szwajcarię". I jeszcze obok cytat z recenzji Krystyny Gucewicz z „Expressu Wieczornego" z marca 1987 roku: „Bijemy brawo niemal trzy godziny. Bez przerwy. Urocze są współczesne interpretacje dawnych przebojów, świetne kostiumy, jak z żurnala mód tamtych lat, dobry nastrój. Czegóż chcieć więcej?!".

Hemar, a potem spektakle *Brel* i *Wysocki* oraz cykliczne recitale Młynarskiego w teatrze na warszawskim Powiślu to spora część jego zawodowego CV. Nic dziwnego, że podczas benefisu w Trójce w 2011 roku powie, że dwadzieścia lat w Ateneum zapisuje „na najlepszych kartkach" swojego życia.

Z *Hemarem* wiąże się anegdota przywieziona z miesięcznego tournée po Stanach. Wiśniewska śpiewa w spektaklu starą francuską balladę *Coquelicot*.

I w tej balladzie też
nie będzie kwiatów brak,
bo główną rolę gra
czerwony polny mak.
A maki w całej Francji zwą
tak pięknie – *coquelicot*.

Jak wspominał sam Młynarski, na tej piosence wychowały się pokolenia absolwentów warszawskiej PWST, gdzie cudownie ustawiała ją, czyli reżyserowała, profesor Janina Romanówna.

W Chicago Wojtuś jak zwykle zapowiadał, że oto właśnie piosenka *Coquelicot*. I nagle wstaje z widowni pan Ref-Ren [czyli Feliks Stanisław Konarski, poeta, pisarz, aktor, pieśniarz –

przyp. aut.] i na całe dwa tysiące trzydzieści osób w Copernicus Center mówi: „Ale przecież to nie jest piosenka Hemara, tylko moja!". Konsternacja. Wojtek jednak szybko się pozbierał i już podczas następnego koncertu w Copernicusie zapowiedział, że co prawda *Coquelicot* nie jest piosenką Hemara, tylko pana Ref-Rena, ale pani Wiśniewska tak bardzo chce ją zaśpiewać, że właśnie ją wykona. I ja po tym wchodziłam na scenę

– opowiada mi artystka.

Umiejętność wybrnięcia – cudowna. Tak bardzo Młynarska! Ewa Wiśniewska potwierdza: „Tak, to był instynkt artystyczny. Instynkt wykonawcy, można powiedzieć – aktora, chociaż nigdy nim nie był. Nieprawdopodobny talent estradowy, z bardzo górnej półki". Zawsze nawiązywał genialny kontakt z publicznością. Dziś z rozkoszą ogląda jego zarejestrowane występy. „Właśnie po nich sądzę – już z perspektywy mojego doświadczenia zawodowego – że robił to genialnie. Ani brat łata, ani gwiazdor. Po prostu normalny. A to, że był ukochany przez ludzi: i przez Polonię, i tu w Polsce, to oczywiście było wiadome. Miał świadomość tego, kim jest i jaką wartość reprezentuje. Nie zaniżał jej".

Wracając jeszcze do pana Ref-Rena – wtedy w Stanach zaprosił artystów do domu. „Przemiły człowiek. Wojtka Młynarskiego przegadać nie było łatwo. Zresztą, kiedy wchodził w rytm opowieści, to było fascynujące. Ale u pana Konarskiego siedział jak trusia. Został przez niego przegadany!"

Tu robimy przystanek, żeby wrócić do nurtującej mnie kwestii tremy przed piosenką występującej u rozmówczyni. A ona tłumaczy:

W klasycznym spektaklu, owszem, też jest trema. Bo wsiadam do pociągu, który rusza, i już nie ma odwrotu. Ale mam czas na zaaklimatyzowanie się w postaci, wejście w nią. Natomiast piosenka trwa trzy minuty i zanim człowiek się zorientuje, już schodzi ze sceny. Kiedy graliśmy *Hemara* na przykład przez tydzień w Ateneum, już kilka dni wcześniej byłam chora na umyśle i ciele ze strachu przed tym śpiewaniem. Ja jestem zwierzęciem teatralnym, które musi rozwinąć skrzydła, a nie wpaść na scenę i wypaść.

A jednak przemogła strach, w znacznej mierze dla Młynarskiego. Po raz kolejny. Bo tych dwoje miało przez krótki czas jeszcze jedną wspólną płaszczyznę artystyczną: legendarny kabaret Dudek. Brylowali tam Gołas, Kobuszewski, oczywiście gospodarz Dziewoński. Zachwycony młodziutki tekściarz Młynarski siedział zawsze na nocnych próbach. Jak sam mówił – czuł się tam jak Alicja w Krainie Czarów. Ewa Wiśniewska podkreśla przy tym: był szalenie „krwiotwórczy". Co to znaczy? Że jego „wrzuty", czyli uwagi, były niezwykle celne:

„Dudek" bardzo go cenił. Podobnie jak Staśka Tyma – słuchał rad ich obu. Ja za to niechlubnie wspominam mój udział w Dudku, bo tam poległam. Bardzo. Przez rok musiałam zostać, ale potem powiedziałam „Dudkowi", żeby mnie nie zatrudniał. Przyjaźniliśmy się, zrozumiał. A ponieważ znał mnie z innych „ekshibicji", wiedział, że nie jestem kretynką, tylko po prostu się nie nadaję. Ja tamten rok staram się wymazać z pamięci.

Kiedy zadziwiona domagam się szczegółów, Ewa Wiśniewska wymienia: nie wiedziała, jak zinterpretować *Ziemię Sądecką* Młynarskiego, a Zembatego piosenkę o przygłupku podgrzybku w ogóle położyła na łopatki. O tej *Ziemi Sądeckiej* jest fragment w książce o Irenie Kwiatkowskiej, gdzie Ewa Wiśniewska wyznaje, że pamięta minę pani Ireny, kiedy ona to śpiewała. „Pani Irena siedziała sobie z tyłu podczas prób, z desperacką miną.

Wiedziała, że z tego plonu nie będzie. Przez tę jej minę czułam, że padam, bo nie miałam w ogóle pojęcia, czym to się je".

Dziś wyznaje mi:

Boję się kabaretu jak ognia, źle się czuję, nie jestem u siebie. Koledzy mieli tę wybitną zdolność, ja nie. W *Hemarze* też się bałam, ale jak już odśpiewałam te moje pięć piosenek, to wchodziłam w swoje buty i wszyscy mogli mi nagwizdać. Finał śpiewano-tańczony – też, proszę bardzo! Ale wyjście na estradę? Nigdy mnie nie podniecało. A raczej – śmiertelnie się go bałam. W przeciwieństwie do spotkań z publicznością, które uwielbiam do tej pory. W teatrze mam czwartą ścianę, nie ma widowni, ja ją dopiero widzę przy ukłonach. I wtedy mogę się uśmiechać.

Pobiegłyśmy w rozmowie dalej, ale teraz chciałabym na chwilę zatrzymać się przy tej *Ziemi Sądeckiej*. Jako wielbicielka wzornictwa *mid-century modern*, w tym także słynnych PRL-owskich neonów, doceniam, że Młynarski poświęcił jednemu z nich piosenkę.

Jacyś ludzie nas szybko mijali,
tyś mi w oczy spoglądał jak dziecko,
a nad nami neon się zapalił:
Zwiedzajcie Ziemię Sądecką.
[...]

Znałam ciebie już dobre pół roku,
wszystkich cnót stanowiłeś panteon,
aż tu błysnął płomień w twoim oku,
gdy patrzyłeś raz na mnie, raz w neon.

Dziś wydaje nam się to dość abstrakcyjne, ale napis zachęcający do odwiedzenia Sądecczyzny rzeczywiście widniał na budynku u zbiegu ulic Marszałkowskiej i Świętokrzyskiej od roku 1962 do lat osiemdziesiątych. Obecnie ponoć jest nawet inicjatywa w Nowym Sączu, aby ten neon w stolicy przywrócić...

U Młynarskiego – który lubił język ezopowy – opowieść o neonie była tak naprawdę opowieścią o byciu w związku i o tym, jak on się zmienia w czasie. To zresztą jedna z moich ulubionych cech jego twórczości – wziąć z ulicy (tu nawet dosłownie, choć sam Młynarski mówił kiedyś: „Nadstawiałem ucha czy to w mlecznym barze, czy w tramwaju") jakiś znany, swojski wątek i użyć go jako wyrzutni do świata poezji. Piękny jest moment i piękna to metafora, kiedy w piosence popsuty neon świeci tylko częściowo: Zwiedz... Ziem... Sąd... Więcej nie zdradzę, nagranie jest w sieci, utwór wykonuje Adrianna Godlewska-Młynarska.

Jako się rzekło, Ewa Wiśniewska nie śpiewała zbyt wielu jego piosenek. Ale ma swoją ukochaną: *Moje ulubione drzewo*. Frazy z jego utworów towarzyszą jej też w życiu codziennym. Mówi:

> Tak samo jak z Fredry – cytaty z jego sztuk są naturalnym odruchem okolicznościowym. Warto powiedzieć, że teksty Młynarskiego są aluzyjne, ale nie chamsko. Genialnie chwytają i komentują rzeczywistość. Po wsze czasy. Bo to nie jest związane z danym okresem historycznym. Za to dotyka naszych słabości i wad – dlatego jest uniwersalne. Kultura Wojtka, wychowanie – wszystko składało się na to, że jego utwory nie są ordynarne. Dziś, gdy oglądam gwiazdy kabaretu, to oczy mi rosną. Że też publiczność daje się temu stłamsić! To jest ściąganie ludzi do dołu – w myśleniu i odczuwaniu. Spłycenie, zbrukanie słowa „kabaret". Pseudoaluzyjne teksty,

przerażające. Nawet teksty Staśka Tyma, który pisał – jak to mówił „Dudek" Dziewoński – dożylnie, miały swoje przetworzenie. A nie tylko k..., d... [tu pada parę niecenzuralnych słów – przyp. aut.] i już jest rechot, i pokazane, jak widownia się cieszy.

Ta dyskusja trwa od lat: czy telewizja nadaje takie niskie treści, bo ludzie chcą to oglądać, czy może ludzie to oglądają, bo takimi treściami się ich karmi. Czy w tym kontekście świat piosenek Młynarskiego jest skazany na odejście w niebyt? I znowu Ewa Wiśniewska: „Nie chciałabym usłyszeć, że to jest odchodzący świat. Nie może odejść prawdziwa kultura, bo wtedy zginiemy. Utoniemy w szambie. Nie można dać się zglajszachtować. Wojtek też zawsze z tym walczył w swoich tekstach. Wydaje mi się, że młodzież – przynajmniej ta myśląca – znowu się do jego piosenek przychyla".

W naszej rozmowie dochodzimy do trudnego momentu – choroby. Ewa Wiśniewska nie ma wątpliwości: to była zapłata za jego geniusz.

Ten jego świat, to jakby potrójne widzenie rzeczywistości... Tylko tak wrażliwy umysł może ulegać takim zmianom, tylko takich ludzi jak on może to dotknąć. Nie ma nic darmo. Staraliśmy się przed nim udawać, że nie dostrzegamy choroby, a jednocześnie chcieliśmy pomagać mu kontrolować sytuację. Musiał brać lekarstwa. W momencie kiedy zapalał papierosa i wypijał piwo, wiadomo było, że je odstawił. Na wiosnę i na jesieni eskalacja była większa. To się odbijało w jego zachowaniu. Trzeba było czasem zacisnąć zęby. Któregoś dnia Wojtek zwymyślał mnie publicznie, przy obsłudze teatru. Garderobiane szeptały: „Pani Ewo, dlaczego pani na to pozwala?". A ja wiedziałam, że nie będę protestować.

Przypierana do ściany, cofałam się, na wyciszeniu. Następnego dnia Wojtek przyniósł mi kaktus na przeprosiny... Nieraz zdarzało się, że gdy był w gorszych momentach, dzwonił o trzeciej w nocy, żeby ogłosić, że powstał tekst. I chciał rozmawiać. A ja? Cóż, starałam się potakiwać, nie podtrzymywać rozmowy, bo o tej porze byłam raczej niesprawna umysłowo.

O chorobie dwubiegunowej Młynarskiego wiedzieli współpracownicy. To była tajemnica środowiskowa. Dziś mówienie o swoich dolegliwościach jest modne, ale aktorka woli dawniejsze, dyskretne podejście. „Nie lubię tego wywlekania bebechów. Nie wiem, czy w epoce Beethovena klepało się o tym, że on przestał słyszeć".

Ostatni raz spotkali się na wieczorze mu poświęconym w Teatrze 6. piętro. Może jeszcze u Jurka Derfla, a wcześniej w restauracyjce na Mokotowskiej – Ewa Wiśniewska pamięta, jak Wojciech cieszył się, że córka Agata znalazła spokój przy mężu. Potem już nie chciał, żeby go widziała. „Mnie się wydaje, że w tej ostatniej fazie życia on już chciał odejść".

Czy czuła, że jest ważna dla Młynarskiego? „Tak – odpowiada zdecydowanie. – I bardzo sobie to ceniłam. To jakoś naturalnie narastało przez lata. Jak w zgodnej rodzinie, która porozumiewa się ze sobą bez specjalnych kłopotów. Wojtek zwierzał mi się ze swoich prywatnych historii, bolączek. Ufał mi, wiedział, że tego, co powie, ja nie puszczę dalej. Towarzyszyłam mu w jego burzach życiowych, uczuciowych. Nasze życia były odseparowane, a jednocześnie wspólne. Ta wyrwa, która nastąpiła, kiedy odszedł Wojtek, jest na razie nie do zasypania".

Po chwili milczenia Ewa Wiśniewska patrzy na mnie, a w oczach ma te swoje słynne iskierki młodości, które czynią ją piękną. „Ale wie pani, idę dalej, mając w głowie słowa jego piosenki. Pasują do mojej natury. A moja natura się nazywa: permanentna nadzieja".

Jakie to słowa? „Oczywiście: «jeszcze w zielone gramy». One są jak mój życiowy hymn".

Interludium numer 1
Panna Krysia z turnusu trzeciego

Królowała nie od dzisiaj. Protagonistka *Jesteśmy na wczasach* – bodaj najbardziej znanej piosenki Młynarskiego, do której muzykę napisał Janusz Sent. Z twardych danych – obywatelka ta co roku odwiedzała pensjonat Orzeł. Z pewnością w porze zimowej, o czym świadczą zdania: „śniegu moc okrywa wszystko" oraz „śniegu moc na drzewach wisi" (to było w latach sześćdziesiątych, wtedy jeszcze zimą padał śnieg). Na imprezach Krystyna stawała się obiektem zmysłowego zainteresowania osobników płci męskiej, nieznanych z nazwiska Waldemara (pseudonim: Sympatyczny) i Mieczysława (pseudonim: Sympatyczny Oczywiście Niewątpływie). Ze szczegółowych danych kinetyczno-okulistycznych: „przemierzała wzdłuż i wszerz parkietu przestrzeń, / ale nigdy nie spojrzała ku orkiestrze". I w tym cały szkopuł. Bo pewien orkiestrant, konkretnie basista, bardzo na to czekał. A że się nie doczekiwał, musiał co rusz tłumić pożar krwi – jednocześnie szarpiąc bas. Spróbujcie wykonywać te dwie czynności naraz. Albo lepiej nie.

W teledysku z lat sześćdziesiątych fertyczna blondyna wywija na parkiecie z pierwszym amantem epoki – Tadeuszem Plucińskim, odzianym w trends(w)etterski strój i zachowującym minę sfinksa, kontrastującą z rozchichotanym obliczem Krystyny. Ona ma na sobie małą czarną bez rękawów (za to z głębokim dekoltem), efektowne kolczyki, masywną bransoletę i pierścień, które dziś zrobiłyby furorę wśród kolekcjonerów vintage. Ale wspaniała jest też inna Krysia, odtwarzana już w XXI wieku przez Nataszę Urbańską w energetycznym spektaklu *Niedziela na Głównym* na Przeglądzie Piosenki Aktorskiej we Wrocławiu. W kolorowym futerku, przypięta do nart wykonuje taniec przeczący prawom fizyki i biologii. To warto zobaczyć! I po raz tysięczny przekonać się, że Janusz Józefowicz wielkim choreografem jest. Dodajmy, że on też pracował swego czasu z Wojciechem Młynarskim przy spektaklu *Brel*.

Istnieją głosy, wedle których panna Krysia to Krystyna Trylańska- -Maćkówka. Jako dwudziestoparolatka była kaowcem w Karpaczu w ośrodku Funduszu Wczasów Pracowniczych. A panem Waldkiem miał być Waldemar Pawluszek, kaowiec, prowadzący fajfy w kawiarni Oaza. Jak podawała swego czasu „Gazeta Wrocławska": „Zawsze bardzo elegancki. Chodził w błyszczącym smokingu i w muszce. Dedykował piosenki wybranym paniom, właśnie tak, jak opisał to Młynarski. To był jego sposób na podryw".

Mówi się, że piosenka powstała w Karkonoszach. Albo że rozwinęła się w Zakopanem – tak w radiu opowiadał Sent. Jednakże pierwotny pomysł narodził się... na Mazurach. Młynarski opowiadał mi: „Zapisałem to jeszcze na studiach – już wtedy prowadziłem zeszyciki z zasłyszanymi wyrażeniami. I wcale to nie działo się w górach, tylko w Giżycku. Byliśmy z kolegami w knajpce, grał zespół i szef – ale nie był to basista! – zapowiedział: „Dla sympatycznej panny Krysi". Pomyślałem, że może kiedyś z tego zrobię użytek. Nie przeczuwałem, że zrobi się z tego jedna z moich najpopularniejszych piosenek". Cóż, mnie, urodzonej w Giżycku, historia ta „wybitnie konweniuje".

W filmie *Młynarski. Piosenka finałowa* tekściarz mówi, że nie wiadomo, co w tej piosence ważniejsze – czy „wątek tego basisty nieszczęśliwie zakochanego – pożal się Boże – czy też wątek obyczajowy, czyli wczasowy turnus, z tym, prawda, koncertem życzeń i tak dalej. Ja to wszystko poskręcałem i zrobiłem z tego... no, ja bym to właśnie nazwał takim śpiewanym reportażem". Co ciekawe, napisał chyba z sześć tekstów o wczasach. „Czułem, że jest to w tym czasie PRL-u temat nośny" – mówił.

Po piątym festiwalu opolskim Lucjan Kydryński relacjonował w „Przekroju", że wystąpiło około osiemdziesięciu solistów i odśpiewano ponad sto piosenek, „wśród których znalazły się wcale dobre i atrakcyjne przeboje. Jeśli jednak zapytać kogokolwiek z widzów i słuchaczy, kto wywarł na nim największe wrażenie, każdy odpowie: Młynarski. [...] Intelektualistów ucieszył informacją «W co się bawić... kiedy wzrośnie popyt na igrzyska», wszystkich – wzruszył do łez dramatyczną opowieścią o miłości kontrabasisty dansingowej orkiestry do panny Krysi z turnusu trzeciego. Kontrabasiście łkało serce, lecz zapierał się w sobie i gromko anonsował tango, które pannie Krysi przesyłał za jego pośrednictwem «sympatyczny oczywiście... niewątpliwie... pan Waldek»".

Z kolei w *Kronice PRL* Iwona Kienzler pisała: „Wojciech Młynarski jak zwykle otrzymał nagrodę – tym razem za piosenkę *Jesteśmy na wczasach* – od Ministerstwa Kultury i Sztuki". To „jak zwykle" jest bardzo wymowne, bo przecież też we wcześniejszych latach Młynarski triumfował w Opolu, czy to jako autor, czy jako wykonawca. Ten sam Kydryński w tekście dołączonym do pierwszego tomiku tekstów Młynarskiego *W co się bawić* (słynne wydanie z ilustracjami Jerzego Dudy-Gracza z 1983 roku) stwierdził: „Na liście festiwalowych nagród niemal zawsze widniało jego nazwisko – i to raczej u góry sędziowskiego werdyktu".

Co ciekawe, dwie dekady później podczas jubileuszu Młynarskiego w Opolu ten sam Kydryński zapytał: „Gdyby przyszło ci zaśpiewać jeden utwór najbardziej charakterystyczny dla tego, co pisałeś, co śpiewałeś w latach sześćdziesiątych, to co by to było?".

Na co jubilat: „Liczyłem się z takim pytaniem, utwór mam wybrany i już sunę". Oczywiście były to *Wczasy*...

Przez tę piosenkę na lata został dla publiczności panem Pucio--Pucio. W domu też nazywany był Pucieńkiem, sam do żony mówił: Pucieńko, a ich chata w Kościelisku nosiła miano Puciówki. Podczas jednego z recitali – już gdy był w wieku dojrzałym – opowiadał, że kiedyś na Mokotowie koło delikatesów osiedlowych niedaleko domu zaczepił go pan dobrze po siedemdziesiątce, z siatką z pustymi butelkami w ręku. I mówi: „Od dziecka cię uwielbiam, od dziecka!". Młynarski na to grzecznie: „Pan mnie znał, kiedy byłem dzieckiem?". Na co ten: „Nie, kiedy ja byłem dzieckiem, to ty już śpiewałeś te Pucio-Pucio...".

Warto wspomnieć, że kołyszący refren kompozycji Senta to cytat muzyczny z latynoskiej piosenki Marii Grever *Te quiero dijiste*. Właśnie w tym utworze pada to „mucho, mucho", u nas zmienione na Pucio-Pucio.

W 2011 roku podczas benefisu w Trójce Wojciech Młynarski zacytował po niemiecku („ale bardzo ładnie" – jak przekonywał) znaną frazę: *Für das reizvolle Fräulein Kristine auf der dritten Gruppe, von dem feschen Herrn Waldemar eine schickes Puzi, Puzi*. I wszyscy zrozumieli!

Termin Pucio-Pucio wszedł nawet do słownika miejskiego slangu jako „pejoratywne określenie niemłodego podrywacza niewieścich serc, używane najczęściej w scenerii turnusów wypoczynkowych, sanatoriów i wczasów. Określenie to pochodzi z piosenki *Jesteśmy na wczasach* Wojciecha Młynarskiego, gdzie pierwowzór Pucia-Pucia zapuszczał swój miłosny pąs na pannę Krysię, która już lgnęła w ramiona niejakiego Pana Waldka. Na rasowego Pucia-Pucia najlepiej działa duch minionych czasów FWP i dźwięki muzyki typowego dansingu. Pucio-Pucio zwykle ma wysokie czoło, wypastowane na połysk buty i koniecznie przypięty do paska, rzucający się w oczy niewspółmiernie duży telefon komórkowy" („Zapuszczać miłosny pąs" – warto docenić sformułowanie!).

Piosenka ta doczekała się graficznej interpretacji. Artysta Jerzy Duda-Gracz stworzył ilustrację, na której jest i Młynarski, i panna Krysia, i napis „Orzeł". Na dziele widnieje data: 10 listopada 1967. Rok później namalował większy obraz, na którym znalazła się nie tylko Krysia, ale też Żorżyk, gitarzysta basowy, Zdzisio i inne postaci z Młynarskiej wyobraźni.

Utarło się, że podmiotem lirycznym piosenki jest mężczyzna. Pierwszą kobietą, która wykonywała ten utwór, była natomiast Gaba Kulka – w ramach projektu *Młynarski plays Młynarski*. Tu nawias i prywatna anegdota: kiedy pani Kulka pojawiła się na rynku muzycznym, moja kilkuletnia wówczas córka skomentowała: „Ona śpiewa tak, jakby jeszcze nie była zaślubiona". Długo roztrząsaliśmy, co to oznacza i jaki wpływ ma „niepoślubienie" na umiejętności wokalne – w każdym razie wedle mojego dziecka to był komplement. Warte posłuchania są także inne śpiewane przez Gabę Kulkę Młynarskie utwory. Wzrusza zwłaszcza opowieść o tym, jak nagrywała *Szarą kolędę* i „największym wyzwaniem było zaśpiewanie tego od początku do końca bez płakania". Choć nie nagrywali w tym samym czasie, część kolędy wykonuje sam pan Wojciech, zaproszony do studia przez syna Jana.

Na końcu przypomnienie na wszelki wypadek: w wersie „jest górala wart taniec, gdy masz fart" nie chodzi o mieszkańca terenów górskich (choć rzecz się dzieje w góralskich lasach), a o pięćsetzłotowy banknot.

Magdalena Zawadzka

Łodyżka, żabka, pliszka,
Przerażona i bezradna szara myszka,
Trzeba się nachylić do niej,
Wziąć pod rękę, siatkę ponieść,
Odprowadzić ją do ciotki na Dantyszka.
    Bidusia

Zawsze w tej piosence intrygowało mnie to „na Dantyszka". Oczywiście rozumiem: rym do myszka i pliszka. Ale gdzie jest ta ulica? Okazuje się, że w Warszawie na Ochocie. Nieduże domy, obok skwerek z zaroślami. No, może faktycznie trzeba było tę bidusię naiwniusię odprowadzać. Bo te krzewy takie drżące, bo chaszcze niepokojące...

    Oglądam nagranie z benefisu Wiesława Gołasa. Młynarski zdradza tam sekret powstania utworu: „Pomysłu tekstowego dostarczył Jerzy Derfel". Na co pan Jerzy podbiega do mikrofonu i wyjaśnia: „Piosenka się nazywa *Bidusia*. A na hasło «bidusia» moja żona staje się od razu zaniepokojona. Dlaczego? Bo bidusia to jest taka dziewczyna, którą prawdziwy mężczyzna powinien się zainteresować". I tu Derfel uśmiecha się, nawet nieco szelmowsko. Po czym wraca do fortepianu, a na scenę wchodzi Magdalena Zawadzka.

„Wciąż mam tę piosenkę w swoim, szumnie mówiąc, repertuarze – opowiada mi dziś aktorka. – Wojtek z Jurkiem napisali ją specjalnie dla mnie. Wspaniały tekst stworzony na czas przemian i bogacenia się. Lata dziewięćdziesiąte. Epoka nagle wybuchających fortun. I pazernych na nie kobiet".

Ona na scenie pokazuje bidusię perfekcyjnie, są i „te oczęta zapłakane", i „te rączęta załamane". Udaje malusią i bezradną dokolusia (ach, te intertekstualne Młynarskiego mrugnięcia okiem – jak tu, do dziecięcej piosenki *Ta Dorotka*). Ale oto za parę sekund Zawadzka w roli bidusi zmienia ton. Bo już czas na triumf: facet został złapany w sidła i można mu wprost rozkazywać: „Szmal koś, misiu!" (jaka przyjemność fonetyczna w tym wersie!). Wreszcie – jest o tym, że również mężczyzna może podrywać dziewczyny na bycie bidusiem. I naiwniusiem. Po to, „by na sposób przeuroczy zamrugały damskie oczy – jak iskierka z popielnika na Wojtusia" (znowu aluzje do znanych rymowanek).

Magdalena Zawadzka podkreśla: pointy u Młynarskiego są zawsze fenomenalne, ponieważ hołdował klasycznemu stylowi – utwór ma początek, rozwinięcie i zakończenie. Każda piosenka to zamknięty spektakl. Dlatego tak wspaniale nadaje się dla aktorów, którzy nie tylko wyśpiewują nutki, ale też chcą coś powiedzieć, zagrać. „Często muzyka tworzy przebój, ale gdy weźmie się do ręki sam tekst, okazuje się, że jest miałki, żaden. Tymczasem u Wojtka każdy tekst to wspaniały wiersz. Oczywiście, dla niego pisali znakomici kompozytorzy – między innymi Jerzy Wasowski, Duduś Matuszkiewicz czy Jerzy Derfel, jego przyjaciel. I muzyka jest tam świetna. Ale gdy się ją oddzieli, to i tak zostaje perła tekstu. Perła!" – podkreśla.

Nie są to z jej strony czysto teoretyczne zachwyty. Magdalena Zawadzka regularnie deklamuje jego teksty na swoich profilach na Facebooku i YouTubie. Znane – jak *Po co babcię denerwować* – i mniej znane, jak *Niewielkie słowo przyzwoitość* z 1996 roku, ze słowami:

Rozglądam się po mej Ojczyźnie
i myślę, szczerze zasmucony,
że przydałby się dziś polszczyźnie
słownik wyrazów zaginionych.

Słownik słów niegdyś znanych blisko,
które umknęły nam z języka,
bo nazywają te zjawiska,
których się raczej nie spotyka.

Więc gdyby ktoś zapytał mnie,
słów takich wskazałbym obfitość,
a głównie na literę „pe"
niewielkie słowo „przyzwoitość". [...]

Artystka czytała też między innymi utwór *Chrońmy dzieci* i zachwyciła się tekstem *Wydział Bezprawia*:

Gdy przez chmury zły deszczyk przeciekł
i paskudny wiaterek zawiał,
na pobliskim Uniwersytecie
powołano Wydział Bezprawia.

Planowano: Katedrę Chamstwa,
Samodzielny Zakład Cynizmu,
Kursy Plucia, Teorię Kłamstwa
i myślenia bez sylogizmu. [...]

Zapytana o swoje internetowe deklamacje, aktorka komentuje: „Czytam to w sieci pod hasłem *Młynarski na wszystkie czasy*. Bo nawet jeśli wezmę jego teksty z lat sześćdziesiątych, siedemdziesiątych, osiemdziesiątych i tak dalej – do momentu, kiedy przestał pisać, bo odszedł do innego świata... – to okazują się prorocze. Można je dopasować do każdej epoki. A to znaczy, że Wojtek trafiał bezbłędnie swoim «laserem» w problemy Polaków. Problemy powtarzające się z zadziwiającą regularnością – w związku z tym wiecznie aktualne".

To wielka przyjemność słuchać Magdaleny Zawadzkiej, dzierżącej wszak tytuł Mistrza Mowy Polskiej. Mówi w idealnym tempie, wyraźnie, starannie akcentując słowa. Nie używa kolokwializmów, wulgaryzmów. Ktoś powie – normalna rzecz. Jednak te normy gdzieś nam się zaczynają gubić, zacierać. I dziś nawet wykształceni aktorzy mówią tak niewyraźnie, że czasem nie sposób ich zrozumieć. Oczywiście forma to jedno, a styl rozmowy – drugie. Mój szef z „Twojego Stylu", Jacek Szmidt, o osobie szczególnie ujmującej mówi, że z taką mógłby jechać pociągiem z Przemyśla do Szczecina. Czyli najdłuższą trasą w Polsce. No, to ja bym z panią Magdą mogła tam i z powrotem! Bardzo cenię i bardzo tęsknię za taką formą relacji. W ciągu naszego spotkania ani razu nie mówi o nikim złego słowa. Za to chwali talenty nie tylko głównego bohatera, ale i innych.

Ciekawi mnie, jak to bywało na spotkaniach małżeństw Zawadzka i Holoubek oraz Godlewska i Młynarski – pary przyjaźniły się i odwiedzały.

> Skrzyło się! Od żartów, błyskotliwej wymiany zdań. To były dobre, przyjacielskie kontakty. Wojtek z moim mężem bardzo się lubili i szanowali. Nasze rodziny dobrze się ze sobą czuły. Gustaw był człowiekiem niebywałej klasy i inteligencji, poczucia humoru. Mnie też poczucia humoru nie brak, mam nadzieję. Wojtek zabawny, Adrianna niesłychanie inteligentna, wrażliwa. Myśmy się po prostu przerzucali słowami jak piłeczkami. Z Adrianną do dziś jestem w przyjaznym kontakcie, bardzo ją lubię i cenię. Mieszkamy niedaleko siebie.

Nasi synowie są w tym samym wieku – dwa Jaśki. Jako chłopcy razem się bawili, odwiedzali. Odkąd pamiętam, Wojtek był na wszystkich moich imieninach. Nawet czasem bez Adrianny, kiedy córeczki były małe i ona z nimi zostawała. Widywaliśmy się w dwie rodziny, ale to też często były spotkania w większym gronie – ludzi, którzy wtedy byli w centrum życia estradowego, teatralnego, filmowego. Posłuchać przekomarzanek Stasia Tyma, Jurka Dobrowolskiego, Wiesia Gołasa, Janka Kobuszewskiego... Oczywiście Tadzio Konwicki... Największym szczęściem, jakie mnie spotkało, jest to, że zetknęłam się za młodu z ludźmi, którzy mi tak wiele dali. I wśród nich wzrastałam. Pewnie dlatego jestem jaka jestem. Oni mnie kształtowali. Bycie z nimi, ich rodzaj myślenia – wspaniała sprawa. Pod każdym względem wyjątkowi. Osobowości.

Wiele z tych pięknych znajomości zaczęło się w kabarecie Dudek, gdzie młodziutka aktorka trafiła tuż po studiach. Tam też spotkała Młynarskiego. „Oczywiście, wiedziałam wcześniej, kim jest. Bo on już i w Hybrydach błyszczał, i miał festiwal w Opolu za sobą. Byłam zachwycona faktem, że «Dudek» Dziewoński kierownikiem literackim uczynił takiego młodego, dziarskiego, entuzjastycznego, pełnego pomysłów człowieka".

W książce *Dożylnie o Dudku* Młynarski tak opisuje początki znajomości z Edwardem Dziewońskim: „Data początkowa mojego zawodowego z nim kontaktu to Festiwal Opole 1964. Dostaję dwie nagrody. Na fali sukcesu wracam do Warszawy i jeszcze lekko oszołomiony otrzymuję taki mniej więcej telefon: – Młody człowieku, widziałem Opole. – Dzwonił «Dudek», który mnie na oczy nie widział, ale festiwal tak. Stwierdził, że do czegoś tam będę mu pasował, i zaprosił na spotkanie. [...] Autoryna po Hybrydach dostaje się na Parnas. Ja naprawdę byłem oszołomiony".

Pierwszą piosenkę w Dudku młodziutki tekściarz pisze – jak to się ładnie komponuje z tematem książki! – dla kobiety. *Czar miłości* z muzyką Jerzego Wasowskiego śpiewa Barbara Rylska. W ucho wpadają powtarzające się frazy: „Urządzimy sobie jakoś tę miłość...". Po latach Młynarski powie, że kabaret Dudek to dla niego przedsięwzięcie artystyczno-towarzyskie.

Do pierwszego wspólnego programu z Magdą Zawadzką (a trzeciego w historii Dudka) nie pisze jej wprawdzie piosenki, ale proponuje repertuar – przedwojenną piosenkę Zuli Pogorzelskiej *Spotkałam na molo Chińczyka* (występ do obejrzenia w internecie) i piosenkę Agnieszki Osieckiej. Artystka wspomina:

> Wspaniałe dwie propozycje, choć pracując nad nimi, trochę się namęczyłam. Próbowaliśmy nocami. I na widowni zawsze – poza „Dudkiem" i resztą zespołu – siedział Wojtek. Początkujący, młody, zaangażowany. Jego chęć pomocy była tak wzruszająca. Nawet jeśli czasem ta pomoc była chybiona – nie w tym rzecz. Fascynował jego nieprawdopodobny entuzjazm, wola uczestniczenia dosłownie we wszystkim.

Magdalena Zawadzka występuje w Dudku do końca jego istnienia. „Wielokrotnie Wojtek, który w międzyczasie stał się naprawdę Kimś w dziedzinie piosenki i wykonawstwa, brał udział w spektaklach jako gość albo członek kabaretu". Spędzają wspólne godziny w podróży.

> Jak mieliśmy dobry humor, gadaliśmy. A jak nie, każdy coś czytał czy pisał. Normalnie. W takich podróżach ludzie – jeżeli mają odrobinę wrażliwości, a moi współtowarzysze mieli – starają się sobie nie przeszkadzać, nie narażać wzajemnie na niepotrzebne kłopoty. I tak jest niełatwo: trzeba jechać wiele godzin, a potem szybko się przebrać i wyjść na scenę, jak

gdyby nigdy nic. To jest ciężka praca! Stale z walizami. Autokar, wyjazd, przyjazd. Nie mogłabym być na stałe aktorką estradową. Nie miałabym siły.

Artystka zwraca uwagę na ważną rzecz:

Wojtek nigdy nie gwiazdorzył. Był absolutnie najnormalniejszym w świecie kolegą. Bez fochów, bez wymyślnych wymagań. Wiedział swoje: że wyjdzie, zaśpiewa i zbierze kolosalne brawa. Nie ma więc powodu zazdrościć czegokolwiek komuś. Bo ten ktoś też wychodził na scenę i też się podobał. Poziom towarzyski i zawodowy w naszym estradowym kółku był idealnie wyrównany. Nikt nie miał poczucia, że jest gorszy. To gwarantowało komfort.

Magdalena Zawadzka zachwyca się tym, że Młynarski potrafił pisać teksty do muzyki klasycznej, na przykład do menueta Boccheriniego – „Nie ma nic milszego, niech, kto chce, mi wierzy, / niż rodzinny obiad w sielskiej atmosferze". Albo walc minutowy Chopina – piosenkę *Przez minutę* rewelacyjnie przez całe życie wykonuje Adrianna Godlewska-Młynarska, to *clou* jej programu. Napisał też słowa do walca Jana Straussa *Odgłosy wiosny*:

Będzie walc, będzie walc, będzie walczyk.
A o czym? A o tym! A o czym? A o...
Że w szeroki, że w szeroki,
że w szeroki rusza świat
nasz Jaś, nasz Jaś,
nasz Jaś...

Słucham z podziwem, jak moja rozmówczyni nuci utwór. Mam prywatny minikoncert, rzecz nie do powtórzenia. Fenomenalne wykonanie tego walca pod tytułem *Nasz Jaś* jest też w internecie, warto obejrzeć, bo śpiewa go niepowtarzalny skład: Godlewska-Młynarska, Dymszówna, Korsakówna, Kociniak, Glinka, Brusikiewicz, Kobuszewski.

Magdalena Zawadzka sama też śpiewała i śpiewa kilka piosenek mistrza. Mówi, że je sobie „przysposobiła". Napisane dla innych, tak jej się spodobały, że zaczęła je wykonywać, ma w repertuarze. „Bo się w nich zakochałam".

Lista wraz z uzasadnieniami wygląda następująco:

Wywalczymy kapitalizm

Jej zdaniem to uderzająca między oczy piosenka, kronika swego czasu, czyli lat dziewięćdziesiątych.

> Wywalczymy kapitalizm
> Pracą fabryk, kopalń, hut.
> I będziemy świętowali,
> I będziemy świętowali
> Wolny Market i Fast Food.

La valse du mal

„Tak się co dnia wciąż za mną snuje..." – ukochana piosenka Magdy Zawadzkiej, naznaczona jeszcze komplementem od Adrianny Godlewskiej-Młynarskiej. „Mówiła mi, że słyszała wiele wykonań, ale moje jest absolutnie odkrywcze. Również Duduś Matuszkiewicz, autor muzyki, bardzo gratulował mi tego wykonania".

Wojna nigdy nie jest daleko

Jej zdaniem to tekst na całe pokolenia, na setki lat. Wydaje nam się, że kiedy konflikt płonie w innym kraju, to nas nie dotyka. Tymczasem Młynarski poruszająco pisze:

Jak bolesne szkło pod powieką
Kaleczące źrenicę bystrą
Wojna nigdy nie jest daleko,
Wojna zawsze jest bardzo blisko.
[...]
Dłoń mej córki, piłkę chcąc chwycić,
Nagle ściska się niespokojnie.
Na ekranie ranni, zabici.
Córka pyta, czy będzie wojna.

Fonia wzmacnia wystrzałów echo,
Wizja zbliża krew na ekranie.
Mówię: „Córko, to tak daleko..."
I wiem, że kłamię.

Zagrać siebie

Magda Zawadzka komentuje, że to piosenka ważna dla wszystkich, którzy mocują się ze swoim wizerunkiem teatralnym, filmowym czy estradowym. Dla tych, którzy w ogóle muszą wyjść na scenę. Bo w tym utworze zawarte jest pytanie: „Gdzie tu jestem w tej sytuacji ja? Ta prawdziwa ja?". „Zwłaszcza kiedy zagrało się najróżniejszych ról, w moim przypadku, prawie dwieście". – Uśmiecha się.

Gdy włożysz szlafrok, a lignina z wazeliną
sprawi, że z twarzy twej jaskrawe barwy spłyną,
gdy inspicjentka sympatyczna, ale smutna,
powie: „Dziękuję państwu bardzo i do jutra",
pomysł na siebie z ciężkiej głowy czas wygrzebać.
I wyjść dla artystów wyjściem.
I wtedy trzeba zagrać siebie.

W książeczce do płyty *Ateneum gra Młynarskiego* aktorka przypomina: „Kiedyś Wojtek sam z siebie, bo ja wstydziłabym się w ogóle taki temat podjąć, powiedział: «Wiesz, jak będę robił coś takiego, w czym będą kobiety, to na pewno będziesz w tym grała». Nie doszło do tego, ale dla mnie ta jego deklaracja była bardzo ważna".

Żałuje, że spektakle, które tak podziwiała: *Hemar, Brel, Wysocki*, były realizowane jeszcze przed jej przyjściem do Ateneum. I zauważa, że ich twórca przy całej swej wyjątkowej, promieniującej osobowości był człowiekiem szalenie skromnym. I pokornym wobec materii, którą tworzył. Jego teksty kryją w sobie wiele wiary w człowieka, w miłość. Są przepełnione życzliwością dla świata, choć nie zawsze jest ona podana wprost.

> Wojtek był ostatnim postromantykiem. Człowiekiem prawym, o zdecydowanych poglądach, z którymi się nie krył. Jego pisanie to przecież był rodzaj odwagi. Świetnie wychowany! Pochodził z – co już jest rzadko brane pod uwagę – dobrego domu. Ten dom dał mu podstawy: pięknie mówił, zachowywał się elegancko, był dżentelmenem. Intelekt, inteligencja i wspaniały gust – takiego Wojtka znałam przez całe jego życie. Miałam to szczęście, że nigdy nie zetknęłam się z nim wtedy, kiedy był chory. Zawsze miałam z nim komfort. Wydaje mi się, że to taki człowiek, który zdarza się, no, nie wiem na ile lat. Po prostu wspaniały. Stale łączyła nas więź, choć jego życie się zmieniało, bo było kolorowe i wiele się w nim działo. Ale kiedy zaczął chorować, przez ostatnie miesiące, nie widywałam się z nim, bo sądziłam, że by sobie tego nie życzył. Uważałam, że byłoby to wdzieranie się do jego prywatności. Sama też nie lubię, kiedy ktoś mnie odwiedza w szpitalu. Ale spotkałam przypadkiem jego córkę Agatę i zapytałam ją, czy mogłabym Wojtka odwiedzić.

Powiedziała: „Pewnie!". Więc postanowiłam: jutro jadę. Pamiętam ten moment, zaglądam do sali, on śpi. Postanowiłam więc chociaż zostawić karteczkę, że byłam i pozdrawiam. I kiedy tak cichutko skradałam się jak myszka i stojąc tyłem do Wojtka, zamykałam drzwi, usłyszałam nagle: „Magda, no nie wierzę!". Porozmawialiśmy. Spędziłam u niego chwilę. Nie za długą, żeby go nie męczyć. W drzwiach minęłam się z Agatą, chyba była zadowolona, że dotrzymałam słowa.

PS A bidusi z końca XX wieku piękną kontrę dał Artur Andrus już w stuleciu kolejnym w piosence *Podryw na misia*. Wszystko jest w słowach:

Chodź tu do mnie... Dziś... dziś...
Taka fajna z ciebie babka.
Spójrz, jak biedny, smutny miś
słania się na łapkach.

Na występach Andrus wykonuje ten utwór z charakterystyczną dla siebie nienachalną choreografią – którą sam porównuje do ruchu zepsutego wyciągu ortopedycznego. Piosenkę zapowiada słowami: „Panowie, pamiętajcie, że jak już się nie da na zwinność, zgrabność, spryt, skoczność, to jeszcze można próbować na litość".

Utwór może by się spodobał Wojciechowi Młynarskiemu. Andrusa cenił. Kiedy podczas wywiadu do „Twojego Stylu" zadałam mu pytanie, czy wśród młodych twórców widzi następców, odpowiedział, że nie zna tych najmłodszych, ale jak mu dawali w Ateneum Złote Berło, to on miał wręczyć komuś Małe Berło. „I dałem je Andrzejowi Poniedzielskiemu, który pisze świetnie, ale za mało. Dobrze, choć zupełnie w innym stylu, radzi sobie Artur Andrus".

Misio i Bidusia pewnie by się dogadali.

Interludium numer 2

Prześliczna wiolonczelistka

„Wio. Wiolo. Wiolonczelistka. Jej oczy lśnią, la, la, la..." Refren piosenki napisanej pod koniec lat sześćdziesiątych był prosty, ale mnie zawsze najbardziej intrygował fragment mówiący o tym, że „jej Polihymnia nie będzie zła". Kto to? Jakaś straszna ciotka pilnująca prześlicznej? Czy może część ciała? I co ma do tego inny pan dyrygent, który „batutą da znak"?

Historia z wiolonczelistką jest szkatułkowa.

Najwięcej osób kojarzy tę postać z Ewą Szykulską, która występuje w teledysku. Zresztą, zanim kamera do niej dojdzie, oglądamy wielu panów z marynarskiej orkiestry z zaangażowaniem dmących w instrumenta. Potem oglądamy też samych Skaldów w ciekawej choreografii typu chodzony. Szykulska ma wtedy dziewiętnaście lat, jest śliczna, zgrabna i długowłosa. Za trzy lata cała Polska zachwyci się graną przez nią Karen w *Panu Samochodziku i Templariuszach*.

Co ciekawe, artystka w tej epoce występuje też w innym teledysku Skaldów – *Wszystko mi mówi, że mnie ktoś pokochał* (piosenka legendarna jeszcze z innego względu – Młynarski napisał ją na poczekaniu, w kilkadziesiąt minut!). W teledysku młodziutka aktorka brawurowo skacze do wody – zresztą Skaldowie też, i to z elektrycznymi gitarami w rękach (rety, co na to przepisy BHP?!) –

jeździ szybką motorówką, a na koniec wychodzi z morza, w białym kostiumie, jak nie przymierzając, w *Bondzie*, tyle że zamiast muszli targa... wiolonczelę.

Po latach aktorka powie w wywiadzie dla „Super Expressu": „Nie mam zamiaru «nabąbiać się» [pisownia oryginalna – przyp. red.] różnymi preparatami, żeby się odmłodzić. Mam świadomość, że byłam piękną kobietą, ale teraz wyglądam, jak wyglądam. I już. Przecież nie można całe życie być piękną wiolonczelistką z wideoklipu Skaldów".

Szkatułka numer dwa: choć na wizji po strunach wiolonczeli przebiera palcami Szykulska, tak naprawdę w utworze słyszymy grę Barbary Marcinkowskiej, która potem zresztą zostaje znaną i uznaną, nawet w Wersalu, profesorką muzyki. I malarką.

Ale i to jeszcze nie jest koniec tej historii. Bo wedle wielu źródeł natchnieniem do napisania utworu była dla Młynarskiego Anna Wójtowicz, wiolonczelistka z zespołu Anawa. Młodziutka wówczas, koło dwudziestki. Przepiękna, zaiste, urodą jak z dawnych obrazów, o czym możemy się przekonać, oglądając teledysk piosenki *Nie dokazuj*. O tym, jak Anna, będąc jeszcze uczennicą, trafiła do zespołu Grechuty, opowiadał w „Gazecie Krakowskiej" Jan Kanty Pawluśkiewicz, jej późniejszy szwagier:

> Kiedy ustaliłem z Markiem Grechutą, że zakładamy zespół Anawa, Marek poszedł do krakowskiej szkoły muzycznej, aby... szukać muzyków. Od razu, kiedy tam wszedł, trafił na chudego rudzielca.
>
> „Znasz kogoś, kto gra na skrzypcach i chciałby grać w zespole?" – zapytał go Marek. „Tak, ja gram na skrzypcach i chętnie do was dołączę" – odparł rudzielec. „A nie znasz kogoś, kto gra na wiolonczeli?" – dopytał Marek. „Zaraz kogoś przyprowadzę" – odparł chłopak i po chwili zjawił się z piękną dziewczyną o jasnych włosach.

Tak do grupy Anawa dołączyli Zbyszek Wodecki i Ania Wójtowicz.

Ona została w zespole cztery lata, potem zajęła się życiem rodzinnym. Zmarła w 2020 roku, w mediach pisano wówczas o odejściu „prześlicznej wiolonczelistki", chociaż przecież dzięki poecie ta postać żyje dalej, w kulturze.

Sam mistrz przywoływał pracę nad tym utworem w książce *Dookoła Wojtek*, przy okazji wspominania kompozytora Zielińskiego:

> Chyba wszystkie moje piosenki z Andrzejem były pisane wedle tej samej metody: mój tekst do jego muzyki. Przez wiele lat nasza tak zwana branża muzyczna sądziła, że jest odwrotnie: jakaś fabuła wymyślona przeze mnie – i Andrzej pod to „podkłada dźwięki". Otóż nie: ja musiałem mocno się pogimnastykować, żeby do jego muzyki napisać odpowiedni tekst – no choćby *Prześlicznej wiolonczelistki*...

Zaś Andrzej Zieliński w wywiadzie dla radiowej Jedynki powiedział, że „Młynarski wyeksponował wiolonczelę z całego składu orkiestry jako instrument, na którym najbardziej spoczywa męskie oko".

Skaldowie nagrali tę piosenkę nie tylko po polsku, ale też po rosyjsku i niemiecku. W 2014 roku w Centrum Kultury Katowice im. Krystyny Bochenek wystawiono musical oparty na ich piosenkach o tytule *Prześliczna wiolonczelistka*. A w czasie lockdownu w 2020 roku ten utwór wykonał zespół 5/6 (Pięć Szóstych). To krzepiąca świadomość, że licząca już pół wieku *Prześliczna wiolonczelistka* wciąż inspiruje młodych!

I na koniec odpowiedź na pytanie z początku. Polihymnia to jedna z muz, opiekunka poezji, zwłaszcza chóralnej, i sztuki mimicznej. Nie żadna ciotka.

Halina Kunicka

Oj, rzucić, oj, rzucić to wszystko
I z jedną jedyną walizką,
Nieważne, daleko czy blisko – zwiać.
Zwiać od tego prania, prasowania, gotowania!
Oj, rzucić to wszystko!

Psss... Żelazko gorące, można zaczynać. W programie telewizyjnym z roku 1980 Halina Kunicka w czarnej bluzce w czerwone i niebieskie floresy bez entuzjazmu rozkłada kolejną koszulę na desce. Już nam się wydaje, że zacznie prasować, ale nagle zmienia zdanie i zaczyna śpiewać. O tym, że rzucić i że zwiać. „Od tych mebli w jasny orzech, / niedziel przy telewizorze". A „opinia publiczna niech zblednie, / mam w nosie uczone jej brednie". I jeszcze: „a ty cierp, smutny safandulo" (to chyba do męża). Jednak *la donna è mobile*, więc za chwilę mamy zwrot o sto osiemdziesiąt stopni. Bohaterka, nasyciwszy się flirtowaniem i balowaniem, wyznaje, że chce ponownie „poznać radości powszednie, / cerować po nocach, a we dnie – prać!".

I weź tu, człowieku, nadąż!

To jedna z weselszych piosenek na płycie *12 godzin z życia kobiety*. Płycie, na której wszystkie teksty napisał jeden autor,

Wojciech Młynarski, a melodie stworzył jeden kompozytor, Jerzy Derfel. Na tych piosenkach autorzy osnują jeszcze widowisko *Wesołego powszedniego dnia*, grane w kilku teatrach w Polsce.

Z relacji Marcina Kydryńskiego, syna artystki, wynika, że rozmowa założycielska odbyła się na działce Derfla, najbliższego przyjaciela jego rodziców. Gościł tam też Wojciech Młynarski. Halina Kunicka podczas tamtego spotkania napomknęła, że dyrektor Polskich Nagrań zasugerował, by przyniosła kolejny album. „Mama powiedziała wówczas, nad kieliszkiem egri bikaver najpewniej, bo jakież inne mogliśmy wówczas smakować bukiety, że marzy jej się spójna historia, jedna opowieść w rozdziałach" – pisał Kydryński junior w książeczce do reedycji tego albumu (ukazała się w roku 2018, po czterdziestu latach od pierwszego wydania). A dziś Halina Kunicka opowiada mi tak:

Owszem, nie chciałam już śpiewać pioseneczek o różnorodnym kolorycie, tylko o czymś. Czy o kimś. Ale nie wiedziałam, jak to ma wyglądać. Tłumaczyłam tylko Wojtkowi, żeby było jednorodne. On chyba „zaskoczył" – zainteresowało go, że ma napisać tuzin tekstów, które składają się w logiczną całość. Ale wtedy jeszcze nie było wiadomo, czy to będzie o kobiecie, czy na jakiś inny temat.

Jednak jest o kobiecie. Tytuł *12 godzin...* to mrugnięcie okiem do Stefana Zweiga, aluzja do jego opowiadania *24 godziny z życia kobiety*. Młynarski jedzie do Zakopanego, zakasuje rękawy i po tygodniu z okładem przywozi teksty, które są – jak powie mi wiele lat potem – opowieścią o miłości i nadziejach ludzi w dużym bloku. Jerzy Derfel szybko i sprawnie komponuje muzykę. „I nagle mam przed sobą taki materiał, który daje szansę na pokazanie się w inny sposób. Nie pioseneczki lekkie, tylko coś poważniejszego. Bo przecież te teksty niosą ze sobą problemy kobiet" – mówi Kunicka.

Pytam, czy wszystko jej się tak od razu spodobało, czy nie zgłaszała reklamacji.

Ależ skąd! To działo się w czasach, kiedy już wiedziałam, że Wojtek to nie jest taki sobie zwykły kolega, któremu zdarza się napisać jeden czy drugi tekścik, tylko że to wielki twórca i geniusz. Patos? Tak, zdaję sobie z tego sprawę. I Wojtek bardzo by tego nie lubił, bo patos i egzaltacja były mu obce. Ale nie wiem, jak go inaczej nazwać. Teksty przyjęłam wtedy z otwartymi ramionami, dziesiątki razy czytałam jak najwspanialszą literaturę i byłam szczęśliwa, że coś takiego zaistniało na mojej drodze.

Jeszcze w tym samym roku płyta zostaje zarejestrowana w Polskich Nagraniach. Nie, Wojtek nie ingeruje w interpretacje.

Do końca nigdy na ten temat tak naprawdę nie rozmawialiśmy. Kiedy płyta zaistniała i nagrania żyły swoim życiem, u mnie i u niego już działy się następne wydarzenia. Zwłaszcza u niego. On to zrobił tak szybko, napisał, przywiózł, oddał i już miał przed sobą niezliczone ilości następnych planów.

Tymczasem dla Kunickiej to pierwsza poważna płyta. Było to coś w rodzaju śpiewanego monodramu, w nowoczesnej nomenklaturze powiedzielibyśmy: *concept album*. Lucjan Kydryński pisał po latach: „Halina nagrała płytę, którą do dziś uważa za swoją najlepszą". O życiu – najpierw dziewczyny z sercem do wzięcia, potem w związku, a w międzyczasie tej, co się spóźniła na ślub – to zresztą moim zdaniem najpiękniejsza tekstowo i najbardziej kołysząca piosenka w całym zestawie. Z poruszającymi słowami: „Bo chciałam, by mą druhną była miłość, / tren niosła i tuliła się do niego". I z tą nadzicją: „że mnie napotka ktoś, kto na swój się spóźni ślub, / lat tyle samo i z tej samej przyczyny".

Wiele jest tu o relacjach. Dowcipnie i trafnie jak w piosence o tym, co będzie po happy endzie. W kinie na końcu ona i on się całują i zaczynają wspólne życie. Ale co dalej? „Czy nuda ich śmiertelna nie dopadnie, / gdy już im przyjdzie żyć spokojnie i układnie?" – zastanawia się Halina Kunicka słowami Wojciecha Młynarskiego.

Albo to: *Czas małżeńskiej niepogody*, gdzie „na suficie, na powale, / od wieczora aż do rana / siedzą złe hektopascale / i się szpetnie gapią na nas". U Młynarskiego zawsze jest promyczek pociechy, więc piosenka kończy się krzepiącym wnioskiem – na co ten czas małżeńskiej niepogody się może przydać? „Chyba jednak na to – myślę, / że gdy po nim uśmiech błyśnie, / że gdy po nim uśmiech błyśnie – / to go widać..." Każdy, kto jest w związku, uśmiechnie się na te słowa.

Uśmiechnąć się też można – sentymentalnie – widząc, jak w teledysku piosenki wykonawczyni manewruje ówczesnym sprzętem AGD w postaci słonecznie żółtego miksera, którym ubija białka w dopasowanej kolorystycznie plastikowej misie. Rzadki to widok artystki, którą pamiętamy głównie z estrad i w powiewnych sukniach. Tu zresztą też jest powiewny szaliczek i aż strach, żeby nie wkręcił się w łapki miksera. Wszystko jednak kończy się szczęśliwie, a bohaterka, unosząc misę, pokazuje, że białka ubiły się na sztywno, wzorowo!

Młynarski postulował też założenie Towarzystwa Przyjaźni Męża z Żoną. I w tak zatytułowanym utworze przekonywał: „Tak mało trzeba, miły, by je stworzyć, / codziennym drobnym smutkom kres położyć". I że „oto mogą się w małżeńskim stanie / spotkać ze sobą przyjaźń i kochanie". Kunicka śpiewa o tym ubrana w strój oficjalny – tak jakby przemawiała z mównicy na spotkaniu jakiegoś zacnego towarzystwa właśnie.

Te wszystkie brawurowe nagrania pochodzą ze specjalnego wydania programu *Studio Gama* z roku 1980. Jeśli ktoś żałuje, że nie mógł go obejrzeć (bo akurat nie mógł albo najzwyczajniej w świecie nie było go jeszcze wtedy... na świecie), to spieszę donieść, że i ten program jest w internecie. W roli konferansjera sam Młynarski – elegancki, w garniturze i pod krawatem, niespełna czterdziestoletni:

Wita Was autor pod zegarem.
Jak pewnie państwo zgadujecie,
piosenek tutaj zabrzmi parę,
piosenki będą o kobiecie.
Na te piosenki wszystkich was zaprosić sobie dziś pozwolę.
Zegar jest ważny, bowiem czas gra dla kobiety pewną rolę.
Oto sentymentalny kram,
głos oddajemy bohaterce,
co już za chwilę, proszę dam,
pozwoli wejrzeć nam w swe serce.

Cudny jest też pasaż o Jerzym Derflu, którego nawet przez chwilę widać za fortepianem, w zamotanej szykownie aksamitce pod szyją. Młynarski mówi ze swadą:

Chcę jeszcze powiadomić panie,
i bardzo miło mówić mi to,
że brunet ów przy fortepianie
to tych piosenek kompozytor.

Na oko – rzekłbyś – trusia cicha,
w istocie – szelma, że ho, ho.
Niejedna z pań do niego wzdycha,
lecz my mu to wybaczmy, bo:

w miłości słowa nic nie znaczą,
a raczej znaczą specyficznie,
tęgiego trzeba by tłumacza,
co by tę rzecz objaśnił ślicznie...

Uważny słuchacz wyłapie tutaj na pewno wersy śpiewane kilka lat później przez Alicję Majewską.

Piosenki płyną wraz ze zmieniającymi się dekoracjami. O stygnącym z latami uczuciu jest w tekście *Nie przechodźmy na czas letni*:

Jeszcze nie, jeszcze nie,
nie stawajmy się żałośnie
prozaiczni i konkretni,
błagam cię, błagam cię.

Halina Kunicka ceni tę piosenkę nadzwyczaj: „Bardzo piękne, bardzo mądre, bardzo głębokie przesłanie. Jurek Derfel też ją lubił pod względem muzycznym". Jest i wątek osobisty bardzo – piosenka *Pan Marcin śpi*, o jej synku. Choć tu odnotować należy pewną niezgodność czasową – w tekście stoi, że śpi on spokojnym snem czteroletniego człowieka. Marcin Kydryński w książeczce do płyty napisze: „Długo upierałem się wtedy, że to przecież o kimś innym". Bo on miał wtedy „wszak już lat z górą dziesięć, a nie cztery".

Jest wreszcie w tym zestawie rzadki w historii piosenki polskiej, a może piosenki w ogóle, pean na cześć – teściów!

Zmywający nam talerze,
w krąg patrzący wzrokiem sennym,
składający nam w ofierze
czas codzienny, czas bezcenny.

Wy od Karpat aż po Szczecin
ratujecie nasze domy,
ochraniacie nasze dzieci,
nadgodziny i dyplomy.
Bossa nova dla teściów

Parę słów, a wszystko zostaje powiedziane. Flagowym utworem płyty jest tytułowe *12 godzin z życia kobiety*. Poruszająca wyliczanka prac domowych, gonitwy po sklepach, codziennej i często niedocenianej przez innych krzątaniny.

Wstałam o siódmej rano
i jest już siódma wieczorem,
książkę niedoczytaną
z trudem do ręki biorę.

I te godziny, które powtarzają sobie: „Jak ja się wyrobię? Jak ja się wyrobię?". Halina Kunicka w programie telewizyjnym ogrywa to tak, że wchodzi znużonym krokiem do domu, w płaszczu, objuczona siatami i powoli je rozpakowuje – kapusta, por, ziemniaki, pieczywo. W latach siedemdziesiątych i osiemdziesiątych dzień kobiety wyglądał inaczej niż dziś – chociażby przez to, że teraz nie musimy stać w kolejkach po mięso czy po cokolwiek, co rzucą. Mamy zmywarki i ciut bardziej partnerski podział obowiązków. Za to więcej pracujemy zawodowo i wozimy dzieci na tuzin zajęć, więc ten lęk pod tytułem „Jak ja się wyrobię? Jak ja się wyrobię?" jest nam znajomy.

Z każdą kolejną piosenką coraz bardziej zastanawiam się, jak kiedyś Kalina Jędrusik – skąd Młynarski tyle wiedział o kobiecej duszy? A może wcale nie chodzi o wiedzę, ale o empatię, wczuwanie się w emocje płci – jak by nie patrzeć – przeciwnej. Wtedy, po przeczytaniu tych tekstów, Halina Kunicka też oczywiście zapytała Wojtka, skąd tyle wie o kobiecie.

Głupie to było pytanie. W końcu miał żonę, córki. Spotykał kobiety, obserwował. A przecież jego geniusz polegał też na fantastycznej obserwacji świata, ludzi, wydarzeń. To jego stempel, można powiedzieć. Widział. Więcej niż my wszyscy. I potrafił to przekazać słowem, a właściwie Słowem przez duże S. Bo Wojciech Młynarski i Słowo to jest coś jednoznacznego.

Znali się dobrze. Przyjaźnili. Od kiedy? „Wracamy do epoki kamienia łupanego", śmieje się pani Halina. „Przypominam sobie jakąś audycję telewizyjną, gdzie nawet śpiewaliśmy duecik. Wieki temu, nie umiałabym powtórzyć, co to było. Wojtek tworzył teksty do różnych piosenek, nie tylko dla mnie zresztą, bo też dla wielu innych wykonawców, do audycji, którą w latach siedemdziesiątych prowadził Lucjan, mój mąż. To była *Muzyka lekka, łatwa i przyjemna*".

Sam Kydryński w książce *Przejazdem przez życie* tak o tym pisał: „Program emitowano wówczas oczywiście na żywo; wymagało to niemałej sprawności całej ekipy, ale mieliśmy do dyspozycji wszystko, co najlepsze: polskie teksty pisali głównie Wojciech Młynarski i Agnieszka Osiecka".

Halina Kunicka podkreśla, że z początku znajomość z Wojtkiem była luźna. Niezobowiązująca.

Wie pani, jak to jest – w pracy poznajemy się, nie przewidując, czy relacja potrwa i jaki przybierze charakter. Wiedziałam, że to zdolny młody człowiek. Ale wtedy absolutnie nie sądziłam, że mam do czynienia z kimś, kto obdarzy nas tak nieprawdopodobnym talentem i zapisze się w historii literatury. Nie umiem go właściwie z nikim porównać. Nie jestem w stanie. Bo jako poeta, artysta, twórca, kolega, przyjaciel wreszcie jest i będzie dla mnie je-dy-ny. I niezastąpiony. Nie urodził się nikt, kto byłby w stanie zająć jego miejsce.

Podczas koncertu jubileuszowego w Opolu w 1988 roku on mówi ze sceny, że zobaczył Kunicką po raz pierwszy w kabarecie architektów Pineska, gdy studiowała jeszcze wtedy na prawie. Przy okazji tego koncertu dostajemy próbkę humoru współprowadzącego koncert Lucjana Kydryńskiego, który po tych zdaniach odpowiada z pewnym (zagranym, jak się domyślamy) wyrzutem:
– No i co?
– A dlaczego pytasz? – rzuca Młynarski.
– Jak to, to już koniec? – „dąsa" się Kydryński. – To przecież trzeba jakoś rozwinąć. No ja wiem, że zapowiedzi mają być krótkie, ale nie do przesady. Trzeba powiedzieć, że jest to osoba, która odznacza się szczególnym wyczuciem stylu, wykwintnym gustem, wyrafinowanym smakiem, wyjątkowym upodobaniem piękna, czego najlepszym dowodem jest to, że wyszła za mnie za mąż. I dopiero wtedy ewentualnie można dodać, że śpiewa Halina Kunicka.

W książce o historii telewizji Młynarski wspomina jeszcze udział Haliny Kunickiej w programie *Czy czasem tęsknisz?* z piosenkami Henryka Rostworowskiego. „Ja sobie wymyśliłem opowieść o miłości dwojga ludzi, którzy mieszkają gdzieś pod Warszawą, dojeżdżają do niej kolejką EKD, bywają w stołecznych lokalach. [...] W tym programie telewizyjnym orkiestra też grała, złożona z bardzo dobrych jazzmanów, a tęsknili do siebie Halina Kunicka i Leonard Pietraszak".

Przyjaźń? To się działo stopniowo, wspomina pani Halina:

Zaczynaliśmy od zawodowych kontaktów, ale potem okazało się, że po prostu bardzo dobrze się rozumiemy. Nadajemy na podobnej fali, zbliżamy do siebie. Mówię to nie tylko w swoim imieniu, ale też w imieniu męża, bo to była przyjaźń, która się rozwinęła z nami jako parą. Był jeszcze jeden bardzo bliski ktoś, mianowicie Jurek Derfel. I może nasza więź z Wojtkiem pogłębiła się właśnie dzięki niemu. Jurek był naszym przyjacielem od bardzo dawna, więc pewnie przez te spotkania i niemal rodzinne świętowanie Bożego Narodzenia, sylwestrów czy imienin umacniała się bliskość z Wojtkiem. Bo my Wigilię spędzaliśmy z rodziną oraz z Wigą i Jurkiem Derflami, ale co roku w drugi dzień świąt urządzaliśmy huczne przyjęcia na około czterdzieści osób... A później znaczenie miały na pewno nasze występy. Ja z Wojtkiem przejeździłam pół świata – chociażby z programem *Kabaret szalonych lat* wedle jego scenariusza, z piosenkami przedwojennymi, byliśmy w Stanach i Kanadzie. Ale na początku jeździliśmy po Polsce. Wspólne trasy w tak zwanych grupach estradowych, słynne *Podwieczorki przy mikrofonie*, wspólne po występach kolacje i śniadania, umawianie się na konkretną godzinę. Wspólne targanie się po wertepach PRL-u. Bez przenośni, po prawdziwych wertepach.

Tu w mojej pamięci otwiera się okienko. Pełne najpiękniejszych uczuć, bo związane z moim śp. Tatą. Pozwolą Państwo na osobiste wspomnienie. Rok 1985, Halina Kunicka z Jerzym Derflem i Lucjanem Kydryńskim, wyjątkowo bez Wojciecha Młynarskiego, są w ówczesnym województwie olsztyńskim. Jeden z występów odbywa się w Nidzicy. Mój Tato, choć wcześniej i później długie lata uczył fizyki w liceum, akurat w tamtym czasie pracuje jako dyrektor domu kultury. W kalendarzu: 8 maja, Stanisława, jego imieniny. Po koncercie artyści są więc przez niego zaproszeni na szampana. Tata wraca do domu z kartką z życzeniami zamaszyście napisanymi przez trójkę gwiazd. Jestem dziewczynką i pierwszy raz słyszę nazwisko Derfel (o Kunickiej i Kydryńskim już wiedziałam). To wtedy dowiaduję się, że ważna jest nie tylko ta postać, która śpiewa, ale też ten, kto skomponował i akompaniuje (potem zawsze, kiedy dostrzegamy pana Jerzego w telewizji, wołamy: „O, kolega taty!"). Wierzę, że tam wysoko Tato uśmiechnie się na tę historyjkę. A kartkę z trzema autografami mam do dziś.

Opowiadam o tym pani Halinie. Tak miło i empatycznie reaguje na moje słowa. „Jak się cieszę! To pewnie był mój recital, wtedy trójką jeździliśmy! To było nasze życie w tamtych latach..." I wspomina, jak jej mąż znakomicie rozumiał się z Wojciechem Młynarskim. „Lucjan był obdarzony ogromnym poczuciem humoru i nie tylko potrafił docenić Wojtka fantastyczną umiejętność żartowania, ale sam miał też podobną. Uwielbiałam jego pełne dystansu i ostrości spojrzenie. Oni obaj pod tym względem – no, nie powiem, że rywalizowali, ale – rozumieli się. Cudnie było posłuchać, jak komentują towarzyskie, codzienne sprawy – to, kogo spotkali, kogo obserwowali".

A mnie tu się przypomina, jak Lucjan Kydryński dowcipnie opowiadał o byciu konferansjerem na recitalach żony. Zapowiedział ich około dwóch tysięcy i – jak mawiał – miał z tym zawsze kłopoty, „bo dobrze o niej mówić mi nie wypadało, a źle mówić nie miałem powodu".

Jak większość moich rozmówczyń, Halina Kunicka wspomina limeryki tworzone przez Młynarskiego:

> Opowiem pani, jaki on był nieprawdopodobnie uważny. Jeździliśmy po tych drogach i dróżkach, mijając miasta i wsie o nieraz bardzo zabawnych czy przedziwnych nazwach. Wojtek zawsze dokładnie je czytał i – to było cudowne! – natychmiast tworzył limeryki, od których cały zespół umierał

ze śmiechu. Jak wiadomo, ten gatunek literacki musi zawierać nazwę miejscowości i być, nazwijmy to: pikantny, mieć podtekst erotyczny. Dlatego nie wszystkie nadawałyby się do ogłoszenia publicznie. Bardzo, ale to bardzo żałuję, że wśród ogromnej spuścizny Młynarskiego nie ma tych dziełek. Chciałabym mieć tomik limeryków Wojtka – nie wiem, czy jest na to szansa. Podejrzewam, że nie, bo to się działo na gorąco, w danej sekundzie. Niejednokrotnie myśleliśmy, że trzeba je zapisać, ale też zawsze się mówiło: kiedyś będzie czas. Ale jak to w życiu – tego „kiedyś" nie ma i człowiek żałuje... A może jednak te limeryki są, gdzieś się zachowały? Bo to wielka część jego twórczości – natychmiastowej, pełnej dowcipu, inteligencji, refleksu. Prawdziwa działalność literacka. No i nie był jedynym, znamy taką panią, która również limeryki uznawała za coś ważnego. Panią Wisławę przecież...

Poważniejąc, mówi o jeszcze jednej istotnej rzeczy. W Wojciechu Młynarskim nie było złośliwości.

A często zdarza się ludziom obdarzonym poczuciem humoru, że potrafią kogoś przyszpilić, powiedzieć coś niemiłego. On w swoich opowieściach, anegdotach, komentarzach do sytuacji, czy to w garderobie, czy w życiu w ogóle, patrzył okiem niekoniecznie łagodnym, ale pełnym humoru i dystansu. Nie zdarzyło mi się słyszeć u Wojtka tekstu, którym by robił komuś krzywdę. Absolutnie nie! Dla żartu niejednokrotnie bardzo był zabawny i różnie oceniał ludzi. Jednak nigdy nie było w tym takiej prawdziwej ohydnej złośliwości, która daje radość jej autorowi, nie słuchaczom. On tego nie miał i to było cudne.

Tu warto może wspomnieć, że sam mistrz, zapytany o definicję szczęścia, odpowiedział: „Mnie się wydaje, jak kiedyś napisałem w piosence, którą śpiewa Hala Kunicka, że szczęście to jest iść do celu, w drodze być".

Ulubiona fraza z piosenek Młynarskiego? „Krótka ocena rzeczywistości i przyszłości: «przyjdzie walec i wyrówna». W ogóle lubię słuchać nagrań, kiedy Wojtek sam śpiewa swoje piosenki. Za każdym razem jestem zachwycona".

W pewnym momencie Halina Kunicka zamyśla się. „Wie pani, chciałabym, żeby w tej mojej opowieści bardzo wyraźnie zabrzmiała przyjaźń Wojtka z Jurkiem Derflem. Wieloletnia, serdeczna, prawdziwa. Rozumieli się bardzo dokładnie. Może Jurek był jego najbliższym przyjacielem? Obecny z nim w prawie że ostatnich chwilach życia. A na pewno nie było to łatwe dla Jurka, który jest samą nadwrażliwością..."

Wracamy do płyty *12 godzin z życia kobiety*. Ostatnia piosenka *Gdybym miała zaczynać od nowa* idealnie nadaje się do śpiewania na koniec koncertu.

> Gdyby przyszło mi znów przewędrować
> Każdy dzień, miesiąc, rok życia mego,
> Nie cofnęłabym jednego słowa,
> Nie zmieniła postępku żadnego.
> [...]
> Patrząc wstecz, widzę sens chwili każdej,
> pełnej blasku czy pełnej goryczy.
> Wierzę, że moje życie jest ważne,
> Wierzę, że moje życie się liczy.

Halina Kunicka i wtedy, i dziś podpisuje się pod tym tekstem. Lepszej pointy nie trzeba.

Interludium numer 3
Bożenka

Co o niej wiemy? Niewiele. Ledwie trzy rzeczy: że podmiot liryczny pałał do niej uczuciem, że przed laty uczestniczyła w eskapadzie po polskich jeziorach i że dziś nie uznaje koloryzacji fryzjerskiej. Przytoczmy frazę na dowód: „Posiwiała ta Bożenka, w której się kochałem".

Z treści piosenki *Moje ulubione drzewo* można się domyślać, że razem z Bożenką (ale może w szerszym gronie) autor drogą kajakarstwa odkrywał uroki polskich jezior. Wigry, Śniardwy, Czarna Hańcza, Jamno. Trzeba przyznać, że miał spory rozrzut – gdzie Mazury, a gdzie gmina Mielno? Ale cóż, młodość! I do tego „kajak śmigły". Narrator dniem mijał „zielone porty", a wieczorem nad namiotem „krzyżował wiosła". Rozpalał ognisko i śpiewał Bożence piosenkę, która już, niestety, dziś się postarzała (piosenka, nie Bożenka, bo ta jedynie posiwiała).

Co dziś szalenie niepoprawne – palono papierosy. Co gorsza, z lubością, o czym niezbicie świadczy wers: „Jak mi smakowały sporty nad jeziorem Wigry". Dodajmy, że były to w PRL-u papierosy najtańsze i marnej jakości, bo bez filtra. Ciekawostka z branży tytoniowej: nazwę Sport nosiły do lat osiemdziesiątych. Potem już nazywały się Popularne – nie chciano, by sport łączył się z nikotynowym nałogiem. Ale nie skreślajmy tak całkiem sportów

– legenda niesie, że to właśnie na paczce tych papierosów Jerzy Duda-Gracz narysował postać Młynarskiego – charakterystyczną, wydłużoną, która później stanie się czymś w rodzaju logo tekściarza, a nawet elementem scenografii.

Czy Bożenka to postać prawdziwa? Nie będziemy autorowi zaglądać w miłosne CV, ale sam w filmie *Młynarski. Piosenka finałowa* wspominał, że pierwsze zauroczenie płcią odmienną przeżył jeszcze w szkole. „Była dziewczyna, która mi się podobała ogromnie. I nagle na którymś recitalu za kulisy przychodzi do mnie dziewczyna – w pierwszej chwili jej nie poznałem – i powiedziała: «A ja wcale nie jestem siwa». I to właśnie była ona".

Tak naprawdę prawdziwą bohaterką tej piosenki jest leszczyna. Drzewo, co jak je „za mocno przygiąć w lewo, to w prawo się odgina". I na odwrót. Mówiąc serio, piękny symbol niezależności. Sam Młynarski mawiał, że to jego ulubiona piosenka. Wizytówka, która przedstawia jego stosunek do życia. Bo leszczyna jest niezależna jak on.

Tutaj – wydaje mi się – dobrze pasują słowa, które o Młynarskim napisał w zeszytach z serii „Aktorzy Ateneum" Marian Opania, który znał go od lat i wielokrotnie występował w spektaklach z jego piosenkami. „Jak niektórzy wiedzą, nie lubię «wyprasowanych». A właśnie Wojtek, mimo że świetnie nosi frak lub smoking, jest niewyprasowany, to znaczy nieprzystający do otaczającej rzeczywistości. Jego dusza, podobnie jak moja, jest poszarpana, rogata i niespokojna".

O tym, że piosenka o leszczynie jest istotna, świadczy wybór tytułu książki z tekstami piosenek i z wywiadem, który przeprowadziła z ojcem Agata – *Moje ulubione drzewo, czyli Młynarski obowiązkowo*. Utwór o leszczynie otwiera zestaw w tym tomie. Warto posłuchać, jak piosenkę tę śpiewa Piotr Machalica. Jest na jego – ostatniej, niestety – płycie, której tytuł nawiązuje do tytułu piosenki. Album nazywa się bowiem *Mój ulubiony Młynarski*.

„Upór, co mi z oczu błyska – leszczyny dziedzictwo!" Leszczyny rosły w Komorowie, tuż przy domu dzieciństwa Młynarskiego. Może już wtedy zaszumiały Wojciowi inspiracją?

PS Warto posłuchać innej drzewno-jeziornej piosenki Młynarskiego. *Drzewa nad jeziorem Dłużek* w wykonaniu zespołu Bemibek. „Sosna, buk, jesion, klon / Jesion, klon, sosna, buk / Drzewom nad jeziorem Dłużek / Serca biją stuku-puk" – śpiewa swoim szemrząco-mocarnym głosem Ewa Bem.

Joanna Szczepkowska

Koleżanka – aktorka filmowa,
Nie zważając na ciężkie czasy,
Jadąc rannym ekspresem do miasta Krakowa,
Wykupiła bilet pierwszej klasy.
Ile ja dopłacam

Na początku lat dziewięćdziesiątych. Młynarski opisuje zdarzenie-
-zderzenie. Prostactwo raczkującej klasy „byznesu" („Słuchaj, Maniek, / ja ci tera nic nie wiszę, / ty mnie wchodzisz trzy melony / i twój udział jest dokładnie dwieście baniek") kontra wrażliwość ludzi zaliczanych do inteligencji. Zresztą przez mistrza ukochanej – poświęcił jej jeden ze swoich piękniejszych utworów *Nie wycofuj się*. W piosence *Ile ja dopłacam* inteligencję reprezentują: „ksiądz, studentka KUL-u wraz z kolegą, / emerytowani z PAN-u / chudzi dwaj profesorowie / i tłumaczka, bodaj z serbochorwackiego".

Podczas wywiadu zapytałam Wojciecha Młynarskiego, kim jest ta „koleżanka aktorka filmowa", która zmieniała klasy w pociągu. „Joasia Szczepkowska! Ona powiedziała historię, a ja to zrymowałem".

„Tak było", potwierdza mi dziś „koleżanka aktorka filmowa". Ekspres jechał rzeczywiście do Krakowa. A ona faktycznie siedziała w pierwszej klasie. „Szedł żywy handel jakimiś koszulami. Nie do wytrzymania. Jeszcze sobie popijali. Straszny hałas. I tak w każdym przedziale. Przesiadłam się więc do drugiej klasy, gdzie było bardzo kulturalnie. I naprawdę siedziała obok tłumaczka. Bo reszta bohaterów jest z wyobraźni Wojtka" – mówi.

Historyjkę opowiedziała na kameralnym spotkaniu towarzyskim, bodaj u Jerzego Derfla, u którego zresztą jakiś czas wcześniej się z Młynarskim poznali. „Pamiętam, była też Halina Kunicka, Wojtek się z nią bardzo przyjaźnił. Kiedy podzieliłam się spostrzeżeniami z pociągu, uśmiał się i zapytał, czy może z tego zrobić piosenkę. Odpowiedziałam: «Dobrze, ale ponieważ ja też jestem autorką, napisz, że to moja opowieść». Wiem, że w jakimś tomiku, który wydał, jest to dodane kursywą".

„Migotali tą samą wrażliwością, ona imponowała mu inteligencją" – tak o relacji Joanny Szczepkowskiej i Wojciecha Młynarskiego mówiła mi jego córka Agata. Kiedy powtarzam to aktorce, uśmiecha się. „Tak. Mieliśmy porozumienie, łączyło nas podobne poczucie humoru. Od początku dużo ze sobą gadaliśmy. Powiedziałabym: stykaliśmy jednym łączem".

Ale co ciekawe, pierwsze wspomnienie wcale nie jest artystyczne. Ani towarzyskie.

Joanna jest jeszcze nastolatką. Ogląda program *Tele-Echo* – najlepszy wtedy talk-show (choć takiego określenia jeszcze widzowie nie znali). Jednym z gości Ireny Dziedzic jest Wojtek Młynarski, zaproszony jako... maturzysta. „Wyróżniający się w Warszawie czy w Polsce, nie pamiętam. W każdym razie przykuł moją uwagę ze względu na oczy, niesamowite, przenikliwe, iskrzące. Takie, jakie Wojtek miał... Pokazał się jako człowiek bardzo młody, ale który już wyróżnia się inteligencją, kulturą i dowcipem. Odstawał poziomem od innych gości. Zapamiętałam, jak się nazywa. Takie było moje jednostronne pierwsze z nim spotkanie".

Okazja do wspólnej pracy nadarzyła się dobre ćwierć wieku po tym *Tele-Echu*. Końcówka lat osiemdziesiątych, Młynarski dzwoni i proponuje zastępstwo w *Hemarze* w Ateneum. „Za Dorotę Nowakowską, która zresztą bardzo dobrze to robiła" – mówi dziś Joanna Szczepkowska. Sprawdzam na YouTubie, jakość nagrania słaba, ale pani Dorota – wtedy jeszcze studentka – znakomita. Co ważne, ona sama twierdzi, że jej zawodowe życie zaczęło się właśnie od Wojtka Młynarskiego. Przyjemnie ten jej numer zobaczyć, podobnie jak inny legendarny utwór z tego przedstawienia, *Upić się warto*, z chórem: Opania, Kociniak, Borkowski, Zborowski (podaję według wzrostu, rosnąco). Piosenkę z zegarmistrzowsko wyreżyserowanym każdym gestem powinno się zalecać jako remedium na smuteczki.

Jak aktorka reaguje na propozycję? Jest pełna obaw, bo nie ma wówczas praktyki w śpiewaniu – jak sama stwierdza – „właściwie po prostu żadnej". Ale intryguje ją kabaret jako forma. No i spotkanie artystyczne z Młynarskim to przecież gratka. Dostaje do wykonania piosenkę Puttkamerowej, czyli Maryli, miłości Mickiewicza. „Podeszłam troszkę inaczej niż poprzednia wykonawczyni. Wojtek był zadowolony. Myśmy z tym *Hemarem* dużo jeździli, byliśmy między innymi w Stanach, bardzo się wtedy zaprzyjaźniliśmy".

To z tych czasów pochodzą filuterne gry słowne, które do dziś żyją w środowiskowej anegdocie. Ponieważ programowo nie używam słów wulgarnych, trudno mi ją dosłownie przytoczyć. Ale samą sytuację warto, bo ona też coś mówi o Młynarskim. Otóż artyści wymyślili zabawę – potrzeba do niej grona ludzi, które spędza ze sobą długi czas. Wyjazd do Ameryki nadaje się idealnie – bo to i dalekie przeloty, i wiele wspólnych godzin w autokarze. Zadanie: tak pokierować rozmową, żeby ktoś inny musiał wypowiedzieć słowo kończące się na „...es". Kiedy nieszczęśnik to słowo wymawia, cała grupa odpowiada do rymu – mocnym wyrażeniem ze słowem „pies" na końcu. Jest w nim jeden czasownik, jeden zaimek osobowy i ten pies właśnie. Szczepkowska wspomina:

> Napięcie straszne, ponieważ nikt nie wiedział, czy może spokojnie prowadzić rozmowę. Ludzie planowali piętrowe intrygi, żeby kogoś zaskoczyć. A już wkręcić Wojtka było prawie niemożliwością. Myślał szybko, był czujny na słowo. Ale mnie się udało! Wracaliśmy do Polski. Udawałam, że siedzę nad krzyżówką. Wojtek nie umiał w samolocie usiedzieć, chodził od jednej do drugiej osoby. Przystanął przy mnie. „Co, krzyżówkę rozwiązujesz?" „A tak. Podają: inaczej koniec. Nie wiem, co to jest". I on mówi: „kres". Wszyscy wokół dali mu ripostę!

Joanna Szczepkowska nie opowiada mi tego tylko dla śmiechu. Uważa, że mało cenzuralne figielki to też jest jakieś dopełnienie prawdy o Wojtku, którego znała:

> Przecież jakby spojrzeć na jego inteligencję i kulturę osobistą... On mógłby być zupełnym outsiderem. Kimś, kto nie pasuje do towarzystwa estradowego. Bo to jest szczególne środowisko. Powiedzmy, nie z samych inteligentów się składa. I człowiek, który jest wyraźnie światlejszy, nie ma tam łatwo. A Wojtek, przez to, że taki elastyczny, potrafił się zmieścić w stylu estradowym. Dlatego był lubiany. Nigdy nie zdarzyło mi się słyszeć, żeby ktoś mówił o nim inaczej niż z miłością czy sympatią. Nigdy!

To ciekawy trop. Młynarski inteligent potrafił odnaleźć się i w rubasznym limeryku, i oddać w piosence mentalność tak zwanego przeciętnego człowieka, którym sam z pewnością nie był – i z racji wychowania oraz wykształcenia, i z racji talentu.

Strasznie lubię postać Zdzisia. Jest dla mnie przejmująca. „Gość jak inni. Przyjmę zakład, że w dowodzie / napisane miał: szczególnych znaków brak". To niezwykłe, jak Wojtek – który pochodził z zupełnie innej sfery – sobie tego Zdzisia upodobał. I uczynił bohaterem niejednej piosenki. Bo występuje on oczywiście w tekstach *W razie czego przypomnijcie sobie Zdzisia* i *Zdzisio po latach,* ale przecież jest i ten pan z *Bynajmniej*, który uwielbia napotkaną panią: „Ona – na pozór duży intelekt, / on – może trochę mniej". I ten basista z *Jesteśmy na wczasach*, wyszydzony przez wszystkich za to, że się durzy w pannie Krysi. Mnie fascynuje, że Wojtek umiał takie postaci wyłowić i opisać tak, że je lubimy. Widział innych ludzi, nie był zapatrzony tylko w siebie

– mówi artystka.

Szczepkowska ma też sentyment do piosenki *Truskawki w Milanówku* – ze słowami: „Tamten ganeczek w dzikim winie, / te interludia na pianinie...". „Nasze z Wojtkiem domy rodzinne można porównać. Ja jestem wnuczką Jana Parandowskiego, wychowywałam się w klimatach inteligenckich, bliskich literaturze. Więc znam smak takich truskawek w Milanówku. I bardzo go lubię".

Wśród ulubionych utworów Młynarskiego wymienia też *Balladę o torreadorze*, tę z wibrującą frazą: „w słynnej prowincji Guadalajarrrrra!". A także „z pointą, że pewien młody torreador postanowił walczyć z bykiem, a w końcu byk zrobił unik i uciekł. Zawsze chciałam to zaśpiewać. Nawet na słowach Wojtka nadpisałam kobiecą wersję" – wspomina.

Żal może, że Szczepkowska nie śpiewała zbyt wielu jego piosenek. Nawet usłyszałam od osoby blisko związanej z mistrzem takie określenie: „Joanna Szczepkowska, aktorka niedośpiewana". Miało to znaczyć, że on chciałby, aby wykonywała więcej jego piosenek.

Ale jest za to inna arcyważna rzecz. Joanna Szczepkowska, która zasłynęła zdaniem: „Dziś w Polsce skończył się komunizm", Młynarskiemu zawdzięcza swego rodzaju zdobycie własnej wolności. Tej artystycznej.

Jak to było?

Szczepkowska świetnie włada piórem. Już w latach dziewięćdziesiątych publikuje w prasie felietony. Młynarski, widząc jej zdolności, stwierdza: „Powinnaś sobie napisać recital, teksty estradowe, piosenki". „Wtedy uważałam, że to bez sensu. Nigdy nie robiłam takich rzeczy! Ale on zaszczepił to we mnie do tego stopnia, że w końcu zasiadłam do pracy".

Zaszczepić coś Szczepkowskiej – wyzwanie (a i fonetycznie satysfakcjonujące). No więc napisała te piosenki, te monologi. I rozdzwoniła się po wybitnych kompozytorach. Andrzej Zarycki, który pisał dla Demarczyk, Grzegorz Turnau, Jerzy Derfel, Janusz Bogacki. Potem zorganizowała zespół na żywo:

> Dzisiaj, jak na to patrzę... W życiu nie wykrzesałabym takiej siły, gdyby nie przekonanie Wojtka, że naprawdę mogę. Powstał recital, miał premierę w Ateneum. To się nazywało: *Joanna Szczepkowska kontra inne instrumenty*. Stworzone jakby pod opieką Wojtka, przy czym on się w ogóle nie wtrącał. Przyszedł tylko na ostatnią generalną. Na premierze ludzie wstali, bili brawo. Okazało się, że moje poczucie humoru przenosi się na innych.

Joanna Szczepkowska uważa, że to był przełomowy moment w jej życiu. Poczuła radość wolności artystycznej. I że to jest coś, do czego powinna dążyć. Robić na scenie swoje rzeczy, swoją literaturę dramatyczną. „Do tego namówił mnie właśnie Wojtek. Jemu zawdzięczam późniejszą burzliwą działalność teatralną. I to jest jedna niezwykle ważna rzecz, którą chciałam pani opowie-

dzieć. No a druga będzie bardziej o Wojtku niż o mnie, więc pewnie ważniejsza". – Uśmiecha się delikatnie.
Słucham.

Telewizja zaproponowała, żeby zrobić w Sali Kongresowej wieczór poświęcony Ordonce. Reżyserował Wojtek. Zaproponował, żebym na tym wieczorze zaśpiewała piosenkę z *Hemara*. I proszę sobie wyobrazić, że dzień przed – dzień przed! – koncertem transmitowanym na żywo idę Nowym Światem i spotykam Wojtka. On, że jutro się widzimy. Ja: „No widzimy się, widzimy. Ale tak mi szkoda, że czegoś jeszcze w tym spektaklu nie robię. Już mnie okropnie nudzi śpiewanie tej Maryli". I żartem – żartem! – mówię: „Napisz mi coś na jutro". Wracam do domu – a mieszkałam wtedy na Długiej. Po trzech godzinach dzwoni Wojtek. „Coś ty mi zrobiła! Siadłem i napisałem. A ponieważ niemożliwe, żebyś się tego nauczyła, bo długie, tekst jest w formie listu, zaczyna się od słów: «Pani Hanko, jak ja chciałabym być pani koleżanką»".

Tak jakby współczesna aktorka zwracała się do Ordonki.

Chyba przesłał mi to faksem – maili przecież jeszcze nie używano. Było tak kapitalne, że postanowiłam się przez noc nauczyć całego utworu. Duże ryzyko, bo świeży tekst, przy takim stresie, jakim jest pełna Sala Kongresowa i transmisja na żywo, nawet wykuty może zniknąć z pamięci. Nauczyłam się nie po to, żeby się popisać, ale z szacunku dla fenomenu Wojtka. Postanowiłam zrobić z tego cały występ, stworzyć postać, pokazać coś więcej. Opracowałam przedwojenną dykcję, taką z lekka zaciągającą, z lekką emfazą, *à la* Ordonka. Wojtek, który to zapowiadał, potwornie się denerwował. Pierwszy występ był z publicznością, ale bez transmisji, następny wieczorem – nadawany na żywo. Wiadomo, drugi występ zawsze najgorszy, Wojtek się bał, że zejdzie mi adrenalina. Ale wszystko się udało. Polecam na YouTubie zobaczyć. To fenomen, że on w parę godzin napisał taki tekst!

Joanna Szczepkowska przyjaźniła się z Wojciechem Młynarskim. Nie sposób nie zapytać, jak przeżywała czas, gdy jego choroba się wzmagała.

Oczywiście, że się z tym zetknęłam. W momentach ciężkiej chandry Wojtek miał potrzebę kontaktu. Dzwonił ze swoimi pomysłami. Takimi bardziej – można powiedzieć – związanymi z naprawą świata. Kilkakrotnie też odwiedził mnie, będąc w takim stanie. Jak do tego podchodziłam? Rozmawiałam z jego mamą i ona mi powiedziała, że człowiek z taką dolegliwością zachowuje się jak ktoś z bardzo wysoką gorączką. Mówi rzeczy, których może by nie pomyślał. Starałam się patrzeć na to z czułością. Przejmujące było to, że on był świadom sytuacji. Bo przecież jego inteligencja i bystrość nie zanikały. Część jego jaźni widziała to, co się dzieje, ale nie mogła zareagować.

Sam artysta od pewnego momentu otwarcie mówił o swojej chorobie dwubiegunowej. Pomijać ją w tej książce byłoby nieuczciwie wobec rzeczywistości. Podczas rozmów, siłą rzeczy, natknęłam się na wiele opisów jego zachowań spowodowanych chorobą. Ale podejście Joanny Szczepkowskiej ujmuje delikatnością i empatią. To naprawdę musiała być wielka przyjaźń.

Opis tej relacji widziany z jego strony znalazłam w wycinku prasowym poświęconym Szczepkowskiej, pochodzącym z pisma „Związkowiec" z marca 1991 roku: „Wojciech Młynarski powiedział: kiedy jestem z nią na spotkaniu towarzyskim lub gdzie indziej, zaczyna mnie denerwować jej styl bycia i mówienia. Kiedy tylko wychodzi, przestaje mówić, myślę: ale to fajna dziewczyna... Zaczyna mi brakować właśnie jej mówienia". Szczególny komplement. Ale na swój sposób świadczący o bliskości przeżywania świata.

Wróćmy jeszcze na chwilę do przedziału pierwszej klasy relacji Warszawa–Kraków. Tam dalej trwa impreza. Jak rymuje Młynarski:

Biznes gotów, pozwól chłopie,
że koniaczkiem go pokropię.
Bo ten wprost wybitnie konweniuje mnie płyn.
I zwrócili się do damy:
Chlapnie pani? Przepraszamy,
że koniaczek zza pazuchy, ciut przyciepły.

Te wersy także doczekały się opracowań naukowych. W zbiorze *Strasznie cię lubię, piosenko. Szkice o tekstach Wojciecha Młynarskiego* czytam, że wiersz ten „traktuje o paradoksie podróżowania w klasie pierwszej, którą jeżdżą użytkownicy takiego oto socjolektu" (i tu autorka, Dorota Samborska-Kukuć, cytuje fragment piosenki zawierający słowa: „ja ci tera nic nie wiszę"). Dalej pisze: „Tymczasem klasą drugą podróżują intelektualiści, artyści, studenci, a nawet duchowny. Wprowadzenie slangu zmieszanego z plebejską gwarą świadczy o pochodzeniu, wykształceniu i ogładzie tych, których stać na podróż w komforcie, stanowiąc jednocześnie kontrast do poważnych dialogów podróżnych z klasy drugiej. Poprzez ekspozycję języka przywołanych postaci Młynarski poddaje pod rozwagę zjawisko bogacących się prymitywów".

Mnie zaintrygowało, że biznesmeni obok złotych sygnetów i zamszowych butów mają „spodnie chlory". Ktoś zażartował, że to spodnie chlorów, czyli tych, co piją. Ale autorowi piosenki chodziło najpewniej o *acid washed jeans*, czyli spodnie rozjaśniane chlorem, na które mówiło się też marmurki. Estetyczny koszmarek, który wystrzelił w latach osiemdziesiątych i dziewięćdziesiątych, a i teraz co jakiś czas wraca. Swoją drogą w piosence są też inne spodniowe skojarzenia. „Pan profesor z księdzem wdał się / w śmieszny spór o Lévi-Straussie". Wszyscy wiedzą, o co chodzi? Niestety, podejrzewam, że gdyby tak zaczepić dziś sto osób na Marszałkowskiej, większość pewnie odpowiedziałaby, że o dżinsy lewisy, a nie o słynnego francuskiego antropologa. A biorąc pod uwagę, że istnieją też dżinsy marki Tommy Jeans, kolejna linijka: „potem student z księdzem o tomistach mruczał" też by „konweniowała" – używając języka Młynarskich bohaterów. I wyszłoby na to, że powstał utwór o spodniach. Ale takiej odzieżowej interpretacji chcemy, jako inteligencja, unikać. Jak najdłużej się da.

I o tym też jest ta piosenka.

Interludium numer 4

Desdemona

Zamężna. Rozżalona. Ze skłonnością do kłótni. Wygląda na to, że planuje zdradę „z tamtym panem". A tymczasem mąż prosi ją, żeby jednak trwała przy nim. Na zachętę deklaruje, że może sprzątać „po sobie od jabłek ogryzki" i nie będzie „błocił mieszkania w dzień słotny". A w ogóle to jest gotów „jak paź paść" u jej stóp. Bo już „walczyć nie ma siły, nie ma siły".

Koncept piosenki jest oryginalny i nie wiem, czy ktoś jeszcze na świecie na taki wpadł. Śpiewający mówi: „daj des", pianista gra dźwięk „des", a śpiewający mocuje na tym kolejny wers.

Daj Des
Daj, Desdemono, kłótniom tym spokój,
Dekonstrukcji uczuć mych nie prowokuj.
Daj as
A z tamtym panem zdrady nie planuj.
Daj ges
Gestykulację zbytnią opanuj [...].
Daj z des
Zdesperowane błaga cię serce [...].
Daj w ges
W gestii to mojej zostaw – już ja go [...].

Daj as
Daj aspiracje wyższe w czyn wcielić.
Daj ges
Gestem swym jednym zechciej rozbielić
ciemnej troski noc złowrogą [...].

Młynarski wspominał, że w napisaniu tej piosenki niewątpliwie pomogło mu obcowanie z muzyką w domu rodzinnym, ale największe zasługi miał tutaj jednak Sent. „Ja wymyśliłem: «Daj Des, daj, Desdemono», a on do tego des dodał ges, potem as – i wymyślił taki schemat melodyczny, w który ja się wpisałem ze swoim tekstem". A w książce *Dookoła Wojtek* Janusz Sent dopowiada: „Miałem kolegę, który jak się upił, przychodził do mnie do orkiestry (grałem wtedy w teatrze) i żądał: «Janusz, daj mnie as siedem». Ja w klawisze, a on zaczynał płakać – tak się wzruszał".

Badaczka Katarzyna Jachimowska z Uniwersytetu Łódzkiego w tekście *Świat muzyki słowami solisty. Analiza leksykalno-funkcjonalna słownictwa muzycznego wykorzystywanego przez Wojciecha Młynarskiego w jego wierszach i piosenkach* (tak, powstają takie prace!) naukowo widzi to tak: „Dyrektywny tytuł przyciąga uwagę zarówno nieznających terminologii muzycznej, jak i praktyków i teoretyków muzyki. [...] Zaskakująco koherentna jest warstwa muzyczna i językowa. [...] W tak skomponowanej piosence nie ma mowy o supremacji słowa nad muzyką".

Piosenka jest datowana na rok 1966, a jedno z jej wykonań można było podziwiać w programie recitalowym *Szajba*. Rzecz dzieje się na początku lat siedemdziesiątych, w krakowskim studiu telewizyjnym – tam Młynarski nagrywał kolejne odcinki. Za fortepianem sam kompozytor w typowej dla epoki długowłosej, przestrzennej stylizacji fryzjerskiej, pod krawatem, z eleganckim szalenie kołnierzykiem. Młynarski też na galowo, w garniturze, z pięknie rozszerzającymi się nogawkami spodni. Scenografia efektowna, nowoczesna – liczne „zastawki" z charakterystyczną „przecinkowatą", lekko zgarbioną sylwetką Młynarskiego nakreśloną przez Jerzego Dudę-Gracza. O tej sylwetce pisał kiedyś w „Akcencie" Jacek Sieradzki: „Najstarsze zdjęcia przedstawiają chudego drągala, zgarbionego tak, jakby każdy sufit był mu za niski".

Wojciech wyznaje publiczności, że z Januszem pracują razem od dawna i że ich najnowszy pomysł dotyczy przerobienia na *musical comedy*... Tu lekko zawiesza głos, przez publiczność przebiega szmerek, on porozumiewawczo rzuca uśmiechnięte „No co?" – i kontynuuje: „...*Otella* Szekspira. To jest szalona moda teraz. [...] Mamy pomysł cudowny, bo akurat Otello ma być biały, a Desdemona Murzynka [Tak się wówczas mówiło i słowo to nie miało żadnych negatywnych konotacji – przyp. aut.]. I ona zazdrosna. Nie jest to jeszcze oczywiście utwór gotowy, ale istnieje już jedna z arii głównego bohatera. Oto ona".

Janusz Sent gra wstęp, Wojciech Młynarski zaczyna śpiewać:

Moja żona ma na imię Desdemona,
z moją żoną mi się życie nie układa,
a gdy nazbyt bywa na mnie rozżalona,
to uciekam wtedy przed nią do sąsiada.

Sent sunie muzyczną frazą, a w tekście następuje jedna z moich ulubionych fraz słownych. „Sąsiad mój nie znalazł jeszcze swojej pani, / słowem – cierpi na problemów moich brak". Cierpieć – na brak problemów. Któż by nie chciał!

Warto obejrzeć dostępny w internecie spektakl *Dziewczyny, bądźcie dla nas dobre na wiosnę* w reżyserii Jerzego Gruzy, gdzie o Desdemonie śpiewa Wiesław Michnikowski, w gustownym szaliczku, przyciskając do piersi teczuszkę. Cały spektakl uroczy, a najbardziej dwudziestoparoletni Młynarski jako „konduktorek" odziany w „sort mundurowy". Na skrzypkach daje gesy i Desy Jan

Kuzio, a w finale piosenki o Desdemonie do Michnikowskiego dołączają Alibabki.

Po *Daj Des* sięgali Michał Bajor, Piotr Machalica, Jacek Bończyk i Janusz Szrom, który kiedyś w wywiadzie dla „Jazz Forum" nazwał tę piosenkę „niezbyt znanym majstersztykiem" i wyjawił, że Młynarski powiedział mu, że za ten tekst pochwalił go sam Jeremi Przybora. Szrom mówił: „Maestria Młynarskiego w tym przypadku polega na wpisaniu muzycznej nomenklatury w sytuację damsko-męską, osadzoną – a jakże – na bardzo wysokim diapazonie emocjonalnym". Bliżej naszych czasów utwór śpiewa Grzegorz Damięcki w spektaklu *Misja Młynarski* w Teatrze Ateneum. I przez te parę minut stwarza postać lekko zmęczonego, ale pełnego niepokojącego wdzięku faceta. Aż myślimy: „Taki wspaniały, czego ta Desdemona jeszcze chce!".

PS Szukając informacji do tego rozdziału, odkryłam, że istnieje roślina doniczkowa o nazwie desdemona, czy też mniej romantycznie: języczka pomarańczowa. Pomyślałam, że Młynarski niechybnie i z tych słów ułożyłby piosenkę, gdyby było trzeba.

Ewa Bem

Moje serce to jest muzyk,
Który zwiał z orkiestry,
Bo nie z każdym lubi grać.
Żaden mu maestro nie potrafi rady dać.
Moje serce to jest muzyk

Opole 1988. Jubileusz dwudziestopięciolecia pracy twórczej Młynarskiego. On na scenie, za chwilę Ewa Bem zaśpiewa, że jej serce to muzyk „improwizujący, co ma własny styl i rytm". Ale najpierw jubilat: „Chciałbym teraz zapowiedzieć koleżankę, którą darzę szczególnym sentymentem. I ze względu na jej fantastyczny zawsze humor i usposobienie cudowne, i ze względu na gatunek piosenki, jaki uprawia. I dlatego chciałbym ją powitać niekonwencjonalnie. Państwo znacie na pewno takie przedszkolne rymowanki – pani mówiła wierszyk, a dzieci rym. Więc może się zabawimy: Rozkosznie swingujący alt, / Warszawska Ella Fitzgerald. / Warto być dla niej choćby tłem, / Szanowni państwo...". „...Ewa Bem!!!" – woła razem z publicznością Lucjan Kydryński, współprowadzący ten wieczór.

Wywołana, wychodzi na scenę. I od razu robi się jaśniej. Wtedy w wieku trzydzieści pięć plus, z fantastycznym irokezem, pomalowanymi na zielono rzęsami, kolczykami, które tańczą przy twarzy. W ręku dzierży pokaźny rulon owinięty czerwoną wstążeczką. „Przygotowałam tu specjalnie dla ciebie własnego pióra rymowankę-układankę". Młynarski rozwija, odczytuje. Również wierszyk!

„Piosenki twe mam śpiewać chęć / kolejne lat dwadzieścia pięć, / Więc o poranku czy przed snem / Kolego, pisz... No, niewyraźnie coś tu jest. Ewuniu, wzruszony jestem" – mówi jubilat.

„Coś takiego! To ja napisałam? Szkoda, że się tak wysiliłam, potem pisałam lepsze rzeczy". – Uśmiecha się, kiedy po latach przypominam jej tę chwilę. I wyznaje swoją cudną, zamaszystą frazą:

Proszę mi wierzyć, że jestem – zupełnie sympatycznie, ale jednak – zbita z tropu, bo nie pamiętam tego momentu. Ale całkowicie wierzę, że sytuacja miała miejsce. Wierszyk Wojtka znam, naturalnie, bo jeszcze parokrotnie go mówił, kiedy brałam udział w rozmaitych koncertach, które prowadził. Przez cały okres, gdy miałam okazję z nim pracować, znać się, przyjaźnić niemal, sypał wierszykami. Jest też autorem do dzisiaj chętnie używanej przez konferansjerów zapowiedzi: „Nie-ba-wem Ewa Bem". Ale Wojtek darował mi taką masę swojego talentu, że wszystko, co mówił, było nadzwyczajne.

Przez dekady pozostawali blisko artystycznie. A towarzysko? Ewa Bem wspomina, że Wojtek był raczej typem niedostępnym.

To nie taki człowiek, który chodzi i sypie kawałami na prawo i lewo, a wszyscy trzymają się za brzuchy. Zresztą inni satyrycy też nie są na co dzień wesołkowaci. Kocham Stasia Tyma, ale wiem, że wydusić z niego żart to naprawdę sztuka. Wojtek też taki był. Skryty. Trochę zamyślony. Nieobecny. Nie taki brat łata, jak można by się spodziewać. Jego wrażliwość, a także wieloletnie zmagania z chorobami – to też w jakimś sensie odgradzało od niego. Podczas wspólnych występów nie miałabym chyba nigdy odwagi wparować do niego do garderoby, usiąść i powiedzieć: „No, co tam słychać?". Chociaż mogłam sobie na to pozwolić, bo się znaliśmy. Ale po prostu to nie był taki człowiek. Łączyły nas raczej spotkania zawodowe, nie wspólne imprezowanie.

Bywało, że w momentach niedyspozycji psychicznej dzwonił do mnie o karkołomnych porach, nad ranem i czytał swoje teksty. A nawet chyba nie czytał – on po prostu je mówił. Pamięć miał nieprawdopodobną, leciał z głowy. W takich chwilach byłam troszeczkę zdezorientowana. Ale nie przyszłoby mi do głowy powiedzieć: „Wiesz co, Wojtek, przepraszam cię, jest środek nocy". Cały czas czułam, że rozmawiam z geniuszem. Nawet swoim córkom mówiłam: „To niesamowite, że dane mi było mieć takiego geniusza w pobliżu". Człowiek sobie z tego w jakimś sensie zdawał sprawę – ale chyba nie do końca.

Poznali się przez jej brata, Aleksandra Bema. Przypominam sobie, jak podczas wywiadu, który przeprowadzałam z panią Ewą w 2012 roku dla „Twojego Stylu" (z okazji czterdziestolecia jej pracy artystycznej), opowiadała o dzieciństwie: „Mieliśmy z bratem po kilka lat, chodziliśmy po ulicach albo jeździliśmy tramwajami i... śpiewaliśmy! Dziś wydaje mi się to dziwne, ale wtedy było dla nas całkiem zwyczajne. Może dlatego, że w domu zawsze była muzyka, wszyscy byli z nią związani: albo grali zawodowo, albo śpiewali, czy byli «wyumieni» po konserwatoriach".

Alek był starszy o trzy lata. Zanim ona zaczęła działalność wokalną, on już należał do środowiska muzycznego, brał udział w rozmaitych projektach. Ewa chodziła do warszawskiego liceum im. Batorego, zaczęła śpiewać w Stodole jeszcze jako nastolatka. Potem występowała z bratem w zespołach, najpierw w Bemibek, potem w Bemibem. Wreszcie zaczęła karierę solową i zyskała tytuł Pierwszej Damy Polskiego Jazzu. Aktualny do dziś.

To chyba było tak, że Alek poprosił Wojtka o teksty do własnych kompozycji. A Wojtek się w nich zakochał, bo uwielbiał rzeczy bardzo rytmiczne. Im trudniejszy był rytm, im mocniejsza pulsacja, tym lepiej. Bardzo podobały mu się Alka utwory i to w ten sposób się zaczęło. Jakiś czas później była piosenka, do której ja już zostałam zaangażowana, i wtedy poznałam mistrza. Wydaje mi się, że spotkanie miało miejsce w słynnej willi na Łowickiej. Byłam poruszona tą wizytą, bo piękny był to dom. Poznałam panią Adriannę Godlewską, obie córki były już na świecie, mam wrażenie nawet, że i Jasiu mały tam się kręcił. Alek grał utwór na pianinie, Wojtek śpiewał. Pamiętam, pomyślałam sobie wtedy: „Po co ja mam to właściwie śpiewać, jak to już jest gotowe?". Ale co to była za piosenka? Dziś już nie jestem w stanie powiedzieć.

Zatrzymajmy się chwilę przy Aleksandrze Bemie. Perkusista, wokalista, kompozytor. Na początku grał w zespołach, które dziś – jak mówi jego siostra – nazwalibyśmy offowymi: Pięciu, Pesymiści, Klan, Dżamble. Jego zawodowe porozumienie z Młynarskim było fantastyczne, stworzyli razem wiele wybitnych piosenek. Ewa Bem zauważa: „Aleksander był troszeczkę jak Wojtek – w swoim świecie. Obaj łapali porozumienie na innych częstotliwościach niż my, zwykli ludzie. Poza tym Alek nie traktował Wojtka jak kaplicy, z nabożnością. Ja miałam taką skłonność, bo Wojtek mnie trochę onieśmielał. A dla Alka to był kumpel w twórczości".

Z tego porozumienia na innych częstotliwościach i kumplostwa w twórczości powstały liczne piosenki, między innymi moja ulubiona, nomen omen, *Lubmy się trochę*. Ale też śpiewane przez Ewę Bem *Zobacz, czyje imieniny* ze słowami: „W każdej z czterech roku pór / z kalendarza kartki fruną fur, fur, fur...". I kolejne: *Dlaczego nas tam nie ma*, a także *Nigdy w życiu nie jest tak* (z jakże dosadnym rozwinięciem „...by nie mogło jeszcze gorzej być") – obie na płycie *Bemowe frazy* z 1974 roku (znalazła się na niej też słynna piosenka z tekstem Marka Dutkiewicza *Podaruj mi trochę słońca*). Aleksander Bem i Wojciech Młynarski mają we wspólnym portfolio utwory także dla innych wykonawców, spoza „Bemowego kręgu" – na przykład *Mój żołnierzyku* napisany dla Michała Bajora.

O piosenkach rodzeństwa Bemów jeszcze porozmawiamy, ale najpierw będzie... porzeczka. I pieczątki. Bo właśnie Ewa Bem wspomina w rozmowie, że obaj panowie napisali razem czołówkę do filmu dla dzieci *Wycieczka – ucieczka* z 1972 roku. „Śliczna piosenka, miodzio! Zawsze mi się to bardzo podobało, zachwycałam się, a teraz z dystansu lat jeszcze bardziej doceniam – że Wojtek wchodził w takie, zdawałoby się, niepozorne projekty. Tekściarze często chcieli mieć gwarancję, że piosenka ma być śpiewana na wielkich festiwalach. A tu Alek z Wojtkiem trachnęli czołówkę do filmu, który był, przeleciał i cześć. A przecież to małe arcydzieło!"

Zaczyna nucić: „Czy to ucieczka, czy to wycieczka, / zaciskamy mocno w dłoni szczęście małe jak porzeczka...". A mnie się przypomina dalszy fragment, który od lat siedemdziesiątych wraca do mnie co jakiś czas: „Wyruszamy dylu-dylu / na spotkanie przygód tylu". Piosenkę znałam z dzieciństwa, ale nie wiedziałam, że stoją za nią Młynarski i Bem.

– Ale mnie pani wzruszyła – mówię.
– Sama się wzruszam! – Uśmiecha się Ewa Bem.

Kto nie zna piosenki, może znaleźć ją w internecie, ale uwaga – melodia jest tak dobrze napisana, że zostaje w głowie co najmniej do końca dnia. Nawiasem mówiąc, Młynarski napisał piosenki także między innymi do serialu *Szaleństwa panny Ewy* czy do komedii muzycznej *Kochajmy syrenki*.

Teraz pieczątki. Ewa Bem zawsze podkreśla, że Młynarski dał jej trzy. Bo za pieczątki uważa napisane przez niego teksty. Te, z którymi kojarzy ją cała Polska.

Pierwszą z pieczątek będzie zatem *Moje serce to jest muzyk*, od której zaczęłam ten rozdział. Przenieśmy się znowu do Opola, chociaż w nieco bliższe czasy. Rok okrągły – 2000. I jubileusz trzydziestolecia pracy Ewy Bem. Od czego zaczyna występ? Od *Muzyka...*, oczywiście. Taka to mocna pieczątka! Ale stosunek wokalistki do piosenki wcale nie jest oczywisty. „Raz ją lubię, raz jej nie lubię, różnie bywa. To jedna z nielicznych w moim repertuarze, która ze mną trochę wojuje. A ja trochę z nią. W związku z tym mamy lepsze i gorsze dni. Chyba najbardziej nie lubię tego, że ona nie była napisana dla mnie. Widocznie coś się we mnie zakotwiczyło, rodzaj jakiejś zazdrości, czegoś nieładnego".

Do dzisiaj nie wie, za kogo nagrała tę piosenkę. „Ale w jakimś sensie błogosławię, że temu komuś się nie udało i że ja to zrobiłam". – Uśmiecha się delikatnie. Okoliczności pamięta dokładnie: zaproszono ją do Łodzi, tramwajem dojechała do radia, zapoznała się z podkładem, z tekstem. „Chyba z dwa razy sobie prześpiewałam, nagrałam i tą samą drogą tramwajem wróciłam na dworzec, na pociąg do Warszawy".

Tutaj warto przypomnieć wzruszającą opowieść Agaty Młynarskiej w książce *Moja wizja* – wywiadzie rzece znakomicie poprowadzonej przez moją redakcyjną koleżankę Agnieszkę Litorowicz-Siegert. Agata opowiada tam, że kiedy mieszkali na Łowickiej, tata czasem wchodził do jej pokoju z magnetofonem Panasonic pod pachą. „Ja byłam zaspana, a on mówił: «Chcę ci puścić piosenkę, którą właśnie napisałem – potrzebny mi twój mózg». [...] Siadał na dywanie, naciskał *play* i śpiewał. Godzinę później szłam do szkoły, nucąc: «Moje serce to jest muzyk improwizujący» – i myślałam sobie, że to jest o moim sercu".

Ciekawostka – w 1984 roku podczas festiwalu w Sopocie (na którym był taki zwyczaj, że obcokrajowcy, łamiąc język, śpiewali polskie przeboje) piosenkę *Moje serce to jest muzyk* wykonuje przybyła z Francji Martine Caron. W odmiennym stylu, rzecz jasna, ale też energetycznie. Nie można inaczej.

Autorem nut do tej piosenki pieczątki jest Jacek Mikuła. Agata Młynarska opowiadała mi, że pamięta czas, jak tata pisał teksty do piosenek, które od nazwiska kompozytora nazywano w jej domu mikułami. Mówię o tym Ewie Bem, ale ona zauważa: „Akurat to nie jest typowa mikuła. Jacek to pianista jazzowy, pisał rzeczy bardzo jazzowe. W pewnym momencie związał się artystycznie z Marylą Rodowicz i wtedy powstały mikuły – w stylu *Damą być*, trochę happy jazz, trochę ragtime. A *Serce...* to jest popowa piosenka. Nie wydaje mi się, żeby ona była za bardzo charakterystyczna dla Jacka".

Skoro jest analiza muzyczna, znów pozwolę sobie przytoczyć lingwistyczną. Badaczka Katarzyna Jachimowska, rozważając piosenkę *Moje serce to jest muzyk*, pisze: „Poetyckość i metaforyczność tego tytułu kształtuje się na bazie znaczenia wyrazu muzyk – artysta zajmujący się tworzeniem muzyki lub jej wykonywaniem [...]. Plastyczność konotacji semantycznej tego wyrazu została wykorzystana przez Młynarskiego do napisania jednej z piękniejszych piosenek o miłosnych rozterkach".

„Plastyczność konotacji semantycznej" – obiecuję sobie zapamiętać naukowy zwrot. Choć znacznie łatwiej wpada mi w ucho fraza z samej piosenki: „wypiłam kaw i strzeliłam gaf".

Druga pieczątka (wcześniejsza, jeśli chodzi o chronologię) to *Żyj kolorowo*. Czerwiec 1979. Ewa Bem ma dwadzieścia osiem lat i dostaje w Opolu nagrodę w Plebiscycie *Studia Gama*. Oglądam w internecie występ. Krótkie jasnorude włosy. Jedno z ramiączek białej sukienki zsuwa się filuternie. Na ręku bransoletka z kolorowymi piórami czy futrzakiem. Już wtedy widać, że ta madame ma fantazję!

Fantazyjna jest też muzyka Jana Ptaszyna Wróblewskiego. Zwłaszcza wstęp napisany na cztery saksofony, jak wieść estradowa niesie – dla wielu muzyków karkołomny. Kiedy pytam, czy śpiewanie tej piosenki też było trudne, Ewa Bem tylko się uśmiecha. Nie było. „Dopiero po wielu latach na skutek różnych reakcji – słuchaczy, krytyków – zrozumiałam, że śpiewam dość trudne piosenki".

W radiu opowiadała kiedyś o tym utworze tak: „W dniu, kiedy miałam pojawić się w studiu nagraniowym, pojechałam do szpitala urodzić moją córkę Pamelę. O mały włos, a piosenka byłaby nie moja, gdyby się na mnie nie doczekali. Na szczęście jest moja – i jest taką moją złotą monetą w garści". Ewa Bem często podkreśla, że „żyj kolorowo" nie oznacza wcale życia w kolorach pstrokatych, krzyczących. I nie zawsze jest to życie różowe. Czasem żyje się na szaro, czasem na czarno, czasem na biało – przecież to też są kolory. Zaznacza jednak, że na pewno nie żyje w półcieniach, zawsze są to kolory nasycone. Jest z tych, którzy angażują się całym sercem.

Ta piosenka jest dla wielu symbolem. W publikacji załączonej do albumu *Ewa Bem, Bemibek, Bemibem* ze Złotej Kolekcji Pomatonu Ryszard Wolański pisze: „Czy to będzie jazzowa ballada, swingowy standard czy piosenka *Żyj kolorowo*, Ewa Bem wykona ją tak samo żarliwie, z finezyjną maestrią, swobodnie, z poczuciem radości śpiewania, zawsze też z głęboką refleksją po gruntownym przemyśleniu interpretacji, jak przystało na Pierwszą Damę Polskiego Jazzu".

Do piosenki powstał teledysk. Kolorowy, a jakże! Piosenkarka jest w nim ubrana w zieloną sukienkę w białe paski, z koronkami, falbanami. Bawi się bukietem żółtego kwiecia, w ręku trzyma wielkie złote jabłko. Skąd takie pomysły? Okazuje się, że teledysk był kręcony w magazynie kostiumów w telewizji. „Nie wiem, jak to teraz wygląda, ale kiedyś wisiały tam przepiękne kostiumy, stały wspaniałe meble, lampy. Wachlarze, kapelusze, wszystko! Ja się tylko przechadzałam, a otoczenie samo grało". Zauważa przy okazji, że kiedyś to się szyło kostiumy dla artystów – z prawdziwych jedwabiów, atłasów. A teraz się wypożycza i spina agrafkami.

Scenariusz? Nie było, przyznaje jego bohaterka. Przywołuje za to inne, bardziej inscenizowane klipy. Na przykład teledysk zespołu Bemibek, słynną *Matnię*, czyli *Cul de sac* Krzysztofa Komedy. Był nagrywany w ceglanych podziemiach gdzieś na Starym Mieście. „Miałam dość długie włosy – natapirowane, zlakierowane – sterczały jak Statua Wolności. Każdy z nas stał w podświetlonej niszy, zawinięty w jakiś koc. Z kolei do teledysku *Kolega maj*, piosenki zaczynającej się od: «I znów księżniczka Anna spadła z konia», to akurat Agnieszki Osieckiej, zawieźli mnie na kanałek w Wilanowie i wsadzili na łódkę. Operator stał na brzegu, a ja na tej łódce z jakimś gondolierem..."

Wracamy do *Żyj kolorowo*. W wywiadzie *Rozmowy poszczególne* Agata Młynarska mówiła do ojca: „Jest jeszcze jedna bardzo ważna piosenka, która właściwie jest takim rytmem dnia codziennego, takim naszym rytmem wspólnym. To jest hasło twoje «Do przodu żyj, żyj kolorowo, marzenia najbarwniejsze miej». [...] Świadczy o tym, że coś pozytywnego warto każdego dnia mieć w sobie". Na co Młynarski odpowiedział: „Gdybyś prześledziła moje piosenki, to z trudem byś znalazła w różnych pointach [...] akcenty pesymistyczne. Naprawdę. Ja się staram zawsze tak pisać, żeby jakieś światełko było, żeby jakaś odrobina nadziei była".

Pełne nadziei Młynarskie „żyj kolorowo" stało się skrzydlatym słowem. A za sprawą kolorowych tabliczek z tym napisem, stworzonych przez artystę Wojciecha Manna, weszło też do świata sztuki. Ewa Bem pamięta tę akcję. „Wojciech i jego żona Zuzanna zrobili ich mnóstwo i wieszają je po świecie – gdziekolwiek jeżdżą i dostaną pozwolenie. Ja dostałam egzemplarz z numerem 0001" – mówi. W opisie akcji, zamieszczonym na stronie Puszka.waw.pl, czytam: „Pierwsza tabliczka zawisła w Rzymie 29 marca 2013 roku. *Żyj kolorowo* to tytuł piosenki, do której muzykę skomponował Jan Ptaszyn Wróblewski, a wykonuje ją Ewa Bem. Oboje są w gronie przyjaciół projektu. Swoją tabliczkę otrzymał m.in. Wojciech Młynarski, który napisał słowa piosenki *Żyj kolorowo*". Jedna z nich wisi także przy wejściu do budynku, gdzie niegdyś mieścił się klub Hybrydy. O dziele mówiono tabliczka mnożenia uśmiechu, pokazywano je w *Teleexpressie*. Piękny przykład, jak słowa mistrza cyrkulują w innych rewirach kultury, nawet dalekich od piosenki.

Moje lingwistyczne czujniki zmuszają mnie, by napomknąć, że w piosence jest jakże charakterystyczne dla Młynarskiego „taba, daba". Onomatopeja to jedno, ale tu jeszcze „taba" jest zwiastunem „ta bardzo przenikliwa myśl", a „daba" – „da barwę moim dniom". Uważny młynarskolog znajdzie w tym ślad techniki, która w pełni rozwinięta objawiła się we wspomnianej wcześniej piosence *Daj Des*. Z kronikarskiego obowiązku dodam, że w roku 1984 w Sopocie *Żyj kolorowo* po bułgarsku zaśpiewała Nelly Rangelova. Głęboka nieznajomość bułgarskiego nie pozwala mi docenić urody przekładu, nie wyłowiłam też „taba, daba". Ale piosenka jest i świadczy o tym, że Młynarskiego w różnych językach śpiewano.

Pieczątka numer trzy? *Gram o wszystko* z muzyką Jerzego Wasowskiego. Rok 1983. Jedna z moich rozmówczyń, Joanna Trzepiecińska, uważa, że to najpiękniejsza polska piosenka. Ewa Bem przyznaje, że w jej rankingu też plasuje się bardzo wysoko.

Ale nawet nie wiem, czy słowo „piosenka" jest tu właściwe. To jest u t w ó r. Więcej niż piosenka. Uwielbiam go śpiewać, w szczególności wówczas, gdy na fortepianie gra Andrzej Jagodziński. On rozumie go w identyczny sposób co ja. Bawimy się, inspirujemy wzajemnie do każdej pauzy, do każdego przyspieszenia, do każdego forte... Wtedy ten utwór objawia się w całości. I pięknie eksponuje się tekst Wojtka, który jest – no, co tu mówić – powalający. Tak to trzeba określić. Można się przy nim popłakać. Oczywiście – zależy, kto co przeżywa. Ale on pasuje chyba do każdej ludzkiej sytuacji. Z Andrzejem nie sposób wykonać ten utwór dwa razy tak samo. To nie akompaniator, który podkłada muzykę, ale równorzędny solista. Szalenie kreatywny, inspirujący. Występ z nim to dla mnie wyzwanie i jednocześnie – w tym samym stopniu – nagroda.

Gram o wszystko wymaga wielkiej świadomości tego, o czym się śpiewa. Ewa Bem ma wrażenie, że dostała ją w dobrym momencie życia, była już wtedy po trzydziestce. Uważała, że dojrzała też „do pieszczoty fraz muzyki pana Wasowskiego". W książce *Dookoła Wojtek* Maria Wasowska, żona kompozytora, mówiła, że to hit życia jednego i drugiego – czyli Wasowskiego i Młynarskiego. Jest tam piękny fragment o tym, że pan Jerzy cenił Wojtka, ale miał pretensje, że przychodzi doń z piosenkami o polityce, a powinien pisać lirykę. I namówił go na to. Owocem jest między innymi *Gram o wszystko*. Dziś „srebro najczulszych słów, milczenia złoto, / nadziei wielki szmaragd ciężką forsę wart, / korale tęsknoty, perły łez" są dla nas jakże cenne. I ten tekst, że „w kasynie świata nie umiem tkwić niby widz". A melodia Wasowskiego płynie, buja się, opada, unosi. Wzrusza.

Z piosenką wiąże się anegdota, którą Młynarski lubił przytaczać przy różnych okazjach, między innymi podczas benefisu w Trójce w 2011 roku. Wspominał ze sceny:

Kiedy ten tekst pisałem, to był na mnie tak zwany szlaban. Z pewnych powodów nie wolno mi było występować, chowano moje piosenki w radio pod ławkę [...]. I ja mówię do pana Wasowskiego: „Jest konkurs w radio na piosenkę, wyślijmy ten utwór". A pan Wasowski mówi: „Bardzo dobrze, i dajmy godło: Oj". I ja mówię" „Dlaczego: Oj"? „Bo jak otworzą kopertę, przeczytają pana nazwisko, to powiedzą «Oj»". No i tak się też stało, było „Oj", piosenka nie przeszła. Ale potem Ewa ją wzięła do repertuaru i to jest rzeczywiście jedna z moich ukochanych piosenek w jej wykonaniu.

W lipcu 1986 roku piosenka dostała wyróżnienia w Opolu – zarówno dla twórców, jak i dla wykonawczyni. Ale niektórzy uważali, że zasługiwała na więcej. Świadczy o tym notka z festiwalowych archiwaliów: „Ostatniego dnia festiwalu atmosfera była gęsta od plotek i domysłów. Przyczyna? Werdykt jury. Z ust Wojciecha Manna na konferencji prasowej padło słowo skandal. Chodziło o brak nagrody dla Ewy Bem i nowe oblicze festiwalowego finału".

Nie wiem, jak potoczyły się losy „nowego oblicza". Ale *Gram o wszystko* po trzydziestu paru latach ma się świetnie, sięgają poń coraz to nowe wokalistki. Kiedy rozmawiałam z Wojciechem Młynarskim w 2014 roku, tuż po festiwalu jego twórczości, rzekł: „Jest taka piosenka, *Gram o wszystko*, z muzyką Jerzego Wasowskiego. Jedna z ładniejszych, jakie udało mi się napisać. Na festiwalu śpiewały ją trzy osoby, każda inaczej. Miłe chwile".

Gram... wykonują artystki z różnych przestrzeni – jazzowe, popowe, z doświadczeniem aktorskim. I Joanna Kulig, i Doda, i Dorota Miśkiewicz. Oraz mnóstwo dziewczyn śpiewających w różnych konkursach. A z panów – Michał Bajor, lekko zmieniwszy słowa z „panowie" na „kochani". I znów płyną piękne frazy:

I to wiem, ten system mam,
czy do szczęścia daleko, czy blisko,
kiedy kocham – gram o wszystko!

Trzy pieczątki to dużo, mogłoby wystarczyć. Ale warto pomyszkować jeszcze w innych rejonach kolaboracji Bem–Młynarski. Bo przecież powstał program telewizyjny pod tytułem *Ściany między ludźmi*. Muzykę w całości skomponował Aleksander Bem, a wszystkie teksty napisał Młynarski.

Odlotowe, znakomite piosenki. To jest cała historia – od uwertury, że się miasto budzi, że z chlebem się wita nóż, że jest Maciek w tej rodzinie, który się kocha w dziewczynie, a ona „pokocha pewnego dnia byle kogo byle gdzie – Maćka nie". Cała bossa nova. Sześć, siedem utworów, które tworzą całą suitę miejską. I wszystkie te piosenki kocham! Niedawno jakiś nastrój na to wzięliśmy z mężem, dużo ich słuchaliśmy

– wyznaje Ewa Bem.

W książce *Dookoła Wojtek* tekściarz tak o tym przedsięwzięciu mówił: „Rzecz się działa w budownictwie wielkopłytowym (to był mój ulubiony motyw, miałem doświadczenie jako mieszkaniec osiedla Za Żelazną Bramą), gdzie ściany mrówkowca rozdzielały mieszkających tam ludzi, z czego wynikały pewne motywy, opowiadania, piosenki". Dodajmy – to było mieszkanie przy Walicòw 20/1420 – przydział na nie (z roku 1970) prezentuje w swojej książce Adrianna Godlewska-Młynarska. Całe 54,56 metra kwadratowego powierzchni użytkowej, w tym 39,28 mieszkalnej.

Wśród ich wspólnych utworów jest też *Po co jechać do Werony*. „Stuprocentowy rock and roll. Okazuje się, że Wojtek i w tej materii był znakomity. Napisał: po co gdzieś jechać, skoro «w naszym mieście też są balkony / do tragicznych stworzone scen. / Posłuchajcie naszej kancony / dobrzy ludzie, hej hej hej» – przypomina artystka. Sprawdzam: Bemibem wykonał tę piosenkę 20 czerwca 1973 roku na opolskiej scenie w koncercie premier. Ewa – *blondie* w fioletowej bluzce.

W tej edycji Opola pomysł był taki, że dziesięcioosobowe jury siedziało wśród publiczności i po każdej piosence jurorzy podnosili tablice z ocenami – jak w jeździe figurowej na lodzie. My na festiwalach nigdy nie przejmowaliśmy się punktacją, to nie miało znaczenia. Po prostu numer nam się strasznie podobał i chcieliśmy go przedstawić. I kiedy gruchnęliśmy tego rock and rolla, wstał dyrektor słynnej orkiestry Radia Łódź, pan Henryk Debich, fisza wielka, i pokazał punkty: zero koma zero. Każdy inny wykonawca by się prawdopodobnie powiesił, ale nie my!

Chyba najbardziej wzrusza ją tekst, który śpiewa do dziś. I może dziś nawet lubi go jeszcze bardziej. *Powrotna bossa nova*. Całkiem niedawno, podczas koncertu Jazz.pl w studiu im. Witolda Lutosławskiego mówiła: „Zaśpiewam państwu piosenkę dla mnie samej niezmiernie, niezmiernie wzruszającą. Kompozytorem jest Aleksander Bem, mój nieżyjący już brat. Tekst do niej napisał, nieżyjący już, mój wielki przyjaciel Wojtek Młynarski". Piosenka dedykowana jest jej bratu, który znaczną część życia spędził na emigracji.

Chociaż nie powstała tak od razu po jego wyjeździe. Ale w latach dziewięćdziesiątych Bemibek zjechał się z różnych stron – Andrzej Ibek ze Sztokholmu, Alek z Niemiec – i zrobiliśmy płytę *Dziennik mej podróży*. I znowu Wojtek się nią tekstowo zaopiekował. Wymyślił nazwę albumu i wszystkie utwory. Tam autorami byli jeszcze Magda Czapińska i Jacek Korczakowski, który miał mistrzowskie pióro – uwielbiam jego teksty, on jako jeden z nielicznych mógł być zestawiony z Wojtkiem. *Powrotna bossa nova* – to też był utwór z dziedziny podróżnej. Wojtek rzeczywiście zawarł w nim to, co wiedział, będąc w dużej zażyłości z Alkiem. Zresztą sam dużo podróżował po świecie, więc doskonale wiedział, co czują Polacy, którzy wyemigrowali. Tam jest wyraźnie napisane: wracaj tam właśnie, do kraju, „gdzie się całkiem nie opłaca żyć". I jeszcze: „wracaj, złe drogi skracaj". Piosenka jest absolutnie poruszająca, pasuje do wszelkich losów ludzkich, do wielu sytuacji. Tam każde słowo waży tonę. Gdy teraz ją śpiewam, jest taka cisza na sali...

Na płycie, wydanej w roku 1993, jest też piosenka *Już Cię nie kocham*, która sławi miejscowość Solec Kujawski. Po Ewie Bem śpiewała ją Monika Ambroziak w spektaklu petardzie *Niedziela na Głównym*. Jest na tym albumie wreszcie piosenka, która Ewie Bem się ogromnie podoba, bo – jak mówi – „opiewa, chwali i wychwala drzewa nad jeziorem Dłużek". Jako osoba pochodząca z Mazur też jestem oczywiście tej piosenki zwolenniczką.

Gdy przez brudną sień
Wbiegam w smutny, asfaltowy dzień,
Drzewa nad jeziorem Dłużek
Wabią mnie w zielony cień.
[...]
Ubrana w sto
Miejskich zmartwień, myśli złych
Wyskakuję z nich, nad jezioro gnam,
A tuż nade mną zielony buk
Za ucieczkę z miasta mnie rozgrzesza,

Z mądrą radą się zwraca:
„Jeszcze chwilę nie wracaj tam,
Parę chwil nie wracaj tam".

Jezioro Dłużek (w którego opisie można przeczytać: „otwarte, typu sielawowego, wśród roślinności zanurzonej dominuje jaskr krążkolistny") rozłożyło się całą swoją zakręconą długością w lasach niedaleko Szczytna, w gminie Jedwabno. Ewa Bem ma tam domek letniskowy. W „Gazecie Olsztyńskiej" mówiła: „Dłużek daje mi «romantyczny» oddech, uruchamia wyobraźnię! Lubię zbierać grzyby, w moim ogródku sadzić kwiaty". W rozmowie ze mną dodaje: „Wojtek był tam u nas, dwa czy trzy razy. W pobliżu wynajmował dom i wakacjował. W tej piosence – razem z muzyką Alka – przekazał nasze przywiązanie do tego miejsca. I dlatego tak ją kocham".

Drzewa nad jeziorem Dłużek – trzeba mieć dobrą dykcję w tej piosence. Ewa Bem wspomina, że Młynarski był na temat dykcji bardzo czuły, i tłumaczy:

Zresztą wcale mu się nie dziwię. Ponieważ każde słowo w jego piosenkach – jak już sobie powiedziałyśmy – ważyło tonę i każde musiało wybrzmieć. On miał nawet taki zwyczaj, lekką manierę – wyciągał końcówki. Może nie oczekiwał tego samego od wykonawcy, ale na pewno spodziewał się w tym aspekcie, nazwijmy to, higieny. I muszę powiedzieć, że mnie zawsze za dykcję chwalił.

Dykcja jest ważna również w jazzowych improwizacjach. Ewa Bem i jazz – to połączenie oczywiste. Ale Młynarski też był wielkim pasjonatem jazzu. Razem wystąpili we wspaniałym projekcie *Duke po polsku*, pomyślanym z okazji setnej rocznicy urodzin Ellingtona. Młynarski napisał polskie teksty do dziesięciu jego standardów. Część wcześniej – *Cudowna karawana*, *Wsiadaj do pociągu*, część specjalnie z myślą o tym projekcie. Wszystkie urocze, dowcipne, pokazują, jaką czułość żywił do tego gatunku muzyki. Napisał i jeszcze zaśpiewał. Z relacji widzów – był tym „wyraźnie przejęty". Mówił, że „oto spełnia się jego najskrytsze marzenie, gdyż – sam nie może w to uwierzyć – występuje na Jazz Jamboree jako wokalista... jazzowy!" – jak pisał Paweł Brodowski w „Jazz Forum".

Grał Zbig's Band. Muzycznie za tym pomysłem stał Zbigniew Jaremko, znakomity polski jazzman. Koncert na Jazz Jamboree odbył się 27 października 2001 roku w Sali Kongresowej, ale projekt prezentowano też przy innych okazjach – na Złotej Tarce w Iławie czy w Sopocie, gdzie został zarejestrowany na płytę. Mimo poszukiwań nie udało mi się jej zdobyć, ale fragmenty są w sieci. I można się nacieszyć jazzowymi tekstami Młynarza i swingowaniem Ewy Bem występującej tam gościnnie. Śpiewa *In a Mellow Tone* i *It Don't Mean a Thing* – czyli w wersji Młynarskiego *Melodyjka się tuła* – świetnie wygrywając rytmiczne „tuła – tuła – tuła". Te onomatopeje są szalenie jazzowe, a przy okazji pozwalają na figle w tekście. „Za oknem co dnia tuła się piosnka ta, / tuła, tuła, tuła / [...] Niech się pies chwilę nie tuła, tuła, tuła..." Czy w innym miejscu: „Samowar już gra, napis na brzuszku ma: Tuła, Tuła..." (w rosyjskiej Tule znajduje się najstarsza na świecie wytwórnia samowarów, działająca od ponad dwustu pięćdziesięciu lat, dzisiaj może nie jest to wiedza powszechna, ale kiedyś skojarzenie: samowar – Tuła było znane).

Lubię dowcipne pasaże w tekście *Cudowna karawana*, gdzie autor opisuje początki jazzu w Polsce.

Rok
był pięćdziesiąty piąty, a

Żurawią pamiętnego dnia
cudowna karawana szła.

Na
jej czele szedł pan Tyrmand sam
i Melomani szli też tam
grać na Jam Session Number One.

W Jerzego Dudusia
wbijały tam wzrok
nasze młodziusieńkie mamusie
śliczne tak, uczesane kok w bok.
[...]

Pan „Dudek" Dziewoński
wzruszony do łez
szeptem swym jerychońskim
pierwszy raz zapowiadał tam dżez.

Jerychoński szept! Albo ten moment, kiedy wszyscy śpiewają: „Aaaa, czuł się wspaniale, kto...", a Młynarz dośpiewuje: „...radio miał i łapał krótkie fale". Piszę: wszyscy, bo w projekcie wystąpili też inni wokaliści – Ewa Uryga, Inga Lewandowska, Dorota Miśkiewicz, Janusz Szrom. A przy instrumentach też zacnie: Andrzej Jagodziński, Robert Majewski, Marek Napiórkowski, Łukasz Żyta.

Ewa Bem wyznaje, że kocha też przekłady Wojtka, między innymi piękne tłumaczenie *As Time Goes By*. W jego wersji – *Odmienia wszystko czas*, śpiewane przez Irenę Santor. Zaś z tekstów Młynarskiego, które sam wykonywał, ona ma w sercu *Bynajmniej*.

Z jednej strony jest to tekst prześmiewczy – no bo kto tak używa słowa „bynajmniej"? Ale w pewnym momencie okazuje się, że tam jest człowieczeństwo, serce, empatia. Zdawałoby się, że ten pan taki mało ogarnięty, nie wie, jak mówić. A tu robi się z niego bohater – ktoś, komu można tylko bić brawo, że jest taki, a nie inny. I ma serducho! Piękne. Zresztą która piosenka Wojtka nie jest piękna?

A mnie się przypomina, jak tekściarz mówił mi w wywiadzie o pani z *Bynajmniej*: „Ta elokwentna? Naprawdę byłem świadkiem takiej rozmowy: dziewczyna niemiłosiernie kpiła z faceta, a mnie było go żal. Napisałem o tym".

W piosence jest fraza: „Zwłaszcza złośliwie zaś wyszydziła / użycie słowa «bynajmniej»". À propos tego słówka Ewa Bem przytacza dykteryjkę: „Właśnie dzisiaj opowiadałam przyjaciołom, jak to zamówiliśmy na Mazurach stół. Stolarze ciągle się opóźniali z pracą. A jak przywieźli, to... stół się przewrócił. Bo jeden krzyżak zrobił jeden fachowiec, a drugi – jego kolega, który, jak sam powiedział, jest «bynajmniej z Pidunia». To taka miejscowość. I proszę, jak słówko «bynajmniej» się tu odnalazło".

Na koniec rozmawiamy o balladzie dla Kaliny Jędrusik. Sam Młynarski, podczas jednego z koncertów zapowiadając Ewę Bem w tej piosence, wyjaśniał:

> Pozwoliłem sobie do pięknej ballady, którą Komeda zatytułował *Moja ballada*, napisać słowa o naszej przyjaciółce, wielkiej, wybitnej artystce, o Kalinie Jędrusik. Dlatego że dom Kaliny i Dygata – najpierw małe mieszkanko na ulicy Joliot-Curie, a potem ten dom na Żoliborzu – to był zawsze dom o bardzo specyficznej atmosferze, taki dom magiczny trochę. [...] Mnóstwo artystów, sportowców, różnych przypadkowych często ludzi. Kalina zbierała psy, koty ze wszystkich przyległych ulic. Ja w tym domu bywałem, bywał w nim i pan Krzysztof. I na pewno jedno mnie łączyło niewątpliwie z Dygatami, właśnie

admiracja dla muzyki Komedy. Jednym słowem napisanie *Ballady o Kalinie* uważałem za swój obowiązek. I to mi się natychmiast skojarzyło, kiedy posłuchałem tej melodii.

Kiedy Kalina bywała smutna,
Gdy w oczach miała łzy,
Kłębki wełny, koty i psy
W krąg milczały,
Kurczył się świat cały.
Lecz gdy Kalina się uśmiechnęła,
Bo czyjś telefon, żart
Zmarszczkę smutku z ust jej zdarł,
Dom jej cały wypełniał śmiech,
Wypełniał gwar.

Ewa Bem potwierdza:

Świetnie Wojtek to ujął. Że te kłębki wełny... Że gdy Kalina się uśmiechała, to się wszystko uśmiechało. Wchodzę w ten tekst, tak jakbym wchodziła do tego domu na Żoliborzu. Bywałam tam. Oczywiście już jakiś czas po śmierci pana Stanisława. Kalina to była postać. Ona samą sobą – czy to by była kawalerka, czy pałac w Wilanowie – całkowicie anektowała całą przestrzeń. Dużo z nią rozmawiałam, wiele się od niej dowiedziałam. Zdarzały się wspólne wyjazdy koncertowe, więc były też rozmowy w garderobie. Ogromnie cenne dla mnie. W tej piosence on wyraził dokładnie to, co ja myślę i czuję. Często zresztą tak jest z jego tekstami, które śpiewam.

Pytam jeszcze, czy jest coś szczególnego, o czym nie porozmawiałyśmy, a co jest ważne w opowieści o Młynarskim. Ewa Bem się nie zastanawia. „Mogę jeszcze powiedzieć, że był bardzo estetycznym i przystojnym facetem. Miał czarujący uśmiech. Jak się uśmiechnął, śmiał się razem z nim cały świat. Jak w tej piosence o Kalinie".

PS Będę się upierać, że gdy Ewa Bem wchodzi – czy do kawalerki, czy do pałacu w Wilanowie, czy gdziekolwiek – też wnosi niesamowitą energię. Mimo najcięższych życiowych prób zachowuje życzliwość dla świata. Odczuwam głęboką wdzięczność, że przy okazji pracy nad książką poznałam wiele jej piosenek, których wcześniej nie słyszałam. Nie tylko ze słowami Młynarskiego. Faktycznie Bemibek czy Bemibem – jak mówi pani Ewa – niespecjalnie ścigali się na festiwalach. W związku z tym może ich było mniej w łatwym mainstreamie. Ale muzycznie to uczta harmonii i fantazji, która dziś brzmi tak samo świeżo, energetycznie. Nowocześnie.

Interludium numer 5
Kobietka, co niezłomne ma zasady...

...ale ma też ochotę na chwileczkę zapomnienia. Oraz na tajemniczy zwischenruf, który „niczego nie narusza i nie zmienia". Przedstawiwszy się jako osoba ze skłonnością do frywolności, podmiotka liryczna zwraca się do potencjalnego partnera per „kotku" i „kochasiu", namawiając go na czarujący epizodzik. Najwyraźniej realizowany w godzinach nocnych, bo „świtem znika i nie rani serc". Wszystko „bez zobowiązań, zaklęć, przysiąg, wielkich słów", za to w kołyszącym rytmie muzyki Jerzego Dudusia Matuszkiewicza.

Kobietka ta pewnie już zawsze będzie miała dla nas głos i twarz Hanny Banaszak. W 1988 roku Młynarski, zapowiadając jej występ, mówił: „W połowie lat siedemdziesiątych mniej więcej poznajomiłem się z takim zespołem jazzowym Sami Swoi z Wrocławia i z jego uroczą solistką, która miała wtedy czternaście czy piętnaście lat, ale z punktu jej przepowiedziałem świetną karierę. I jest mi niesłychanie miło, że ma ona w swym repertuarze także i utwory mojego pióra". Jego siostra, Barbara Młynarska-Ahrens, wyraziła się tak: „Wojciech Młynarski nazwał ją «młodszą siostrą Elli Fitzgerald», a ja uważam Hannę Banaszak za najwybitniejszą artystkę polskiej estrady". Bardzo chciałam, aby pani Hania wystąpiła w tej książce. Rozmawiałyśmy przemiło. Ale z powodów osobistych odmówiła. Może sama opisze swoją przygodę z tekstami Młynarskiego? Tak sugerowała.

Piosenka *Mam ochotę na chwileczkę zapomnienia* została napisana do filmu *Palace Hotel* z 1977 roku. Jerzy Duduś Matuszkiewicz dostał od reżyserki Ewy Kruk zamówienie na fokstrota. Młynarski napisał tekst polski, w filmie zaśpiewała go (w niemieckim tłumaczeniu) Hanna Orsztynowicz. „To dobra piosenka, ale Hania [Banaszak – przyp. aut.], która ją poza ekranem wylansowała, nie bardzo ją lubi – może dlatego, że piosenka lepiej się sprawdzała w kontekście filmu? I stąd może taki... bo ja wiem, niedosyt?" – zastanawiał się Młynarski w książce *Dookoła Wojtek*. A dalej Matuszkiewicz dopowiadał, że piosenka stała się wielkim szlagierem „dzięki Hani Banaszak, która wspaniale ją zaśpiewała, dodając jej to, co w niej najważniejsze, jak się okazuje – styl".

Ciekawostka: w *Palace Hotel* pojawiła się też inna Młynarska piosenka, *La valse du mal*, tak potem pięknie spopularyzowana przez Kalinę Jędrusik. Tu nitki się łączą, bo film powstał na podstawie książki *Dworzec w Monachium* Stanisława Dygata, jej męża.

Nie jest to film szczególnie znany szerokiej publiczności. Za to piosenka o chwileczce zapomnienia pojawia się w innym dziele filmowym, znanym powszechnie, a nawet kultowym. Chodzi o serial *Alternatywy 4*, gdzie w specyficznej interpretacji śpiewa ją Zosia od Profesora, grana przez Ewę Ziętek. Któż nie pamięta słynnej sceny przy śmietniku: gosposia odziana w fartuszek i płaszcz, w białych botkach przeskakuje z gracją kozicy przez błoto. Wymachując przy tym czerwonym wiadrem na śmieci i kartonowym pudłem. Zaczepia ją gospodarz Anioł. „Pani Zosiu, a dlaczego pan profesor spóźnia się na czyn społeczny?" Zosia daje stosowną ripostę, a potem tłumaczy, dlaczego sama nie może iść na czyn: „Mam pranie, a potem... mam pranie... mam ochotę na chwileczkę zapomnienia", i oddala się w lansadach, wyśpiewując: „czarujący, ujmujący ra da di...". I nie są to słowa rzucone na wiatr, bo faktycznie gosposia ma w serialu chwileczkę zapomnienia – z mężem śpiewaczki Kolińskiej, granym przez Jerzego Turka. Ale to już inna śpiewka...

PS Zwischenruf to pochodzące z niemieckiego słowo oznaczające okrzyk z sali zakłócający czyjeś przemówienie lub wtrącenie się do rozmowy, wejście komuś w słowo. Ale domyślamy się, że w wyżej opisanej piosence i „kobietka", i „kotku mój" znacząco poszerzyli jego pole semantyczne.

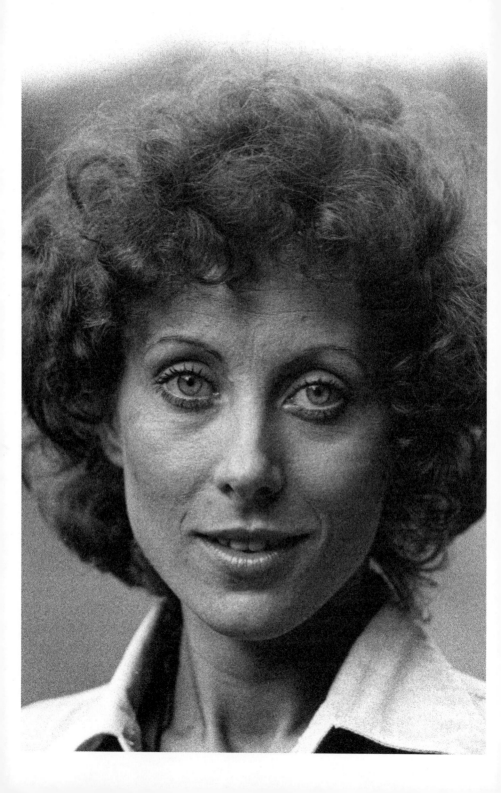

Alicja Majewska

Jeszcze się tam żagiel bieli, chłopców, którzy odpłynęli
Nadzieja wciąż w serc kapeli na werbelku cicho gra
Bo męska rzecz być daleko, a kobieca – wiernie czekać
Aż zrodzi się pod powieką inna łza, radości łza
Jeszcze się tam żagiel bieli

Bez *Żagla*... nie może się odbyć żaden jej koncert. Alicja Majewska potakuje: to najważniejsza piosenka w życiu. Kiedy rozmawiamy, wspomina o jakimś wydarzeniu, mówiąc: „Zaraz, to było przed czy po *Żaglu*...?".

Cezura czasowa. A także synonim piosenki trudnej do wykonania, wymagającej: „Sama melodia jest dość prosta, problem stanowią powtarzające się wysokie i długie dźwięki w końcowych fragmentach utworu, które trzeba zinterpretować z odpowiednią mocą, podobnie jak w niektórych pieśniach oratoryjnych. Dlatego gdy śpiewam oratoria, to mówię o nich: same żagle" – śmieje się.

To również najbardziej kontrowersyjna z jej piosenek. Dlaczego? Ponoć budzi sprzeciwy feministek – z tym „wiernie czekać", „stać na brzegu" i co to w ogóle jest za podział na „męska rzecz" i „kobieca rzecz"? Czy rzeczywiście tekst budzi sprzeciw? Artystka ma swoją teorię – ale o tym później.

Zaczynamy opowieść od *Żagla* także dlatego, że jest w nim charakterystyczna dla tekstów Młynarskiego szczęśliwa pointa: po różnych smuteczkach (spojrzenia „bezradne i mokre od łez", kobiety „w czekaniu swym i cierpieniu jak kamienie") wreszcie pod powieką rodzi się „radości łza". Jest happy end. Sam autor w *Rozmowach poszczególnych* powiedział: „Moim przesłaniem jest to, że nadzieja wciąż w serc kapeli na werbelku cicho gra".

Obrazek z białym żaglem jest jedną z rzeczy, które zapamiętuję z wizyty w domu pani Alicji. Segment na warszawskim Zaciszu, przycupnięty za kurtyną z listowia. Ona – w bliskim kontakcie cudownie energetyczna, jak iskiereczka – mieszka tutaj niemal całe zawodowe życie. Prowadzi mnie na piętro. Przy schodach miła oku kolekcja szkła. Sypialnia łączy się z pokojem kąpielowym, dostrzegam piękne zabytkowe kafle. Pianino w pokoju prób (wyobrażam sobie, że tu ćwiczyli piosenki z Młynarskim – jak się okaże, wyobrażam mylnie). Zawieszona z fantazją pod sufitem eteryczna sukienka z tiulu, a do niej przypięty medal „Zasłużony kulturze". Ale mój wzrok przyciąga właśnie obrazek, prezent od fana.

Piosenka została napisana na zamówienie. Nie ma w tym nic złego, jej kompozytor Włodzimierz Korcz żartuje, że Bach też pisał na zamówienie. Utwór miał być o morzu – Alicja Majewska została wybrana, by reprezentować Polskę na festiwalu Ludzie i Morze, który odbywał się w lipcu 1980 roku w Rostocku. Była po trzydziestce (ciut) i po sukcesach (więcej niż ciut – najpierw z zespołem Partita, potem solowych). Do bratniej NRD wysłał ją Pagart, czyli Polska Agencja Artystyczna, działająca u nas od lat pięćdziesiątych do dziewięćdziesiątych. Rozdawca łask, strażnik splendoru. Z decyzjami Pagartu trzeba się było liczyć. Jak wysyłają, nie dyskutować. Cieszyć się! Godnie kraj reprezentować!

To, że muzykę napisze Korcz, było oczywiste. Zaczęli współpracować już w roku 1971. Dobrze pamięta pierwsze spotkanie, akurat Włodkowi rodził się syn – „Łatwo policzyć: tyle lat się znamy, ile ma Kamil". Pozostają w szczęśliwym związku artystycznym do dziś. Po pierwszych sukcesach zaproponowano jej wydanie płyty – i to w dwa miesiące! Tym, którzy się dziwią wykrzyknikowi, przypominam, że w tamtych czasach proces wydawniczy trwał raczej kilka lat. Warunek był jeden: „bez Korcza". Nie zgodziła się. I – jak lubi mówić na koncertach – nieźle na tym wyszła. Choć przyznaje: nieraz wrzeszczą na siebie. Bo na przykład on robi karykatury jej min, które ona nieświadomie przybiera podczas śpiewania. Albo wygłasza uwagi o jej włosach. Alicja ma zwyczaj ich poprawiania, a on kwituje: „Cokolwiek byś zrobiła, masz ten sam bałagan". Lub krytykuje jej strój, że na występ włożyła „okropne arrasy wawelskie", a w cekinowym garniturze wygląda jak żona dyrektora cyrku. Poza tym Włodek – jak mawiał Zbigniew Wodecki – jest perfekcjonistą do „szlag-trafienia". I ciągle pogania do pracy. A ona może by się jeszcze przed próbą kawki napiła... Wodecki na benefisie ich obojga żartował: „Podziwiam Alicję za to, że w tej drobnej artystce – uroczej, wydawałoby się cichej – jest tyle siły, że uniosła ciężar kilkudziesięciu lat pracy z Włodkiem Korczem".

A jednak dobrze im razem – Korcz mówi o sobie: „Jestem komfortem Alicji Majewskiej". Ona przyznaje mu, że ostatnio więcej chwali, niż gani. Działają w duecie i nawet – co dziś jest rzadkością – nie mają menadżera!

„Włodek wie, że na mnie trzeba pewne rzeczy wymóc i – co ważniejsze – umie to zrobić. Zawsze jest przekonany, że potrafię, choć mówię, że nie – mówiła mi artystka podczas innego spotkania. Rozmawialiśmy wtedy we czworo – był Włodzimierz Korcz i Artur Andrus, działo się to z okazji wydania ich wspólnej płyty oraz książki. Zebraliśmy się przy słynnym kuchennym stole. W dawniejszych czasach siadywał przy nim, pod szafką zrobioną z dawnej szafy grającej, Zbigniew Wodecki, a że był wysoki, często się o nią uderzał. Podczas tamtej rozmowy Korcz powiedział, że choć pracował z wieloma świetnymi wykonawcami, którzy i jego, i cudze przeboje śpiewali świetnie, to jednak każdy z nich miał w sobie coś przewidywalnego, tymczasem „Alka jest nieprzewidywalna, ma świeżość. Zagrałem z nią tysiące koncertów i nigdy się nie nudziłem". Ona dodała żartem: „A to ci wypadnę z frazy, a to zaśpiewam coś inaczej...". Na co on z szelmowskim uśmiechem: „Są burze, nawałnice i sztormy, po których okazuje się, że jedynym sensownym wyjściem jest... powrót do współpracy. Bo jak Alicja pojawia się na scenie, nagle wszystko się zgadza, ludzie po koncertach mówią, że są szczęśliwi, że przez półtorej godziny byli w innym świecie, uciekli od tego, co ich bolało. To ma sens. Będę cierpiał, ile się da. Dla takich wyników warto". Alicja skwitowała: „My się nawet tak bardzo nie kłócimy. W sprawach zasadniczych i w poglądach jesteśmy tacy sami. Ja tylko czasem zaprzeczam Włodkowi. Bo on strasznie wyolbrzymia. Widzi same mankamenty, czarną chmurę. A ja za tą chmurą zawsze widzę słońce". To tylko fragment rozmowy, która po tamtym spotkaniu ukazała się w „Twoim Stylu".

O rozwijaniu *Żagla* kompozytor opowiadał w programie *Historia jednej piosenki*: „Postanowiłem napisać coś, co by poniosło Alę Majewską. Wiedziałem, co potrafi, jaki ma głos, czym operuje. Zakomponowałem utwór od początku do końca z tym cichutkim wejściem, potem powtarzanym przez wokalistkę, trochę wyżej, potem jeszcze wyżej, głośno, coraz głośniej. Taki numer, żeby zrobić duże wrażenie na słuchających. Później Wojtek Młynarski w sposób fantastyczny napisał tekst. Tam nie było żadnej zmiany. Przyszła Ala, zaśpiewała, no i były same sukcesy".

Sam Młynarski powiedział mi: „Zgłosił się do mnie Włodzimierz Korcz, który dla niej komponował. Alicja jest uniwersalna, umie zaśpiewać dramatycznie, ale też potrafi być szczerze zabawna w tym, co śpiewa". A w książce *Dookoła Wojtek* wyjaśniał:

Ja zawierzyłem Korczowi. Uważałem, że on wie, co robi, wie, dla kogo pisze. No i się nie myliłem, bo efekt tego pisania jest dobry. Nawet bardzo dobry. Od czasów Partity Ala bardzo szybko poszła naprzód, bardzo się rozwinęła. W takich piosenkach jak *Odkryjemy miłość nieznaną* czy *Jeszcze się tam żagiel bieli*, gdzie liryzm i dramatyzm interpretacyjny jest niezbędny, ona ten liryzm i dramatyzm wykazywała bardzo wyraźnie, bardzo świadomie. Potwierdziła swoim wykonaniem, że to piosenki dla niej, że takie śpiewanie to po prostu jej właściwa rola.

Młynarski widział ogromny talent Majewskiej; chciał nawet, żeby nagrała recital z piosenkami Édith Piaf. Korcz z kolei uważa: „Alka śpiewa tak, jakby za każdym razem robiła to po raz pierwszy i walczyła, żeby wygrać".

Wtedy w Rostocku też wygrała. Dotarłam do opisu jej występu w programie tamtego festiwalu:

Podróż morska oznaczała niegdyś niezwykłą odwagę mężczyzn, okazywaną pośród ogromnych fal i burz, ponieważ żeglarze poddawani wściekłym atakom morza stawali się jego igraszką: „Wyszły kobiety na morski piach, / stanęły nad wielką wodą / Stare, młode, całe we łzach...". Tak sentymentalnie nastrajał nas Wojciech Młynarski, który morze wspominał w wielu swoich utworach, opisując lęki i nadzieje tych, które czekały na powrót statków. Alicja Majewska wybrała tę piosenkę, ponieważ – w najlepszym sensie, w jednoznaczny sposób – przypomina ona te pieśni, które były śpiewane nad morzem już od czasów starożytnych. [...] Obecnie od sześciu lat znajduje się na fali rosnącej popularności jako solistka. Przede wszystkim po tym, jak zdobyła główną nagrodę na Festiwalu Piosenki Polskiej w Opolu (1975), oprócz nieustannych występów, także w telewizji, zaczęły pojawiać się liczne nagrania radiowe i płytowe. Jej festiwalowa piosenka pozwala nam mieć podwójną nadzieję, że „jeszcze się tam żagiel bieli..." (tłumaczenie z niemieckiego: Piotr Kadysz).

Zanim jednak w lipcu zdarzył się Rostock, duet Wojciech i Włodzimierz zdecydował: piosenka jest tak dobra, że trzeba dać ją wcześniej, pod koniec czerwca, na Opole, do premier. Dali więc. Z powodzeniem – *Żagiel* zdobył drugie miejsce. Artystka żartuje, że – w przeciwieństwie do niej – oni obaj mieli dusze sportowców: jak już gdzieś startowali, musieli wygrać. Coś jest na rzeczy, Korcz twierdzi, że gdyby nie został muzykiem, byłby tenisistą albo koszykarzem – choć ma „tylko" metr siedemdziesiąt sześć, całkiem dobrze mu szło. A Młynarski przecież przez całe lata grał w tenisa.

Oglądam nagranie z opolskiego koncertu finałowego. Konferansjer Bogusław Sobczuk zapowiada Alicję: „Śpiewanie wielkie, prawie monumentalne". Na widowni siedzi Młynarski, kamera wyławia go z tłumu. Wstaje, uśmiecha się zadowolony, lekko kłania – już wie, że piosenka zdobyła nagrodę. Na estradę wchodzi para – cała na biało. Korcz dosłownie, Majewska ze złotymi akcentami w postaci gorsetu i szaliczka.

Z tym strojem była cała afera. Artystka w rozmowie ze mną podkreśla, że na scenę zawsze chciała się stosownie ubrać. Do Opola przyjaciółka zaprojektowała jej garnitur – lekkuchny, miał powiewać jak rzeczony żagiel. Ale zabrakło czasu na zszycie, do Opola kreacja przyjechała „w częściach". Przed próbą kostiumową scenografka Teresa Rużyłło wynalazła więc białą lnianą sukienkę, dość prostą. Jednak Mariusz Walter, który był reżyserem widowiska – zwrócił stojącej na scenie Alicji uwagę, że ubrała się jak do pierwszej komunii. Miał tak wielki autorytet, że artystka czym prędzej powróciła do koncepcji powiewnego garnituru (mówi, że to była raczej pidżama). Krawcowe pracowały przez całą noc, udało się.

To zresztą nie była jedyna krytyczna uwaga Waltera przy okazji tej piosenki. Miał również powiedzieć, że choć się nie zna na muzyce, coś mu nie pasuje. Użył porównania samochodowego – że wrażenie podczas słuchania jest takie, jakby z pierwszego biegu wrzucić od razu piąty. Włodzimierz Korcz komentuje: „Sformułowanie może nie do końca precyzyjne, ale dla nas zrozumiałe. Początkowo sekcja perkusyjna grała w konwencji balladowej, z akcentem na trzy, a w końcówce przechodziła na granie quasi-marszowe, z silnym akcentem na dwa i cztery. Chodziło o dodatkowe wrażenie napięcia, które jednak w pierwotnej wersji następowało zbyt szybko, co reżyser słusznie oprotestował". „Włodek wziął to pod uwagę, opóźnił wprowadzenie marszowego rytmu i od tej pory śpiewam tę wersję walterowską". – Alicja uśmiecha się. A ja trafiam na opis, że to piosenka z szeroką kantyleną. Jak z kolei to wytłumaczyć laikowi? „Melodia charakteryzująca się śpiewnością i sporą ilością długich dźwięków. Definicja niesłownikowa, ale myślę, że najprostsza" – wyjaśnia Włodzimierz Korcz.

Wracając do kreacji – trzeba odnotować, że upodobanie do białych strojów jest u naszej bohaterki wielkie. Na koncercie w Sopocie w tym samym roku 1980, tyle że w sierpniu, śpiewa *Żagiel* ubrana w biały gorsecik w stylu Jeana-Paula Gaultiera, białe spodnie i narzutkę z białej koronki. Osiem lat później na opolskim festiwalu wykonuje ten sam utwór znowu w białym garniturze. Piosenka wtedy jest tak znana, że już w pierwszym wersie, na słowa „nadmorski piach" zrywają się brawa, jak delikatny szum fal albo przesypywanie piasku właśnie... Garnitury Majewska umie nosić po mistrzowsku, do dziś jest to jej ulubiony kostium sceniczny. W bieli i złocie wystąpi w Opolu na słynnym koncercie jubileuszowym czterdziestolecia pracy scenicznej, od którego zacznie się jej kolejna znakomita passa, trwająca do dziś. Nigdy nie zniknęła ze sceny, ale w 2015 roku weszła w intensywny etap kariery, pulsujący kolejnymi płytami i iskrzący się pełnym wdziękiem jurorowaniem w telewizyjnym programie *The Voice Senior*.

Tymczasem w latach osiemdziesiątych *Żagiel* łopoce w najlepsze. Artystka śpiewa go nie tylko po polsku, ale i po niemiecku, rosyjsku i hiszpańsku. Niewiele tekstów mistrza Wojciecha ma taki światowy zasięg. „Alicja wykonuje tę piosenkę na wszystkich festiwalach co roku i mam wrażenie, że z każdym rokiem jej wersja jest coraz lepsza" – mówi w programie *Historia jednej piosenki* syn Młynarskiego, Jan. Chociaż paradoksalnie to właśnie w tej piosence – najważniejszej wszak – zdarzyło jej się pierwszy raz w życiu zapomnieć tekstu. Niedawno, na koncercie w Ełku. „Wyszły kobiety na morski piach, stanęły nad wielką wodą..." – i nagle wielka dziura. Zaczęła ponownie, a publiczności powiedziała, że są oto świadkami zdarzenia historycznego – Alicja Majewska pierwszy raz zapomniała tekstu. Dostała wielkie brawa. Publiczność w takiej sytuacji nie daje wiary, że to wpadka. Ludzie myślą nawet czasem, że tak miało być, że to zostało zaplanowane.

Jeszcze jedna anegdota: artystka wspomina, że jednym z większych wyrazów uznania było to, że pierwsza żona jej męża, Halina Budzyńska, posłuchała *Żagla* i powiedziała: „Alu, od tej pory będę do ciebie mówiła: pani Alu, pani Majewska!".

Agata Młynarska opowiadała kiedyś, że pracując w telewizji, niejednokrotnie układała z tatą scenariusze programów. Do niemal każdego była zapraszana Majewska. I kiedy Agata proponowała, aby może tym razem zaśpiewała coś innego, on mówił: „Nie, pamiętaj, Ala zawsze leci z *Żaglem*". Agata uważa, że w tym zdaniu jest pewna symbolika, ta piosenka rzeczywiście dała Ali piękny lot.

A co z tymi protestami feministek? W naukowej rozprawie *Strasznie cię lubię, piosenko. Szkice o tekstach Wojciecha Młynarskiego* czytam opinię badaczki Anny Sokół-Klein: „Czasami jednak poeta postrzega kobietę dość stereotypowo". Autorka podkreśla, że piosenka *Jeszcze się tam żagiel bieli* jest zaśpiewana przez Alicję

Majewską wyśmienicie, ale o autorze tekstu pisze, że „docenia wierność płci pięknej, jej pokorę, skromność i gospodarność. Rolą kobiety jest jednak «stać na brzegu»". Alicja uśmiecha się: „Często jestem pytana przez dziennikarzy, czy feministki nie mają mi za złe tych słów: «męska rzecz być daleko, a kobieca wiernie czekać». Ale jakoś jeszcze żadna nie rzuciła we mnie pomidorem". I tłumaczy, że mówiąc o tym utworze, trzeba brać pod uwagę dwa aspekty. Po pierwsze, okoliczności powstania piosenki, pisanej przecież na festiwal, którego tematem przewodnim było morze. Właśnie taka była rybacka rzeczywistość – mężczyzna wypływa, kobieta czeka. „Do tej pory zresztą chyba mniej jest rybaczek niż rybaków, więc niech mi feministki nie mają za złe". I aspekt drugi: owszem, dziś czasy się zmieniły, panowie chodzą na urlopy tacierzyńskie, ale przez lata było inaczej, to mężczyzna ruszał z domu na polowanie czy wojnę. „Zresztą najnowsza, tragiczna historia w Ukrainie pokazuje nam, że mężczyźni walczą, a kobiety z dziećmi czekają na nich z dala od frontu" – zamyśla się.

Piosenka przez lata obrosła w skojarzenia. Szczególnego brzmienia nabrała po stanie wojennym, śpiewana dla Polonii w Ameryce czy Australii, dla ludzi z emigracji solidarnościowej. Tam zawsze ktoś za kimś tęsknił. Majewska dostała kiedyś list od kobiety, u której piosenka przywołała wspomnienie tęsknoty za mężem, gdy walczył na froncie podczas drugiej wojny światowej. Inna kobieta zwierzyła się, że nagrała *Żagiel* na godzinną kasetę – jeden raz po drugim – i słucha w kółko, dzięki czemu łatwiej jej znosić czekanie na męża marynarza. „Wartościowym dziełom przypisany jest uniwersalizm" – konstatuje artystka. I dodaje, że ważne, by ci, na których czekamy, wracali.

Jeszcze słowo od Włodzimierza Korcza z cytowanej już wcześniej książki: „Wojtek napisał tekst, jaki napisać tylko on potrafi. Niby jest o morzu, a właściwie każda kobieta, która tego słucha, myśli «to jest o mnie». I ta, której mąż pracuje w kopalni, i ta, której mąż wyjechał za morze, i ta, której facet ma ciężką i niebezpieczną służbę. No jest to opowieść o długich rozstaniach i czekaniu, i nadziei, że te rozstania zakończą się szczęśliwie".

Kultowy status piosenki ugruntowuje także jej obecność w serialu *07 zgłoś się*. W jednym z odcinków śpiewa ją wokalistka grana przez Elżbietę Kociszewską (głos Joanny Boreckiej). Rzecz dzieje się na dansingu w ośrodku wypoczynkowym nad jeziorem, a w rytm *Żagla* kołyszą się dzielny porucznik Borewicz z piękną recepcjonistką graną przez Dorotę Kamińską. Sama Alicja Majewska występuje w innym odcinku, w którym odziana w zmysłową suknię z wielkim różowym kwiatem na piersi improwizuje coś w rodzaju „cziga kara czipa". Dziś na koncertach czasem wykonuje słynną wokalizę pochodzącą z czołówki tego serialu – Korcz napisał ją ponoć z tęsknoty za żoną.

Żagiel doczekał się nawet parodii, co zawsze jest żywym dowodem popularności. Artur Andrus mówi: „Bo męska rzecz być kobietą", a ktoś inny dorzuca: „I na werbelku cicho grać".

Werbelki werbelkami, ale ja tymczasem zerkam na pianino artystki. I przypominam sobie, jak Agata Młynarska opowiadała, że gdy przychodził do nich do domu Włodzimierz Korcz, tata otwierał „fortepianszczyk" i na tym fortepianszczyku Włodek podgrywał kawałek. Agata wspominała, że mówili: „Tu Alka zrobi tak, tu Alka pojedzie tak". Wyobrażam sobie głośno, że i w domu Majewskiej obsiadali pianino we trójkę: wokalistka, kompozytor i tekściarz. Z błyskiem w oku. Próbowali, zmieniali, przekomarzali się wśród bon motów.

> I tu się pani myli – mówi piosenkarka. – Często śpiewałam przy Wojtku, ale nigdy w moim domu. Kontakt z nim był przez Włodka. Ja w Wojtka patrzyłam jak w obrazek, z lekką bojaźnią, trochę się go krępowałam. Zresztą Włodek, gdyby tylko był pobożniejszy, toby się pewnie żegnał przed spotka-

niem z Wojtkiem. Bo też swoje przeszedł, ale to przez chorobę Wojtka i tylko w tych gorszych chwilach... Panowie dużo napisali razem, zresztą nie tylko dla mnie. Wtedy były inne technologie komunikowania się. Żadne empetrójki! Włodek jechał i mu śpiewał. Albo nagrywał na kasetę. A u mnie w domu? Młynarski był może ze trzy razy, kiedy jeszcze z mężem robiliśmy duże przyjęcia. Zawsze w większym gronie. Nie mogę się pochwalić tym, że chodziłam z nim na kawki, że się odwiedzaliśmy, spędzaliśmy razem czas. Nie. Zasługa talentu Wojtka w moim życiu zawodowym jest nie do przecenienia. Można powiedzieć, że jest „współrodzicem" mojego sukcesu. Tak jak Maryla Rodowicz była związana z Agnieszką Osiecką, tak moje najważniejsze piosenki wyszły spod jego pióra. Ale prywatnie nie utrzymywaliśmy kontaktów, choć dziś z dziećmi Wojtka okazujemy sobie wiele serdeczności, jest między nami więź, czuję się z nimi prawie jak rodzina.

Pierwsze spotkanie? Początek lat siedemdziesiątych, kiedy jeszcze Majewska śpiewa z zespołem Partita. Studio na Myśliwieckiej, program *Piosenki od ręki*. Po sukcesie skoczka narciarskiego Wojciecha Fortuny (wygrana na mistrzostwach w Sapporo, luty 1972 roku) Młynarski pisze o nim piosenkę.

My to śpiewałyśmy: chórek naśladował wiatr, w tekście było coś takiego: fiu, fruu... I Wojtek, jako autor, tam stał z nami, dziewczynkami. Ale nie pamiętam, o czym rozmawialiśmy. Z tych czasów znacznie lepiej kojarzę go z programów *Szajba*, nadawanych z krakowskiego studia. Śledziłam to z zapartym tchem w jeszcze czarno-białej telewizji. Obłędny! Reżyserem był przyjaciel mojego męża Janusza Budzyńskiego – Michał Bobrowski. Janusz Sent grał na fortepianie. To *Szajba* sprawiła, że zafascynowałam się twórczością i osobowością Wojtka.

Co ciekawe, myśmy oboje chodzili do tego samego liceum im. Tomasza Zana w Pruszkowie. Choć z racji różnicy wieku minęliśmy się. Kiedy ja pierwszy raz przekraczałam progi tej szkoły, on dawno brylował w Hybrydach. A kiedy robiłam maturę, śpiewał już *Och, ty w życiu*.

Kolejne spotkania? Opole, czerwiec 1975, wspominany już solowy debiut Alicji. Piosenka *Bywają takie dni* Jerzego Derfla, ze słowami Ireneusza Iredyńskiego.

Na próbie ze stresu spierzchły mi usta, zdrętwiały ręce. Nie powtórzyłabym drugi raz piosenki, gdyby trzeba było. Wojtek siedział na widowni w amfiteatrze – zresztą wtedy wszyscy bywaliśmy na próbach, słuchaliśmy kolegów. Ja zesztywniała ze strachu, czy nie było kompromitacji. I wtedy podszedł Wojtek i dał mi jakąś radę, chyba artykulacyjną. Wypowiedział też zdanie, które mnie bardzo pokrzepiło: „Słuchaj wujka, będzie dobrze". Bardzo w swoim stylu, on tak leciał skrótem, żartem. Gdy potem na występie zaczęłam śpiewać tę piosenkę – niepewna siebie totalnie, ale przygotowana na blachę – na początku głos uwiązł mi w gardle. Pierwsze słowa wyszeptałam. Rodzina siedząca na widowni zmartwiała – czy już tak będzie do końca? Ale nie, głos na szczęście wrócił, więc mogłam się popisać w efektownie napisanej przez aranżera – czyli Włodka – wokalizie. Po występie słynny wówczas inspicjent „Koko" Kokociński wypychał mnie na scenę cztery razy. „Wujek Wojtek" miał rację, było dobrze. Dostałam główną nagrodę Ministerstwa Kultury. Dawniej takie laury ustawiały wokalistę na cały rok. Wojtek też wtedy dostał nagrodę, śpiewał swoje *Tango retro*, a na koncert finałowy ściągnął przyjaciela Jurka Derfla, bo to była jego kompozycja. Pewnie miał nosa, że będzie nagroda. Wszyscy się okropnie radowaliśmy, dla mnie, debiutującej solistki to było coś. Ale za rok nie dostałam nagrody i myślałam, że wszystko się skończyło. No ale to już inna bajka... Parę lat temu Derfla uhonorowano za dokonania opolskie. Połechtał nas, bo mówiąc o piosence *Bywają takie dni*, podkreślił zasługi moje i Włodka – jego rodzaj aranżacji, który dał mi większe możliwości.

I jeszcze takie słowa pani Alicji:

Kiedyś po rewelacyjnym recitalu Wojtka w Ateneum wahałam się, czy pójść za kulisy mu pogratulować. Bo przecież on wie, że jest świetny, najlepszy – cóż tam parę moich słów? Ale poszłam, wyraziłam zachwyt. A on bardzo się ucieszył. Dotarło do mnie wtedy, że nawet najwięksi potrzebują potwierdzenia swojej wartości...

Ostatnie spotkanie z Młynarskim?

W listopadzie 2014 roku, w Krakowie. U Anny Treter, ona organizuje Festiwal Twórczości Korowód. Co roku poświęcony innemu artyście. Tamten dotyczył twórczości Wojtka i odbył się z jego udziałem. Był Jurek Derfel, Halinka Kunicka, Artur Andrus, Michał Bajor, Joasia Kulig jeszcze przed *Zimną wojną*. Włodek i ja, oczywiście. Pamiętam spotkanie w kameralnej salce na Kazimierzu w przeddzień koncertu. Atmosfera jak za najlepszych czasów. Byliśmy pod wrażeniem, w jak dobrej formie jest Wojtek, wtedy nawet trochę przy tuszy. Nazajutrz na koncercie wyszedł z nami na scenę do wspólnego finału – *Róbmy swoje*. I zaśpiewał jedno canto. W jego wykonaniu to miało znaczenie szczególne, wszyscy byliśmy poruszeni...

* * *

Historia z żaglem, który się bieli, podsuwa mi – może brawurowy – pomysł na to, aby opisać kolorami też wszystkie inne piosenki Alicji Majewskiej, które napisał dla niej Młynarski. Słysząc to, uśmiecha się zdziwiona, ale z całą swoją wrażliwością, empatią i wyobraźnią wchodzi w zabawę. Idziemy w porządku alfabetycznym.

Dla nowej miłości

„To oczywiście zieleń! – woła pani Alicja. – Kolor nadziei, bo to taki był okres w moim życiu, przełomowy. Rozstanie z mężem. Nowy rozdział. Wojtek pewnie to wiedział. Przepięknie napisał: «I boję się jej, i pragnę jej tak, nad życie pragnę jej. Dla nowej miłości błyszczy stołu biel, a ja mam znów tylko jeden cel. Znów czuję, że tego chcę, by serce się tak lepiło jak wosk». I jeszcze: «Gdy serce się znów ulepi jak wosk, powróci znów smak radości i trosk dzielonych na pół». Piękna melodia, choć trudna".

To było Opole, rok 1985. Wyróżnienie w konkursie premier. Alicja Majewska śpiewa ubrana – a jakże – na biało. W gorseciku, luźnej marynarce, spódnicy. To w konkursie, bo na koncercie finałowym: piękna suknia z ażurami i obowiązkowymi poduchami w ramionach – wszak mamy lata osiemdziesiąte, epokę *power shoulders*. Jej występ zapowiada... Bronisław Cieślak. Tak, niezapomniany porucznik Borewicz bywał konferansjerem!

Dla jednej chwili czułości

„Ta piosenka kojarzy mi się z ciepłymi oranżami. Nagrałam ją na płytę ze Zbyszkiem Wodeckim. Bez tekstu, tylko fragment refrenu: «Dla jednej chwili czułości / rzuć wszystko i ku niej idź, / dla jednej chwili czułości / warto, warto żyć». Reszta jest wokalizą. Dlaczego tak? Cały tekst był dobry, ale czuliśmy niedosyt. I Włodek, i ja. – Uśmiecha się artystka. – Włodek wytłumaczył to jakoś Wojtkowi, ale ten do końca miał nam za złe, że nie wykorzystaliśmy tekstu".

Cóż, w beczce miodu zawsze musi być jakaś łyżka dziegciu...

Jeśli kocha cię ktoś

„Jaki tu kolor? Coś bardzo energetycznego, może przeplatające się czerń i czerwień – mówi. – Pamiętam tę piosenkę jako cholernie trudną dykcyjnie, w tym szybkim tempie, w jakim Derfel nakazywał ją śpiewać: «Choćby ból jak rój os / o twe skronie się tłukł». Może dlatego po nagraniu, odbyło się ponad czterdzieści lat temu, nigdy potem już jej nie śpiewałam. A przecież to piosenka historyczna, bo pierwsza, którą Wojtek dla mnie napisał. I to przy okazji tego utworu powiedział, że ja jestem piosenkarka i do tańca, i do różańca. No, piękna piosenka, ale trudna. Jakoś się nie przebiła. Potem nagrał ją Michał Bajor".

À propos Michała Bajora – na benefisie Majewskiej i Korcza w toruńskim centrum Jordanki zaśpiewał z nią *Miłość jest tylko jedna*, też autorstwa Młynarskiego. Warto obejrzeć – nie tylko ten występ, ale cały benefis, z biglem poprowadzony przez Joannę Kołaczkowską i Artura Andrusa. Jak mówi klasyk (i ich kolega z kabaretowej ławy) Robert Górski – „będą państwo zadowoleni".

Marsz samotnych kobiet

„Marsz głodnych oczu, ciężkich powiek, opuszczonych smutno rąk..." Tyle dojmujących słów, skojarzeń oddających tak dobitnie stany emocjonalne. Skąd u Młynarskiego wrażliwość na ten rodzaj odczuć? Może to efekt dorastania w otoczeniu kobiet? *Marsz...* to ewenement w twórczości Wojtka. Na ogół jego piosenki kończą się happy endem. A ta nie" – mówi Majewska. Wyjaśnia: to dlatego, że piosenka napisana była w trzech cantach. I w tym trzecim wszystko szło ku dobremu. „Wojtek wyprostowywał tekst, wyprowadzał z dogłębnej rozpaczy i bólu samotności. Ale Włodek napisał tak monumentalną muzykę, że to się nie żeniło. I za wiedzą Wojtka utwór ostał się bez trzeciego canta, kończymy na «głodowy marsz miłości». I w ten sposób przez Włodka całość idzie do końca w dramat".

Ale i tak była druga nagroda w Opolu, w 1987 roku. Korcz dyrygował poznańską orkiestrą rozrywkową, pani Alicja w czarnej sukience i białej koszuli. Jaki jednak kolor jest odpowiedni dla tej piosenki? „Może taki, jaki podpowiada sam początek tekstu: «Bladzi panowie gustujący w światłocieniu»?"

Niemożliwe

Na wspomnienie tej piosenki pani Alicja się uśmiecha. „Trudny utwór, wysokie nuty, dlatego z kolorów dałabym granat". Podśpiewuje: «Niemożliwe, by wędrować bez światełka na mierzei. / Niemożliwe, żeby mogła istnieć miłość bez nadziei...». Piękne sformułowania. Też jej dziś nie śpiewam, bo ile tych kobył można śpiewać?" – wzdycha.

Kobyły – czyli wszystkie monumentalne, mocne piosenki artystki, w których jest dużo wysokich i dużo długich nut. Chociaż Młynarski miał na efektowne piosenki pana Włodzimierza inne słowo, nazywał je „korczówami". Majewska potwierdza, tak się mówiło, choć Włodzimierz Korcz – wszechstronnie utalentowany („Klasycznie wykształcony pianista, miał być drugim Rubinsteinem, ale zagrała mu w sercu rozrywka" – opisuje artystka) – nieco się zżymał na takie zawężanie jego twórczości. Jednak po „korczówy" wokalistki ustawiały się w kolejce, bo wiadomo było, że utwór wywoła brawa. Definicja? „Budowa nieoczywista, refreny i kontrrefreny, kody przedłużające frazy, długie nuty emocjonalne" – wylicza Majewska. I dodaje, że Wojtek też to doceniał.

W książce *Dookoła Wojtek* sam mistrz taką podaje definicję „korczówy": „Piosenka o wyrazistym rytmie, z dobrze zaznaczoną kantyleną, charakterystyczna, natychmiast rozpoznawalna wśród innych". A w *Młynarski. Rozmowy* tak się wypowiada o Korczu: „Po prostu wiedziałem świetnie, że każda rzecz napisana z nim, jak to się popularnie mówi, się sprzeda. Że to będzie przebój".

Alicja Majewska usłyszała od Marii Szabłowskiej, radiowej dziennikarki muzycznej, anegdotkę. Otóż ta zadała Młynarskiemu i Korczowi pytanie: co jest ważniejsze w piosence: muzyka czy słowa? Tekściarz odpowiedział, że... muzyka. A kompozytor – że słowa!

Jeszcze małe postscriptum do tej piosenki. Zwróciłam uwagę, że występuje w niej światełko na mierzei. A przecież w *Och, życie, kocham cię nad życie* także pojawia się „światełko na mierzei, co drogę wskaże we mgle". Nadzwyczajne, jak teksty Młynarskiego rozmawiają między sobą. Czy to zamierzone? Może i nie. Ale zastanawiając się nad tym, obie zgadzamy się, że w sztuce wspaniałe jest to, że każdy odbiorca interpretuje ją po swojemu.

Odkryjemy miłość nieznaną

„Dajmy tu wszystkie kolory tęczy – proponuje pani Alicja. – Wśród moich fanów jest wiele osób homoseksualnych, często bardzo wrażliwych. Wiem, że oni tę piosenkę traktują szczególnie, po swojemu. Tę miłość nieznaną można rozumieć także tak".

Pokazuje mi wyjęty z domowych archiwów dyplom. Karton złożony na pół, na okładce pięknie wykaligrafowane esy-floresy, po rozłożeniu czytam: „Dział Studio 1 Telewizji Polskiej z satysfakcją stwierdza, że w konkursie na najlepszą piosenkę wrześniowo--październikowej edycji Telewizyjnej Listy Przebojów pierwsze miejsce zdobyła piosenka zatytułowana *Odkryjemy miłość nieznaną* z muzyką Włodzimierza Korcza, słowami Wojciecha Młynarskiego, w wykonaniu Alicji Majewskiej". I dalej następuje cudne zdanie: „Do gratulacji dołączamy prośbę o udane piosenki". Podpisano: Kierownik Działu, Marek Jefremienko.

Pierwotnie piosenkę miała śpiewać inna bohaterka tej książki, Danuta Błażejczyk. Ale panie się zamieniły.

Danka jakoś nie poczuła tej piosenki. A ja, gdy tylko ją usłyszałam, wiedziałam, że to może być ważna rzecz w moim repertuarze. Dlatego bez żalu oddałam Danusi napisane dla mnie *Łagodne światło świtu*, które z kolei jej się bardzo spodobało. I dzięki Bogu, że tak się stało! Efekt: obie wyjechałyśmy z Opola z nagrodami.

Swoją drogą, warto zauważyć, że piosenka współgra z *Żaglem...* – poprzez marynistyczne akcenty: łódź Magellana, busolę i hasło *navigare necesse est*.

Swoją drogą, ale inną: kto dzisiaj jeszcze wstawia łacińskie cytaty do piosenek? *O, tempora!*

Pani Alicja zachwyca się polszczyzną Młynarskiego. „Włodek mówi, że aby napisać coś dobrego, trzeba najpierw dużo poczytać. Wojtek miał ogromną wiedzę, erudycję. I to widać w jego utworach. Niech pani zobaczy – «miłowania głodni jak wilcy», jaka piękna staropolska fraza". Przy okazji obie śmiejemy się z historyjki, jak to kiedyś ktoś pochwalił ją, że śpiewa o Anglikach. Kiedy uniosła brwi ze zdumienia, wytłumaczył: „No jak to – «miłowania głodni Anglicy»".

Odkryjemy... to Opole w 1986 roku. I wyróżnienie. I kolejna anegdota ze strojem scenicznym w roli głównej. Majewska opowiada, jak przywiozła z RFN gorsecik. Krawcowa („cudna postać, pani Helenka") obszyła go złotem. Pracowała po nocy, więc Alicja nosiła jej „dopalacz" w postaci wódeczki. Gorsecik był obcisły, tak że trudno było w nim złapać oddech – ale za to jaki efektowny! Do tego wąska spódniczka uszyta ze spodni od koleżanki i złote buty na platformie („*Neue Mode*, też z Niemiec!"). Dumna niesłychanie z tego stroju, pokazała się na próbie Korczowi. A on go oprotestował, że „za bardzo sexy". I jeszcze podpuścił Młynarskiego. Ten zajrzał do garderoby, pochwalił wykonanie wokalne i rzucił: „Ale czy masz inną sukienkę?". Majewska ugięła się i ostatecznie wystąpiła w stroju uszytym na próby („na próbach też trzeba się pokazać") – bawełniany płaszcz, bluzeczka i spódnica („wszystko też szyła Helenka"). Kiedy trochę się dziwuję, że taka gwiazda posłuchała uwagi modowej dwóch facetów, ona z uśmiechem wyjaśnia, że zawsze liczy się z głosami doradców. I że dziś, oglądając ten występ, widzi, że to była trafna decyzja. „Uważali, że mam na tyle dobrą piosenkę, że nie muszę się podpierać seksownym strojem".

W gorseciku czy w płaszczyku – ja zawsze, kiedy słyszę wyśpiewane przez nią a capella mocne, jakby stalowe „Nie graj cynika na siiiiiłę", mam dreszcze. Warto wspomnieć jeszcze jedno wykonanie tej piosenki. 25 czerwca 1988 roku podczas kolejnego festiwalu w Opolu miał miejsce niezwykły wieczór dwudziestopięciolecia pracy Wojciecha Młynarskiego. Alicja Majewska śpiewa, a autor wykonuje adekwatne miny: gra „cynika na siłę", patrzy „wzrokiem ponurym", a w refrenie podłącza się do „szabadabada, szabadabada". Bo to też jest stempel firmowy tej piosenki. Artur Andrus żartował nawet kiedyś, że niektórzy uważają, że to jest „piosenka o szabadabie". Dziś już mało kto pamięta, ale to „daba daba da" jest nawiązaniem do piosenki z filmu *Kobieta i mężczyzna*. Jak mówił mi Włodzimierz Korcz: gdy Wojtek pisał tekst, jeszcze ta piosenka brzmiała, jeszcze się jej słuchało.

À propos tego jubileuszu – Alicja Majewska wyszukała dla mnie w swoich zbiorach drukowane zaproszenie od szanownego jubilata. W lewym górnym rogu jego imię, nazwisko, adres. Nagłówek: Szanowna Pani Alicja Majewska. I dalej, jak następuje:

> Na przełomie 1987 i 1988 roku przypada dwudziestopięciolecie mojej pracy artystycznej. Przewidywany z tej okazji uroczysty koncert swą premierę będzie miał w Poznaniu i powtórzony zostanie w kilku miastach Polski. Mając na uwa-

dze naszą długoletnią współpracę i wspólne dokonania, nie wyobrażam sobie tego koncertu bez Szanownej Pani i z a p r a s z a m najserdeczniej do udziału w nim. Do zaproszenia tego dołącza się Zbigniew Łankiewicz – Dyrektor Naczelny Estrady Poznańskiej, która jest organizatorem i będzie realizatorem całości przedsięwzięcia.

Koncert według mojego scenariusza będzie reżyserował Marek Wilewski. Kierownictwo muzyczne – Jerzy Derfel i Aleksander Maliszewski, który dyrygował będzie orkiestrą Alex-Band.

Przewidywane terminy i miejsca koncertów: 1–2 marca 1988 r. – Teatr Wielki w Poznaniu, 3 marca – przyjazd do Zabrza, 4–6 marca – Dom Muzyki – Zabrze, 7–8 marca – Sala Kongresowa – Warszawa.

Licząc na przyjęcie zaproszenia, prosimy o zawiadomienie nas o swojej decyzji w możliwie najszybszym terminie.

Dalej następują numery telefonów do Estrady Poznańskiej oraz wyrazy szacunku od Zbigniewa Łankiewicza i Wojciecha Młynarskiego. Ciekawe, czy ktoś dziś jeszcze tak szarmancko zaprasza na swoje jubileusze.

Pan ciut niemodny

„Czyli: «W tamtym karnawale nie tańczyłam wcale...». Kolor? Tu bym dała tiule w pastelowych kolorach, z sali balowej. Ale nie współczesne. Bliżej do gołębich błękitów". Za to jakoś dalej od melodii, z których Majewską znamy. Spokojnie kołyszący się walc. Za grzeczny. Niech orkiestra zagra następny numer!

Piosenki, z których się żyje

„To te, na które ludzie czekają, przychodząc na nasze koncerty. Mam to szczęście, że żyję z piosenek i żyję piosenkami, które zostały napisane w ogromnej większości do tekstów Wojtka. A ta jest jedną z moich ulubionych! Lubię wszystkie, ale ta jest bezcenna. Credo piosenkarki estradowej. Cienka herbata z termosu, okulary ciemne o świcie, «jeszcze ty w Łomży zrobisz nazwisko». Dałabym tej piosence kolory brunatno-wypłowiałe, takie mam skojarzenie z poniewierką estradową. Bo to była poniewierka! Teraz sale koncertowe mają wyższy standard, okazałe zaplecza, ale kiedy Wojtek pisał ten tekst, trwała jeszcze epoka tułania się po salach kinowych, siermiężnych domach kultury" – opowiada pani Alicja.

Co ciekawe, piosenka była napisana dla Kaliny Jędrusik. „Ale nie myślę, aby ona miała do mnie żal, że ją śpiewałam. Mam wrażenie, że cieszyłam się jej sympatią. Spotykałyśmy się – a to u foniatry, a to na jakimś koncercie..."

Kiedy Włodzimierz Korcz skomponował tę piosenkę dla Kaliny, ona ponoć była zachwycona. Trzeba zaznaczyć, że to była wtedy całkiem inna melodia – dużo długich wysokich dźwięków. Kalina w tym czasie zmagała się z astmą, miała kłopoty ze złapaniem oddechu. Na próbach jej organizm nie pozwalał na wiele. Mijały lata, nie śpiewała tego utworu na koncertach. A tu akurat po paśmie opolskich sukcesów Majewskiej powstawała płyta Korcza i Młynarskiego. „Wojtek rąbnął przed Kaliną na kolana, z bukietem... Włodek skomponował inną melodię"– wspomina pani Alicja. I powstał kolejny przebój Majewskiej. A nawet stał się jedną z jej wizytówek – posłużył za tytuł płyty wydanej w roku 2013.

Sam Młynarski tak mówił o tym tekście w książce *Moje ulubione drzewo...*: „Piosenki, z których się żyje, są dosyć banalne, nie mają nic wspólnego z wysublimowanym artyzmem. Inne być po prostu nie mogą. Ale do nich się często wraca, opowiadają coś o nas, bo te przeestetyzowane – raczej nie".

Panom rozsądku nie przybywa

Mówię, że według mnie ta piosenka jest z innej beczki, nie pasuje. „Zupełnie! – potwierdza pani Alicja. – Włodek też za nią nie przepada. Młynarski napisał ją w 2003 roku, więc na płytę wydaną w 2015 wyciągnęliśmy ją z szuflady. Nie śpiewałam jej za dużo, bo jak pani słusznie zauważyła, niektóre sformułowania trochę mnie uwierały, na przykład «męskie beksy». Jak dziś czasami ją wykonuję, to publiczności się tłumaczę, że kiedyś po nią nie sięgałam, bo gdzież ja – taka wrażliwa, subtelnawa – mam wytykać panom ułomności? Ale od tamtej pory stwardniałam, zhardziałam. I teraz już wytknę panom to, co trzeba". W oczach pani Alicji migoczą figlarne iskierki: „Chociaż zgadzam się z pointą, że tylko intelekt jest sexy. Jaki kolor by tu dać? Niech będzie przymrużenie oka, barwy nieostre, róż z zielenią".

Trwam chwilę w zachwycie dla kolorystycznej wyobraźni mojej rozmówczyni. I śpiewamy dalej.

Smutne do widzenia...

„...każda miłość je zna – nuci artystka. – Popatrz, po błyszczącym, po śniegu / Wertyńskiego nadleciał cień. / Zanim w dal konie pobiegną, / Zaśpiewam ci romans ten". Zamyśla się: „Wertyński, Rosja. Też miłość – ale nie makowa czerwień, raczej purpura, bordo. Tak to widzę".

A ja oglądam w internecie, jak artystka śpiewa to przed laty na festiwalu polskiej piosenki w Witebsku.

W miłości słowa nic nie znaczą

Wymieniam kolejny tytuł i słyszę: „Wygrzebana z szuflady. Przepiękny tekst, ale w pierwotnej wersji męski, bo są tam słowa: «a potem biorę cię w ramiona». Znów włączyłam ją do repertuaru. Włodek wpadł na to, by zmienić słowa na: «a potem bierzesz mnie w ramiona». To piosenka w kolorze wzburzonego morza, bo dużo się w niej dzieje. Granatowe morze, tak, na pewno. Ale z białymi błyskami grzyw fal".

Wielki targ

Mówię pani Alicji, że znalazłam w sieci amatorski zapis tego tekstu, gdzie zamiast słów: „tu skaczą trzy uczone pchły" ktoś wpisał: „tu skaczą przytłuczone pchły". Śmieje się – tej wersji nie znała! Ale zaraz w swojej wrażliwości martwi się, że może jej dykcja zaszwankowała, może ktoś tak naprawdę usłyszał? Niepotrzebnie, wystarczy posłuchać piosenki chociażby w telefonie, żeby nie mieć wątpliwości co do dykcji. A i tematyka znacznie poważniejsza niż tylko kwestie pcheł. „Tu sprzedaje się przyjaciół, / jeśli ich masz, / tu w parę chwil się traci / imię i twarz".

Premiera: Opole, 1985 rok. Z kronikarskiego obowiązku (rubryka odzieżowa) dodam, że Majewska tam wyjątkowo nie na biało, choć też w eleganckiej kolorystyce, strój w szaro-czarno-białą kratę.

Śpiewam *Wielki targ* cały czas, do dziś. Wie pani, że wcześniej Młynarski napisał tu inny tekst? Owszem, ładny, o miłości, ale za mało było w nim emocji. Włodek poprosił o nowy. Wojtek najpierw się na niego wściekł, ale następnego dnia przysłał. I tu dopiero zaczął się problem, bo Włodek oczekiwał czegoś zupełnie innego. I tego drugiego tekstu też nie chciał. Na domiar złego zaczął Wojtkowi tłumaczyć, o czym ten tekst ma być. Czego Wojtek już nie wytrzymał i po paru wykrzyczanych obelgach rzucił słuchawkę. Właściwie wydawało się, że to będzie koniec współpracy, ale za parę dni dzwoni do mnie Włodek i mówi: „Słuchaj, napisał w końcu ten tekst, tylko że jest kompletnie nie to, na co czekałem". Pytam: „Ale co, słabo?". A on: „No coś ty, fantastycznie!".

Powstał tekst mądry, ciągle – niestety – aktualny, ciągle współczesny. Jakie by tu nadać kolory? Wielki targ mieni się wieloma – przecież mamy w tekście „jaskrawy ludzki tłum". Ale proszę zwrócić uwagę, że tam też jest świat dwojga ludzi, na który „nie ma ceny". Najdroższy, niesprzedajny. W poincie jest rodzaj czystości, dlatego dałabym kolor kryształu. Nieskalany. Przezroczysty.

Winogrona późnym latem

W teledysku do tej piosenki pani Alicja ubrana jest – niespodzianka – na biało. Ale... „Tu sprawa jest oczywista, winogrona muszą być zielone! – woła. – Wie pani, to była piosenka, którą Wojtek, z mojego repertuaru z jego tekstami, chyba najbardziej sobie cenił muzycznie". Śpiewa: „A potem żal, że to tak szybko, że to już". Uśmiecha się: „Piękna! Ja mam takie piękne piosenki!".

Wracaj, gdzie cię kochają

Już sam tekst jest pełen kolorów: malwy zaglądają w jasne okna w letni dzień, białe mleko, czarny chleb. Sielsko, wiejsko, anielsko. To piosenka z 1985 roku ze słynnej płyty Majewskiej *Piosenki Korcza i Młynarskiego*. Mocny, songowy nastrój. A mnie się z nią kojarzy inna piosenka o powrotach. Alicja kiedyś zaśpiewała w duecie ze Zbigniewem Wodeckim jeden z jego sztandarowych utworów (zresztą w jego kompozycji). *Lubię wracać tam, gdzie byłem*. Też pióra Młynarskiego.

Wszystko przede mną

„Wojtek dwa razy w życiu napisał dla mnie teksty kompletnie nie dla mnie. A przynajmniej niemające nic wspólnego z tym, jak ja o sobie myślę. W jednym były słowa: «jak szaleje tajfun Ala» – ja i tajfun? Gdzie? Druga to właśnie *Wszystko przede mną*. Przecież ja wcale nie jestem osobą, która myśli, że wszystko jeszcze przed nią. Uważam, że wiele dobrego już się w moim życiu zdarzyło. Z drugiej strony – na pewno nie mam też takiej przypadłości, że grzebię się w przeszłości. Ktoś spytał niedawno, o czym marzę. A ja mam chyba podświadomy lęk przed marzeniami. Dobrze jest jak jest, po co wyskakiwać do przodu?

Opowiem pani coś. Przed laty graliśmy program estradowy z Włodkiem i z Halinką Frąckowiak. Scenariusz zakładał, że będziemy zadawać sobie leciutko złośliwe pytania. Na przykład Halinka mówiła: «Włodku, czy tobie się nie wydaje, że twoja muzyka jest trochę niemodna?», na co on: «Nie staram się, żeby moja muzyka była modna. Staram się, by była dobra». Włodek wtedy mówił o Halince, że jest nieprzewidywalna, a o mnie, że wszystko, co najlepsze, jeszcze przede mną. A przecież to już było po *Żaglu*...! Ja wtedy zupełnie tak nie myślałam. Ale dziś mówię mu: «Wywieszczyłeś». On odpowiada: „Byłem o tym przekonany". Rzeczywiście, tak się zdarzyło w życiu zawodowym, że zdecydowanie to, co najlepsze, nastąpiło potem, w drugiej dekadzie XXI wieku i dzieje się jeszcze teraz. Więc może jednak Wojtek miał rację, pisząc dla mnie piosenkę *Wszystko przede mną*? Może on też wywieszczył? Dobrze, niech będzie, tak to potraktujmy: że był wieszczem. I miał rację, mówiąc wtedy, że faktycznie dużo dobrego przede mną. Że jeszcze w zielone gramy".

O, proszę, jaka nam się ładna kolorystyczna klamra zrobiła. Od żagla, co się bieli, po najzieleńszą Młynarską frazę.

To jeszcze na finał słówko od Alicji Majewskiej o wszystkich utworach Wojciecha Młynarskiego: „Dobry, mądry tekst, napisany pięknym językiem to jest coś, co śpiewającego wprawia w euforię. My, wokaliści, jesteśmy przekaźnikami tego, co powstaje w genialnym umyśle. Przenosimy te treści dalej. Bardzo to w swoim zawodzie doceniam".

Interludium numer 6
Panna Hela

...co ślicznym oczkiem strzela. Panna Hela jest ważna, bo choć w piosence z 1998 roku występuje jeszcze kilka atrakcyjnych wątków (jak na przykład „wiosenny chór słowików"), to jednak właśnie ona została postacią tytułową. Przedstawioną nadzwyczaj pozytywnie, jako antidotum na poirytowanie wyczynami działaczy rozmaitych partii. Tytuł w wersji kanonicznej brzmi: *Jest jeszcze panna Hela*. A cały tekst utworu stanowi piękne wezwanie do tego, aby nie gorączkować się z powodu polityki, bo jeszcze na szczęście oprócz niej jest „kilka innych spraw".

Przypomina mi to listę miłych życiowych doświadczeń, którą stworzył w 1997 roku francuski pisarz Philippe Delerm. W bestsellerze *Pierwszy łyk piwa i inne przyjemności* z czułością opisuje ponad trzydzieści czynności, które koją duszę. Dodajmy, że z racji kulturowych kontekstów głównie duszę zamieszkałą nad Sekwaną. Ale to może nawet by się podobało Wojciechowi Młynarskiemu, bo francuska kultura była dla niego istotna. Przypomina mi się tu anegdota, że profesor Kazimierz Rudzki po wysłuchaniu piosenki *Niedziela na Głównym* powiedział do Młynarskiego: „Pan ma wystarczająco dobry francuski akcent, żeby samemu po polsku śpiewać".

W piosence z Helą w tytule w rytm muzyki Jerzego Derfla prezentują się następujące przyjemności:

- poety świt mazurski,
- koncert brandenburski,
- saksofon na dansingu,
- z kumplem śpiew przy winku,
- wiosenne gwiazd obroty,
- księżyc bezczelnie złoty,
- spacery nad rzeką.

No i oczywiście „jest jeszcze śledź w śmietanie / metafizyczne danie". To chyba najbardziej frapujący fragment piosenki. Z przekazów wiadomo, że autor tę potrawę rzeczywiście lubił. Piosenka ją rozsławiła, w internetowych przepisach można spotkać odwołania: „śledź w śmietanie, jak śpiewał Młynarski". Robert Górski opowiadał mi, że kiedyś przy okazji spotkania wraz z kolegami z kabaretu wręczyli Młynarskiemu śledzia w śmietanie. Jednak zdaniem Roberta reakcja mistrza nie była aż tak entuzjastyczna, jak się spodziewali.

A panna Hela? Czy chodzi o jakąś konkretną postać? W domu państwa Młynarskich, owszem, ważna była pewna Hela. A właściwie pani Helena Mucha, góralka ze Spytkowic. Zawitała do nich jako niania, miała wówczas dwadzieścia trzy lata. Została na kolejne dwie dekady. Kiedy nastała, Agata miała ledwie osiem miesięcy. Pani Hela została później matką chrzestną Pauliny, a jeszcze potem była kilka lat przy najmłodszym dziecku, Jasiu. Wyjechała do Chicago. Agata spotkała się z nią tam, gdy sama już była po czterdziestce. Podczas spotkania zażartowała, że „Hela" było jednym z pierwszych słów, jakich się nauczyła. „Nie Hela, tylko Lela", poprawiła ją niania, zwracając się do niej jak przed laty: „Gaguniu". „Rodzice byli dla nas świętem, a Hela codziennością" – powtarza Agata.

Rozmawiałam o tej piosence z Adrianną Godlewską-Młynarską. Mówiła, że ją lubi, że można ją śpiewać przy każdej okazji. A już na pewno jak się człowiek napatrzy w telewizji na polityków. Potwierdziła, że pani Helena była ważną osobą w ich rodzinie. „Mamy non stop kontakt. Moja wnuczka, córka Jasia, została nazwana Helą na część naszej Heli. A niedawno jedna z moich uczennic przysłała zdjęcie dzieciątka z komentarzem: «Pani profesor, przyszła na świat następna Hela»".

Jeszcze jedno: w książce *Moje ulubione drzewo...* Młynarski komentuje: „Lubię tę piosenkę, bo tchnie optymizmem. Co prawda, optymistą jestem umiarkowanym, ale nie brakuje mi nadziei".

PS W dostępnym do obejrzenia w sieci spektaklu *Niedziela na Głównym*, realizowanym we Wrocławiu w 2001 roku, można podziwiać inwencję autora, który pojawia się w finale na scenie i śpiewa specjalnie na tę okoliczność dodatkowe wersy w piosence o Heli:

I widzu mój,
Aj law ju.
Jest gala we Wrocławiu,
A ci, co tu przybyli,
są nam szczególnie mili.

Danuta Błażejczyk

Bo miłość to taki standard,
Taki cud i miód, evergreen.
Ile jest ten serca stan wart,
wiem, bo co rano się budzę z nim.
Taki cud i miód

Papierowa chusteczka. Dziewczyna miętosi ją w dłoniach, aż po paru minutach zostają tylko strzępy. Co wprawia Dankę Błażejczyk, trzydziestodwulatkę z Puław, w tak silne emocje? Otóż to, że przyjechała do Warszawy na egzamin ministerialny („jak na ścięcie"), a teraz stoi i rozmawia z gwiazdami: Włodzimierzem Korczem i Wojciechem Młynarskim! I oni składają propozycję nie do odrzucenia: napiszą dla niej piosenkę na festiwal w Opolu. I jeszcze pytają, czy się zgodzi zaśpiewać. To będzie *Taki cud i miód*, który zmieni jej życie.

„Jestem bardzo szczęśliwa" – mówi mi Danuta Błażejczyk, kiedy wyjawiam cel naszej rozmowy. W jej przytulnym mieszkaniu na Służewcu chyba każdy gość czuje się domowo. Ogonami zamiatają dwa koty, rudy Marcel i szara Tina. Na stole pojawia się ciasto marchewkowe i pyszna zielona herbata z nagietkiem. „Jestem szczęśliwa, że rozmawiamy o Wojtku, bo on jest jednym z ojców chrzestnych mnie jako Danuty Błażejczyk na scenie. Poza tym data moich urodzin to 15 marca. A Wojtek odszedł właśnie 15 marca. Nie wiemy wszystkiego... Ale czuję, że jestem z nim bardzo związana".

Cud, który smakuje jak miód, wydarzył się w marcu 1985 roku. W czasach PRL-u każdy, kto chciał uprawiać zawód artysty estradowego, a nie miał skończonej szkoły muzycznej lub teatralnej, musiał zdać egzamin. Danusia studiowała filologię rosyjską i bibliotekoznawstwo, ale śpiewanie okazało się najważniejsze. Ma już za sobą nawet nie lada doświadczenie – w chórku Maryli Rodowicz (w latach 1978–1979, była z nią na Kubie i w Bułgarii). Ma też zespół, z którym występuje tu i ówdzie. Teraz nadarza się okazja, by wyjechać na kontrakt do Finlandii. Ale do tego potrzebny jest papier.

Części praktycznej się nie boi – pewnie wykonuje ulubione standardy jazzowe. Gorsza sprawa z teorią. Trzeba wykuć materiał, nie tylko z historii muzyki i teatru, ale też dotyczący wydarzeń kulturalnych, a nawet politycznych. Zdenerwowani kandydaci stają przed komisją powołaną przez Departament Estrady w Ministerstwie Kultury i Sztuki. Z reguły przewodniczy profesor Aleksander Bardini. U pani Danuty jest trochę inaczej:

> W moim wypadku to był akurat Andrzej Strzelecki, bo profesor Bardini wtedy zaniemógł. W komisji był też Jerzy Dobrowolski, właśnie Młynarski i Korcz oraz panie profesorki ze szkoły teatralnej. Nie na wszystkie pytania znałam odpowiedzi, ponieważ to był olbrzymi zasób wiedzy. A do tego – jak potem zgodnie stwierdziliśmy – niektórzy z egzaminatorów popisywali się przed resztą. Zanim nadeszła moja kolej, oblano parę osób. Komisję chyba rozbroiło to, że jeśli czegoś nie wiedziałam, nie udawałam, że jestem genialna, tylko uśmiechałam się, odpowiadając: „Nie wiem". Włodek Korcz potem mówił, że spodobało im się, że mimo drżenia

wewnętrznego pozostałam bezpośrednia, prostolinijna... To on mnie wybronił, kiedy jedna z pań profesorek zapytała o teatr antyczny. Wtrącił się: „Bardzo przepraszam, ale pani Danuta Błażejczyk nie stara się o to, by zostać aktorką. Chce być piosenkarką, więc nie do końca rozumiem, po co jej wiedza na temat teatru antycznego.

Sam Włodzimierz Korcz wspomina: „Pojawiła się osoba, która nas zelektryzowała. Miała taki głos, że myśmy stanęli na baczność". W programie telewizyjnym *Historia jednego przeboju* opowiada, że po występie wokalnym kandydatki Młynarski powiedział: „Włodek, ona powinna zaśpiewać naszą piosenkę w Opolu. Napiszesz?". „Napiszę".

Słowo się rzekło, kobyłka u płota. Choć nie tak od razu. Kompozytor stworzył muzykę – jak zawsze u niego taką, żeby z wokalisty wydobyć to, co ten ma w strunach najlepszego. Ale zbliża się data festiwalu, tymczasem wciąż nie ma tekstu. Pani Danuta opowiada: „Włodek przypomniał Wojtkowi: «Słuchaj, mieliśmy napisać dla Błażejczyk». «Ale ja w tej chwili piszę dla Bem». «Zostawię ci muzykę, zobaczysz. Doradzisz może, kto inny mógłby napisać słowa». Sprawa wisi na włosku, bo tekściarza gonią terminy innych zobowiązań. Ale odkłada wszystko – na jedną dobę. I za dwa dni dzwoni do Korcza. Jest tekst".

Włodzimierz Korcz jako „trener" śpiewu nie jest dobrym wujaszkiem. O tym, jak piłuje wokalistów, krążą legendy. Danuta Błażejczyk wspomina, że ciągle podnosił jej poprzeczkę. „No wiesz, dobrze, ale może jeszcze raz. I zwróć uwagę na to i to..." A ona jest narowista, kłóci się z Włodkiem. Kiedy on jej wyrzuca: „Tu inaczej zaśpiewałaś", odpowiada: „Pierwszą zwrotkę zaśpiewałam tak, jak napisał kompozytor. Ale czy ty chcesz, żebym całą piosenkę tak zaśpiewała?". „Ja Ryba, on Skorpion, nie było łatwo..." – śmieje się dziś pani Danuta.

Słowa Młynarskiego o miłości jako evergreenie są piękne, ale przy muzyce Korcza trzeba je wyśpiewywać sprawnie. Spróbuj, czytelniczko lub czytelniku tej książki, wypowiedzieć w szybkim tempie: „ile jest ten serca stan wart" albo „i niech z tobą standard ten ktoś gra". Nie ma lekko, prawda? A tu jeszcze trudne fonetycznie nazwiska – Nat King Cole, Armstrong, Fred Astaire. Wokalistka przyznaje:

> Miałam z tą piosenką problemy dykcyjne. Poza tym jestem z Lubelszczyny, a tam inaczej wymawia się literę l. Bardzo mi pomogła Ela Starostecka, żona Włodka. I profesor Kazimierz Gawęda ze szkoły teatralnej, który zajmował się emisją głosu. Kilka tygodni ciężkiej pracy. Podczas tego przyspieszonego kursu odchodziłam od zmysłów – czego oni chcą, przecież ja dobrze wymawiam! Ale kiedy już po jakimś czasie usłyszałam to moje pierwsze wykonanie, pomyślałam: afera, jak oni mnie mogli w ogóle dopuścić!

Dopuścili, do tego nagrodzili, a piosenka najpierw stała się przebojem, a potem – standardem.

Koniec czerwca 1985 roku, Opole, XXII Krajowy Festiwal Polskiej Piosenki. W kulisach szepce się, że przyjechała dziewczyna od Korcza, że świetna. Danuta Błażejczyk staje na scenie. Jeszcze nie ma tej ogniście rudej fryzury, którą pamiętamy z późniejszych lat. Ciemne włosy zwinięte są w modne wówczas loczki („Potem z ich powodu mylili mnie z Krysią Giżowską"). Beżowa marynarka, do tego czarne spodnie – które od zawsze są jej ulubionym elementem garderoby. Na szyi szaliczek z czarnej koronki. To własność Alicji Majewskiej. „Jesteśmy obie trochę przesądne, Ala powiedziała mi wtedy, że na pierwszy występ warto mieć coś pożyczonego, tak jak na pierwszą randkę czy ślub. I pożyczyła". (Tu mały antrakt: wdajemy się z panią Danusią w pogawędkę, że jednak w show-biznesie nie jest tak, że wszyscy by się zjedli. Że – jak widać – istnieje solidarność, życzliwość. „Wie pani co? Myślę, że są takie artystki, które się nie znoszą. Ale to jest ich problem. Mam w branży kilka osób, o których mogę powiedzieć, że łączy nas przyjaźń albo ciepłe relacje. Na scenie jest miejsce dla każdego, więc po co mamy tracić energię na zazdrość?").

Pierwsze wykonanie *Takiego cudu i miodu* na opolskiej estradzie zaczyna się niespiesznie, balladowo. Ale już po chwili widać, że ta piosenka to petarda. Nie ma wątpliwości – rodzi się nowa gwiazda. Chociaż sama gwiazda dziś mówi: „Nie pamiętam nic, poza tym, że się trzęsłam. Jak stałam na prawej nodze, to lewa mi drgała. I odwrotnie. Myślałam tylko: czy to widać?". Ale przyznaje: to piosenka, która ją stworzyła. „Dopiero kiedy po latach obejrzałam nagranie, przypomniałam sobie, co wtedy czułam: jestem na scenie i nikt mnie stąd nie zepchnie! Radość. Boże, jaka radość! Patrzyłam na muzyków – grał wtedy big-band Wiesława Pieregorólki. Ile w nich było żaru! Wytwarzała się niesamowita energia, którą sobie nawzajem przesyłaliśmy".

Tamta edycja Opola jest w ogóle nadzwyczaj energetyczna, radośniejsza w porównaniu do poprzednich, które miały jeszcze smutny osad stanu wojennego. Konkurs Premier wygrywa Anna Jurksztowicz z *Diamentowym kolczykiem* i zespół Bolter z *Daj mi tę noc* (obie piosenki to doświadczenie pokoleniowe, co potwierdzam osobiście). Ale występ Danuty Błażejczyk też zostaje pięknie doceniony – dostaje nagrodę specjalną za indywidualność artystyczną. Pięć tysięcy złotych i roczne stypendium ministerstwa. To wtedy dla niej bardzo dużo. Pierwszy raz też uczestniczy w pełni we wspaniałej festiwalowej atmosferze. W kolejnych latach to się jeszcze będzie potęgowało. „Spotkania muzyczne, na dole w restauracji hotelu Opole, z pianinem, pamiętam do dziś. Kiedy na topie była piosenka *We Are the World*, z Majką Jeżowską i jej amerykańskim mężem śpiewaliśmy jedno przez drugie, jaki to był spontan!"

Na swoim pierwszym opolskim festiwalu nowa gwiazda występuje też w koncercie poświęconym twórczości Jerzego Wasowskiego. „Ewa Bem, Hania Banaszak, Andrzej Zaucha, Alibabki – cała scena wypełniona wybitnymi artystami. Ja śpiewam *Dla ciebie jestem sobą*. Kończymy wspólnie piosenką *Rodzina, ach, rodzina*. Myślałam: «Boże kochany, jakie ja mam szczęście! Śpiewam z takimi ludźmi na scenie! A jeszcze wczoraj pracowałam w bibliotece! I śpiewałam w knajpie, bo musiałam zarabiać na życie»".

Pierwszy telegram z gratulacjami po opolskim sukcesie przychodzi od Maryli Rodowicz. Danuta ma go do dziś. Występ debiutującej piosenkarki też bardzo podobał się Adriannie Godlewskiej-Młynarskiej, która akurat ten festiwal oglądała w domu. „Byłam pod takim wrażeniem, że natychmiast w nocy zadzwoniłam do niej do Opola i wyraziłam cały swój entuzjazm i zachwyt nad cudownym wykonaniem" – opowiadała mi. Niedługo potem odbywały się urodziny pani Adrianny, organizowała je w ZASP-ie. „Pytałam różne znajome, czy zechcą wystąpić. I pierwszą zaprosiłam Danusię, żeby zaśpiewała mi tę moją ukochaną piosenkę. I to był prawdziwy cud i miód".

Od cudnych i miodowych chwil zaczyna się dalsza współpraca. Młynarski pisze kolejne teksty, które wchodzą na pierwszą płytę wokalistki w 1986 roku. Rok później Danuta Błażejczyk wygrywa Opole z *Łagodnym światłem świtu* również autorstwa duetu Młynarski i Korcz.

Łagodne światło świtu
na firance zakwita.
Że kochasz mnie,
w twych oczach czytam.

Spokojnie, serce moje,
Już zmierzchu się nie boję,

Bo wszystkie troski i niepokoje
od dzisiaj będę dzielić na dwoje.

Potem zdobywa nagrody z *Moją bronią serdeczną* – też pióra mistrza. Konsekwentna w batalistycznej metaforyce i niezwykle nośna w nutach, bo z energetyczną, bardzo „ejtisową" muzyką Aleksandra Maliszewskiego.

Popatrz, spod mych powiek wciąż rakiety mkną,
nie ma rady na tę broń,
pocisk człowiek-człowiek trafia w twojej
obojętności schron.

Z piosenką *Serce nie jest wyspą samotną*, do której muzykę napisał znowu Włodzimierz Korcz, występuje na Bratysławskiej Lirze i zdobywa statuetkę Srebrnej Liry (wiele lat później jeden z domowych kotów nie podchodzi do statuetki z należytym szacunkiem, za to podchodzi do niej po prostu – i zrzuca ją z półki). Inna piosenka to *Moja cierpliwość* z 1991 roku – do muzyki Janusza Komana. I wreszcie *Wsiadaj na miotłę* – „...i wiej, / tam, gdzie zmartwień mniej, / śmiało leć, gdzie można szczęście na własność mieć". To tekst o marzeniach i o tym, że kiedy jest nam źle, trzeba się wzbić wyżej. Młynarski, wręczając tekst, mówi do artystki: „Jak ci będzie źle, to siadaj na miotłę i wiej!".

Pani Danuta z czułością wspomina też rok 1987, kiedy mistrz zaprasza ją na swój jubileusz – trasę po całej Polsce z bandem Aleksandra Maliszewskiego. Podczas koncertu śpiewają *Taki cud i miód* we dwoje. Występ jest do obejrzenia w sieci, widać błysk w oku Młynarskiego, wrażliwego na taką swingującą muzykę szczególnie. A na festiwalu w Opolu w 1988 roku, na dwudziestopięcioleciu jego twórczości, kiedy ona śpiewa: „Na świat patrzysz nie najweselej, masz tyle lat, co ja", on wesoło dogaduje: „No wiesz, dodaj z piętnaście jeszcze".

Artystka przyznaje, że przez pewien czas nie śpiewała tej piosenki. Ale do niej wróciła. Dziś cieszy się, że sięgają po nią młodzi ludzie. Utożsamiają się z muzyką, która wpada w serce, i z tekstem, który jest ważny i niesie przez życie. „Kiedy na festiwalach ktoś ją wybiera, jestem przeszczęśliwa. Bo to znaczy, że jest dla ludzi ważna. Że po coś się pojawiłam".

Ale, ale! Być może wnikliwy czytelnik zapyta, czy pani Danuta w ogóle zdała tamten ministerialny egzamin. Oczywiście. Papier ma do dziś, choć system się zmienił i PRL-owskie przepisy nas nie obowiązują. Ale do Finlandii wtedy nie pojechała. „Jak los stwarza sytuację, że można zostać artystą w Polsce i jeśli się ma w sobie taką potrzebę, to nie ma się co zastanawiać. A ja widocznie miałam. Choć wcześniej mówiłam, że nie chcę, pracowałam u Maryli Rodowicz, wiedziałam, czym to pachnie, jaką trzeba mieć osobowość. Ale potem, gdy stanęłam na tej scenie, zdałam sobie sprawę, że przecież ja nie muszę być jak Maryla Rodowicz!"

Zaczyna się inne życie. Piosenkarka jest zaproszona do słynnego spektaklu *Złe zachowanie* Andrzeja Strzeleckiego, do Kabaretu pod Egidą. Gra w teatrach, musicalach. Jeździ po świecie już jako Danuta Błażejczyk, a nie dziewczyna z chórku.

Cudowna była na przykład dwutygodniowa trasa po Niemczech z Wojciechem Młynarskim, Wiesławem Michnikowskim i Jerzym Derflem. Takie trio gwarantuje ból brzucha ze śmiechu.

> Panowie co chwilę wpuszczali się nawzajem w maliny, a ja byłam szczęśliwa, że mogę w takich chwilach uczestniczyć. Wojtek miał w oczach jakiś taki sztubacki blask, który sygnalizował, że zaraz coś zmaluje i że to będzie fajne, inteligentne. A pan Wiesław! Pamiętam, raz mieliśmy garderobę w sali przedszkolnej. On wzrostu był „nikczemnego" – to

powiedzonko Andrzeja Zauchy. Wsiadł więc na dziecięcy rowerek i jeździł po sali. Albo raz na scenie w piosence *Addio, pomidory* wołał do Jerzego Derfla: „Daj mi C, daj mi C, wyżej, wyżej", aż w końcu... ugryzł go w ucho! Oni wszyscy byli radośni i potrafili się zachować, nawet w takich okolicznościach przyrody, kiedy się pije alkohol. Co jest oznaką wielkiej kultury, bo alkohol jest zawsze sprawdzianem, z kim mamy do czynienia.

Pytam, jak to jest być jedyną dziewczyną na tournée. Śmieje się, że ma wprawę. Jeździła z kabaretem Pod Spodem z Bohdanem Smoleniem, nawet do Australii i Kanady, spędziła też dwa miesiące na tournée z Budką Suflera. „Zawsze byłam chłopczycą: łażenie po drzewach, jazda na motorze z ojcem, przepływanie Wisły. W pracy też miałam wielu kolegów, dobrze się z nimi czułam. Stąd wiedziałam wiele o kobietach – z relacji męskich".

Scenka z innego wyjazdu z mistrzem: śniadanie w hotelu Poznań. Kobuszewski, Gołas, Jędrusik („Ona mnie polubiła, a że nie wszystkich lubiła, byłam przeszczęśliwa" – mówi pani Danuta). I Kalina w swoim stylu komentuje: „K.... mać, jakiś ... całą noc chodził po pokoju nade mną i śpiewał niemieckie piosenki!". W tym momencie wchodzi na śniadanie Wojciech Młynarski i chwali się, jaki śmieszny utwór w nocy napisał dla żartu po niemiecku!

Wszystkie moje rozmówczynie pytam o ulubione frazy z jego tekstów. Najczęściej padają bardzo znane, typu „róbmy swoje". A Danuta Błażejczyk zaskakuje mnie cytatem: „Obśmiałem się jak norka" (to z utworu *Nie wytrzymuję*). Ale w domu z mężem Andrzejem używają też powiedzonka „przyjdzie walec i wyrówna".

„Myślę, żeby zaśpiewać *Lubię wrony*, bo autentycznie lubię wrony. I jeszcze podoba mi się to, co śpiewa Hania Banaszak. Koman napisał tam muzykę. Zaraz, jak to było... «Moknie w deszczu diabeł, moknie długie dnie». Albo Ewy Bem *Moje serce to jest muzyk*. Przecież zdania typu: «wypiłam kaw i strzeliłam gaf» to perełki!" W głowie ma też teksty piosenek Młynarskiego, które śpiewała Danuta Rinn. Na przykład *Prowizorycznie* z muzyką Senta.

> Zakochałam się prowizorycznie,
> oświadczałam się metaforycznie,
> bacząc, by w tych metaforach
> – jako niewątpliwy plus –
> było sporo mgiełki oraz
> interpretacyjny luz.
> Zakochałam się szalenie wstępnie
> Przywiązałam się ambiwalentnie.

To jest zawsze piękny moment moich spotkań do tej książki, kiedy bohaterka zaczyna śpiewać. Danuta Błażejczyk, siedząc przy kuchennym stole, zachwyca siłą i głębią głosu.

Druga moja ulubiona piosenka Danusi Rinn to *Ja się nie przyzwyczaję*, do muzyki Derfla. Jakie to dziś aktualne: „do smogu, gdzie potrzebny tlen, / plastiku, gdzie potrzebny len, / pajaca, gdzie potrzebny *man* – ja się nie przyzwyczaję". A to tekst z 1978 roku! Miałam szczęście śpiewać obie piosenki, bo mieliśmy taki koncert Danusiowy w 2016 roku *Prognoza na jutro. Danuta Rinn znana i nieznana*

– wspomina.

> To jeszcze szybka ankieta:
> Miód bohaterka lubi? – Lubi!
> A w cuda wierzy? – Wierzy!

Świat jest pełen cudów, tylko trzeba umieć się na to otworzyć. Kiedy kończę koncert, śpiewam *What a Wonderful World*. Bo naprawdę powinniśmy myśleć o tym, co po sobie zostawiamy, żeby następne pokolenia też miały się czym cieszyć. Życie jest największym cudem. Ja patrzę na świat optymistycznie. Zawsze staram się szukać rozwiązań, a nie wytłumaczeń, że coś się nie da. Da się, tylko trzeba spojrzeć z innej strony, spróbować znaleźć kluczyk. To zasługa rodziców. Moja mama, też zresztą Ryba, była pedagogiem, społecznikiem, osobą otwartą na ludzi. Dzięki temu ja też jestem taka.

Teraz Danuta Błażejczyk pisze projekt *Młynarski. Taki cud i miód*. Chce zrobić koncert z jego piosenkami, w ramach swojej Fundacji Apetyt na Kulturę – FAnK. „Zrobimy profesjonalne nagrania, współczesne aranże. Bo wiadomo, jeśli zaproszę do tego projektu młodych ludzi, to piosenki Młynarskiego pójdą dalej".

Nie ma lepszego zakończenia naszej rozmowy.

Chyba że jeszcze takie.

– Pani Danuto, najulubieńsza linijka z piosenki *Taki cud i miód*?

– „Bo gdy średnio jest, szaro jest, to wiesz co – zakochaj się!" Miłość jest najlepszym lekarstwem na wszystko. Największa energia to energia serca.

I takie.

„Tamten egzamin w 1985 roku to było coś takiego w moim życiu jak dotknięcie gwiazd. Coś, czego się nie spodziewałam. Szłam jak na ścięcie, a dotknęłam nieba. Chyba o to w życiu chodzi – żeby w tych gwiazdach cały czas szperać".

Interludium numer 7

Pani, do tela pikna, co cud

To nie jest żaden szyfr ani ćwiczenie dykcyjne. To zachwyt nad urodą kobiety wyrażony z wykorzystaniem porównania i gwary góralskiej. Pani jest sprawcza, inicjująca – zaprasza pewnego pana „w tamte strony". A konkretnie do Kościeliska. Jesteśmy zatem geograficznie osadzeni precyzyjnie (wieś w powiecie tatrzańskim, współrzędne GPS to 19.890000, 49.291111), choć konkretnego adresu nie ma. Wiadomo tylko, że w okolicy jest jeden „góralski mostek roztrzęsiony". Rzecz się dzieje nocą (księżyc błyska „jasnym pyskiem"). No i jest domniemanie, że doszło do czynności romansowych, bo w tekście słyszymy, że wyżej wspomniany księżyc „rozgrzesza nasz pochopny czyn". I zapewne nie chodzi tylko o to, że „pański policzek w mój wtulony...".

Aurę tajemnicy wzmaga powtarzany kilka razy zwrot „begin, begin". Czy chodzi o angielskie „zaczynać, zaczynać"? Tak można by sądzić, jeśli ufać internetom. Ale ja jestem z tych, którzy w pierwszej kolejności ufają źródłom drukowanym. Więc sięgam do książki *Polska miłość* z tekstami Wojciecha Młynarskiego. Czarno na białym (i nawet z akcentem!) stoi: *béguine*. To taniec pochodzący z Antyli, podobny do rumby, w takcie 2/4. Uważny młynarskolog zakrzyknie, że słowo „begin" pojawia się też w innej piosence. A konkretnie: „orkiestra przygrywa skocznego begina".

I – przypadek? – akcja tamtego drugiego utworu również dzieje się w górach, a konkretnie „w tych góralskich lasach". Czy można stąd wyciągać wnioski, że antylski *béguine* dobrze sprawdza się w wyżynnych partiach Polski? Może można, ale teraz skupimy się na czym innym.

Otóż *Księżyc nad Kościeliskiem* z 1980 roku to najbardziej zmysłowa piosenka Młynarskiego. Moim zdaniem. A już na pewno jedna z najpiękniejszych. Czy to zasługa falująco-szemrzącej melodii Włodzimierza Nahornego – wszak jednego z największych naszych jazzmanów, czy welurowego głosu Łucji Prus – jednej z najzdolniejszych wokalistek epoki, czy może „dogadywań" Wojciecha Młynarskiego, prezentującego tu atrakcyjną chrypkę? A może po prostu wszystko razem składa się na całość, która sączy się, rozmarza i jak balsam koi.

Podobno Włodzimierz Nahorny zwlekał z napisaniem muzyki do tego tekstu. I podobno pani Łucja zamknęła go podstępem we własnym (to znaczy jej) domu na klucz. I ponoć rzekła, że jak wróci, ma być gotowe. I podobno utwór powstał w parę godzin.

Z kronikarskiego obowiązku trzeba dodać, że istnieje siostrzana piosenka *Chianti chianti* (z 1978 roku, też z nutkami Nahornego), w której Łucja Prus i Wojciech Młynarski również prowadzą podobny dialog. I też jest tam księżyc, konkretnie „księżyc w nowiu". A także już mniej romantyczny „węgorz z drobiu w opakowaniu zastępczym" i „wino Czar Czerniakowa" (jak tu się nie uśmiechnąć?).

Podczas koncertu w Opolu, na którym został zaprezentowany *Księżyc nad Kościeliskiem*, znakomicie widać artystyczne porozumienie wokalistki i autora. Łucja Prus ze swoją spokojną urodą w białej folkowej sukience, z różą pod szyją. Prostota. Czystość dźwięku. Młynarski pod sceną. Przesyła jej uśmiechy wsparcia, coś w rodzaju „trzymaj się, będzie dobrze".

I jeszcze zanim zacznie się piosenka, następuje ten cudny dialog:

„No, gaździno, widzę wos!"

„Jo tyz myślę, ba!"

„No to przyswinguj".

I ona przyswingowywuje.

Piosenka jest lubiana do dziś. Ma ją w repertuarze Lora Szafran. Pięknie pielęgnują ją też inne wokalistki, na dużych konkursach i małych występach. Z powodów oczywistych nie ma „dogaduszek" mistrza (wykonawczynie śpiewają w to miejsce rozmaite improwizowane „dabadi") i nie ma tego wspaniałego żartu sytuacyjnego wewnątrz utworu, w postaci słów „na adapterze Łucja Prus".

Teraz panie w to miejsce śpiewają: „Na adapterze stary blues".

Tyz piknie. Ale cóz, to juz nie to samo, panocku.

PS Warto odnotować, że w annałach polskiej piosenki są też teksty o księżycu nad Soliną, nad Polaną, nad Tahiti, nad Benidorm... Nie wspominając już o *Księżycu nad Sopotem* Agnieszki Osieckiej: „I pijmy miłość aż do dna, nie zostawiajmy nic na potem, ty pij pod śledzia, no a ja – pod księżyc, księżyc nad Sopotem!". (Oho – znowu tematy rybno-monopolowe!) I pomyśleć, że to wciąż ten sam księżyc!

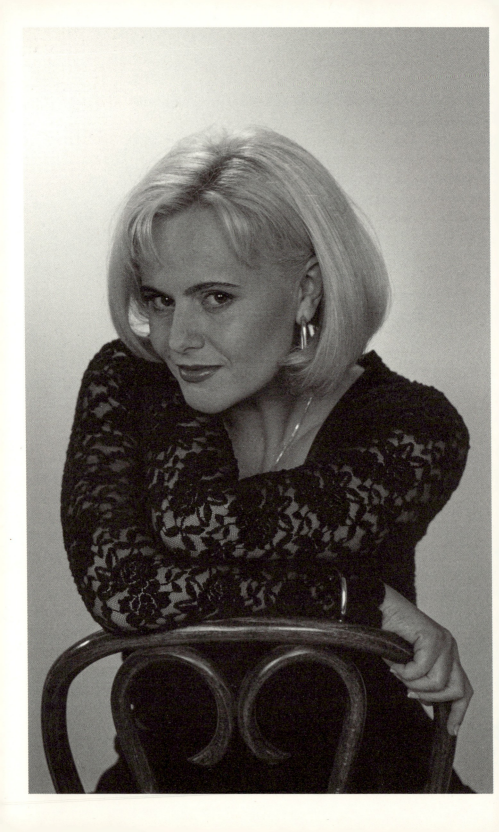

Joanna Kurowska

Me serce ani drgnie,
bo ono czeka, że...
przybywa Gigi Amoroso.
Z naręczem marzeń
i z fantazji pełną pozą.
Gigi Amoroso
i dzięki niemu wreszcie się
z życia rozstaję prozą...
   Gigi L'Amoroso

Dziewczyna jest lekko speszona. Ubrana wyjściowo, choć ciut prowincjonalnie. Ma fryzurę typu „z upięciem", duże plastikowe klipsy stokrotki, spódnicę na sztywnej halce, białą niemodną torebeczkę. Dyga nieco topornie. „Pan gra, panie Górniak" – rzuca do dyrygenta. Liczy tempo. „Już". Zaczyna śpiewać, najpierw powściągliwie, potem coraz pewniej.

Mandolina już gra,
zeszła leciutka mgła,
Neapol tylko takie wieczory zna...

Ta piosenka to wielki hit z lat siedemdziesiątych francuskiej gwiazdy Dalidy, dość swobodnie przełożony na język polski. W wersji Joanny Kurowskiej – bo to ona jest dziewczyną w stokrotkach – aktorski majstersztyk. Tu uśmieszek, tu zniesmaczenie słowami „Wandy, tej rudej małpy", tu pewność siebie, ale taka trochę na glinianych nogach. Aktorka umie w tym utworze pokazać zniuansowanie emocji, o czym można się przekonać, oglądając późniejszą interpretację w spektaklu *Pod dachami Paryża* z 2002 roku (gdzie Kurowska zamiast stokrotek w uszach ma czerwoną chustę na głowie, występuje w szarym płaszczu). Oba występy zachwycają precyzją wykonania, świadomością sceniczną, siłą głosu.

Mało brakowało, a polskiej wersji tej piosenki w ogóle by nie było. Albo inaczej: nie byłoby tej przygody, gdyby nie to, że Joanna swego czasu postawiła się samemu mistrzowi.

Rok 1997. W teatrze Rampa szykuje się premiera spektaklu *Criminale Tango* w reżyserii i według scenariusza Wojciecha Młynarskiego, który Joannę Kurowską zaprasza do obsady.

> Zdaje się, Nina Terentiew szepnęła mu, że jest taka dziewczyna. Po roli Jagody Karwowskiej w *Czterdziestolatku 20 lat później* był akurat na mnie bum. Bez tego nie wiem, czyby mnie obsadził. Chociaż w ogóle mnie kojarzył, bo wtedy już od paru lat byłam przyjaciółką jego córki. Po szkole filmowej dołączyłam do teatru Hanuszkiewicza. Któregoś dnia Agata robiła wywiad z młodymi aktorami. Od razu między nami „zaklikało". Bywałyśmy u siebie, spotykałyśmy się – zresztą to trwa do dziś. Ale Młynarski nie kierował się nepotyzmem. Dla niego liczył się talent. Nie obsadzał artystów po kiju, mieczu, braterstwie, po znajomych królika. Nigdy. Choćbym nie wiadomo kim była, jakby zobaczył, że nie mam talentu, toby mnie nie zatrudnił

– mówi aktorka.

Talent jest, Kurowskiej przypadają wtedy dwie piosenki. Podczas naszej rozmowy aktorka zaczyna śpiewać: „Zmywam dzień i noc / szklanki w budzie tej. / Mam harówy moc, / marzeń trochę mniej, tara, rara...".

To *Kochankowie jednego dnia* z repertuaru Édith Piaf, w przekładzie Wojtka, u nas śpiewała to kiedyś w kabarecie Dudek Anita Dymszówna. A drugą piosenkę daje mi Młynarski taką: „Smutna byłam, bo ktoś opuścił mnie, / rzucaniem słów na wiatr święty pokój mi skradł...". Utwór *Whisky Facile* Freda Buscaglione, ze słowami Agnieszki Osieckiej. Słucham... Przecież te piosenki są identyczne! Jakbym śpiewała jedną i tę samą, tylko przeszła do następnych zwrotek! Opuścił ktoś kobitę, ona z tego powodu strasznie rozpacza, jest jej smutno i źle. Stwierdziłam, że nie mogę śpiewać dwóch tak podobnych piosenek w jednym spektaklu. Bo wyjdzie, że tylko tak umiem.

Kurowska prosi więc Młynarskiego, żeby dał jej coś innego. On się obrusza. Ponoć bardzo. Jak to? Ktoś młody kwestionuje jego decyzje?

Gdy pytam, czy to była z jej strony młodzieńcza brawura czy brak wyobraźni, poważnieje. „W życiu prywatnym jestem dosyć ustępliwa, ale w pracy walczę o siebie. Wtedy pomyślałam, że trudno, najwyżej się obrazi. Nie obraził się. Ale był wściekły".

Jednak – jak już nie pierwszy raz się przekonuję, rozmawiając z artystkami przy okazji tej książki – dla tekściarza nowe zadanie to nie kłopot, ale okazja do kolejnego sprawdzenia wielkości swego talentu. Jest wyzwanie? Proszę bardzo. Szare komórki zaczynają pracować na – jeszcze bardziej – przyspieszonych obrotach, słowa układają się w wersy, zdania nabierają blasków i sensów.

Mistrz wtedy akurat jest na Łęgu w Krakowie, robi coś w telewizji. Dzwoni na drugi dzień i mówi: „Jechałem pociągiem relacji Kraków–Warszawa i w tym pociągu napisałem ci piosenkę. *Gigi L'Amoroso*".

Utwór okazuje się wielkim hitem. Do dziś jest Joannie najbliższy. Śmieje się, że Gigi rzucił na nią jakąś klątwę. A serio?

> Nikt wcześniej tak nie potraktował Dalidy. Nie pomyślał, żeby zrobić to i do śmiechu, i do płaczu. Ale tu chodzi o coś więcej. Mnie ta sytuacja pokazała, że warto zawalczyć. Mieć zamysł i trzymać się go. Być lojalnym wobec siebie, swoich wyborów. Prośba o inną piosenkę okazała się ogromnym zwycięstwem. Coś sobie udowodniłam.

Podobno Wojciech Młynarski po namyśle przyznał Kurowskiej rację.

Zatrzymajmy się jeszcze chwilę na deskach Rampy. Z czasów *Criminale Tango* aktorka ma w głowie dwa obrazki.

Pierwszy: na próbie jeden z kolegów ma zaśpiewać piosenkę – i mu nie idzie. Młynarski siedzi niezadowolony:

> A u niego od razu było to widać, nie wstrzymywał się, emocje malowały się na twarzy, mowa ciała była jednoznaczna. Więc wstał i pokazał koledze, jak to powinno być zaśpiewane. Wiadomo – Wojtek nie był wokalistą, raczej melorecytował. Ale tak, że nagle zobaczyłam, na czym polega geniusz. Chłopak, który to śpiewał, miał fenomenalne możliwości, trzy oktawy. A to przecież nie o oktawy chodzi, ale o charyzmę. Młynarski ją miał. Jak zaśpiewał ten fragment, mieliśmy dreszcze.

I obrazek drugi: na premierze Młynarski robi „myk pod publiczność", dyskretne mrugnięcie okiem – wychodzi jako kelner z kieliszkami i podaje jeden Frankowi Aniołowi, którego grał Marian Kociniak. „Jakież on dostał za to brawa! Oczywiście, gdyby był artystą mniejszego kalibru, sam by się wepchał i zagrał dużą rolę. A on tylko skromnie wyszedł na epizod".

Po tym spektaklu Kurowska jest już wyraźnie w gronie ludzi, których mistrz ceni. Bywa gościem na jego recitalach, śpiewa w kolejnych spektaklach. A przecież ich pierwsze, najpierwsze spotkanie wcale tego nie zapowiadało. Powiedzmy wprost: to była porażka.

Musimy cofnąć się do lat osiemdziesiątych. Asia, studentka trzeciego roku szkoły filmowej, jest świeżo po sukcesie na Przeglądzie Piosenki Aktorskiej we Wrocławiu. Zdobyła Grand Prix! Zwraca na nią uwagę sam Aleksander Bardini, jeden z jurorów. Proponuje zrobienie recitalu. Musieli się polubić, bo dziś ona mówi czule: „Z profesorem byłam zaherbatnikowana". Któregoś razu Bardini mówi: „Niech pani przyjdzie dziś do Ateneum, przedstawię Młynarskiemu". Akurat trwają próby do *Hemara*.

Polazłam tam – domyśla się pani – bliska śmierci ze strachu. W ogóle jak przyjechałam z tej swojej Rumii do dużego miasta, wydawało mi się, że wszyscy są mądrzejsi ode mnie: i zawiadowca stacji, i pani z kiosku. A gdy zaczęłam poznawać te sławy... Byłam przerażona i oszołomiona ogromem autorytetów. Przecież ja na tym przeglądzie we Wrocławiu miałam niewiele ponad dwadzieścia lat, a tu w komisji siedziała Kalina Jędrusik, nagrodę zaś wręczał Młynarski z Korczem. Pani sobie wyobraża? To był „za duży wiatr na moją wełnę".

To cytat z Gałczyńskiego. Co ciekawe, Młynarski umieścił go w piosence, którą w *Kubusiu Fataliście* śpiewał Marian Opania. Spektakl też z teatru Ateneum. Ale wracając – więc dwudziestoletnia Asia idzie na próbę, a Bardini mówi do Młynarskiego: „Tu jest wielki talent: Joanna Kurowska". Aktorka wspomina, co działo się dalej:

> Wojtek był wtedy w specyficznym nastroju. W ogóle mnie nie słuchał, tylko zajął się sobą, zaczął grać na pianinie, śpiewać. Bardini opowiada mu o mnie, a on: „Dobrze, dobrze, to niech się zapisze do nas do Ateneum". A przecież wtedy dostać się do tego teatru, do dyrektora Warmińskiego, było dla mnie niemożliwością. Kiedy po latach Wojtek pytał: „Masz talent, dlaczego myśmy się wcześniej nie spotkali?", odpowiadałam: „Spotkaliśmy się, w Ateneum, Bardini mnie przyprowadził". Na co on: „A ja cię nie pamiętam". Cóż, nie zwrócił na mnie uwagi, przyszła jakaś szara myszka w warkoczykach...

Jednak w kolejnych dekadach to już jest inna relacja. Joanna jako przyjaciółka Agaty Młynarskiej uczestniczy w imprezach rodzinnych, mistrz bywa też gościem na jej urodzinach. Podczas jednej z imprez cytuje swoje niegrzeczne limeryki. Gospodyni, chichocząc, ale też mając świadomość historyczności chwili, spisuje je na gorąco na kartce. Ten „niecenzuralny" wątek często pojawia się w rozmowach o artystach. Zastanawiam się, skąd u ludzi kultury takie ciągoty do sprośnych rymowanek, i słucham wyjaśnień: „To zabawa formą. Nie przeklinamy w życiu. I w czynach nie jesteśmy wulgarni, ponieważ nasza wrażliwość tego zabrania. Ale życie bywa ciężkie i niesprawiedliwe, chociażby w rozdawanych rolach i w opiniach na temat gry aktorskiej. Więc ta część niezgody na świat się kumuluje. I tak znajduje ujście".

Przez te lata Joanna Kurowska czuje, że Młynarski nie tylko ją lubi, ale też ceni jako aktorkę. Wspomina, jak podczas jednego ze spotkań w domu Agaty w Zalesiu prosi ją o przeczytanie utworu *Ogrzej mnie*, znanego w wykonaniu Michała Bajora, skądinąd

świetnym. „Pamiętam, przyjechał z przyjacielem hrabią Tyszkiewiczem i mówi: «Weź mi to zinterpretuj aktorsko jako wiersz». Bo faktycznie, kiedy się śpiewa, muzyka, zresztą fantastyczna, napisana przez Włodzimierza Korcza, zagarnia tekst. A kiedy się czyta powoli, jak wiersz, można to inaczej smakować".
Artystka docenia dar losu, jakim był dla niej bliski kontakt z twórcą takiego formatu.

> Nauczył mnie ważnej rzeczy, za którą jestem wdzięczna i której się trzymam. Mówił, że jeżeli zaczyna się coś opowiadać, niech to będzie po coś. Wypowiedź musi mieć rozpoczęcie i pointę. Jak nie ma – siedź i tajemniczo milcz. Wtedy jesteś bardziej interesująca, niż kiedy „mlamkasz" dla „mlamkania". On nigdy nie mówił: „Ładna pogoda, a jutro będzie brzydka". To zawsze była albo anegdota związana z pogodą, albo wstęp, który do czegoś zmierzał. Dziś na Facebooku tworzę posty zgodnie z tą szkołą.

Jego geniusz polega też na ponadczasowości. Pani Joanna na dowód przytacza anegdotę. Jeden z naszych prezydentów powiedział: „Panie Wojciechu, kieruję się zasadą z pana piosenki – róbmy swoje". Na co Młynarski: „Jest pan piątym prezydentem, który mi to mówi". Po chwili, poważniejąc, Kurowska dodaje:

> Dużo u niego grałam. Robiliśmy razem piosenki STS, piosenki Henryka Rostworowskiego. W telewizji, w Opolu... Potem wielokrotnie w cyklu *Młynarski i jego goście*, z którym jeździł po kraju. Raczej zdystansowany, krył się za anegdotą. Zbliżał się do człowieka, do artysty, do kolegi tylko wtedy, kiedy on dobrze wykonał jego utwór, zachwycił „jedną zagraną dobrze sceną". Nie cierpiał miernot, ludzi nijakich, banalnych, żadnych, nudnych, nieutalentowanych. A jako że był

genialny, otaczał się też najlepszymi. Powiem nieskromnie, że nieraz zachwycił się i tym, co robiłam.

Jeśli ktoś teraz pomyśli, że Kurowska przesadza albo się pyszni, ona od razu puszcza kontrę. Anegdotkę o tym, jak Młynarz dał jej recenzję negatywną. W 1990 roku w Teatrze Nowym Adam Hanuszkiewicz wystawiał *Wesele*. Kurowską obsadził w roli Racheli.

Zaprosiłam Młynarskiego, żeby pokazać, jaka to niby jestem świetna. Był wysoki, a że usadzili go w trzecim rzędzie, od razu go zobaczyłam. Wchodzę na scenę, ciągnę ten szal za sobą i udaję, że jestem Żydówką – a przecież mam bardziej urodę Heleny Vondráčkovej. Mówię pierwsze słowa: „*Ensemble* jak z feerii, z bajki, ach, ta chata rozśpiewana...". I słyszę z widowni, jak Młynarski głośno wzdycha: „O Jezus Maria...". Po spektaklu nawet już go nie pytałam o wrażenia. A reżysera poprosiłam, żeby zdjął mnie z roli. Do dziś uważam, że błędem jest granie wbrew warunkom. Hanuszkiewicz potraktował to wtedy tak, jak dziś proponują w szkole teatralnej – mały i gruby o urodzie Sancho Pansy będzie grał amanta. A seksowna blondyna wystąpi w roli Matki Courage. Bez sensu! Mówi się, że aktor zdolny potrafi wszystko. Otóż nie.

Dlatego Kurowska z biegiem lat nauczyła się odmawiać ról.

Dziś czytam scenariusz i od razu widzę, że albo zrobię z tego perłę, albo... nic. A nie będę przecież zmieniać zamysłu scenarzysty. Jak jest plan, że ma wystąpić pani blada, o urodzie szpitalnej i temperamencie kwitu na węgiel – to nie dla mnie! Niech wezmą kogoś innego. Trzeba takie rzeczy otwarcie mówić od razu, a nie potem. Tak jest lepiej dla sztuki.

I wyznaje, że kiedyś, dostając rolę czy piosenkę, nie miała problemu z nauczeniem się jej na pamięć. Ale miała problem, jak to zagrać. Dziś odwrotnie, dokładnie wie, jak zagrać, ale... ma problem z zapamiętaniem tekstu. Ha!

Joanny Kurowskiej można słuchać i słuchać. Czy to wrodzone, czy to szkoła wielkiego gawędziarza – dość, że każda opowiedziana przez nią historyjka ma smak. Muszę szepnąć, że aktorka – mocno zajęta zawodowo – kilka razy przekładała naszą rozmowę. Ale zastrzegała, żeby z niej nie rezygnować, bo "będzie barwnie". Kiedy komplementuję jej talent do narracji, odgraża się, żeby to zachować, spisując jej słowa. „Bo ja zawsze mówię jak Gombrowicz, a potem w druku wychodzi, że jak księgowa z ZUS-u".

Skoro jesteśmy przy języku, to jeszcze jeden obrazek pokazujący lingwistyczną sprawność Młynarskiego. W którymś momencie Joannie spodobała się piosenka *Alkoholicy z mojej dzielnicy*, chciała ją śpiewać. Ale tam jest zwrotka męska:

Alkoholicy z mojej dzielnicy
siedzą na murku jak ptaszki.
Slangiem najczystszym
mówią mi: „Mistrzu,
zbrakło nam trochę do flaszki".

Ale jak do kobiety alkoholicy mają mówić „mistrzu"? Joanna delikatnie zagadnęła autora. Na co on od razu: „Czekaj, czekaj... Alkoholicy z mojej dzielnicy / siedzą na murku jak ptaszki. / Co dzień na nowo mówią: Szefowo / zbrakło nam trochę do flaszki. Dobra, śpiewasz". „I to wymyślenie nowych słów trwało nanosekundę!" – mówi z podziwem Kurowska. Ale śmieje się też: z Młynarskim był taki problem, że jak mu się przestawiło w tekście literkę czy zmieniło końcówkę, potrafił zrobić awanturę. Miał komputer w głowie, dokładnie znał wszystkie swoje utwory, chociaż napisał ich tysiące.

Mnie i wielu osobom wydaje się, że te tysiące utworów to oczywistość. I że każde dziecko w kraju wie, kto to Młynarski. A jednak... Joanna przytacza anegdotę opowiedzianą przez Andrzeja Strzeleckiego, wspaniałego artystę, którego też już zabrakło na tym świecie. W październiku 2007 roku miała miejsce premiera spektaklu *Państewko na linie* w teatrze Bajka. Świetna obsada: obok Joanny Kurowskiej Witold Dębicki, Marian Opania, Piotr Machalica, Kwartet Rampa i Andrzej Strzelecki, który – wedle scenariusza Młynarskiego – rzecz reżyserował. Był wtedy rektorem warszawskiej Akademii Teatralnej. Anegdota brzmi: przyszedł do niego student (pikanterii dodaje fakt, że to obecnie znany aktor) i mówi:

– Panie profesorze, mam problem. Na trzecim roku jest piosenka, a pan dużo w piosence robił. Niech mi pan doradzi, co wziąć do śpiewania.

– Najlepiej wieszczów – odpowiada Strzelecki.

– A, wieszczów... – powtarza student, bierze kajet, ołówek. – To pan powie jakich.

– No, Agnieszka Osiecka, Jonasz Kofta, Wojciech Młynarski.

– Nie tak szybko! Jak się ten trzeci nazywał?

„Dla nas to geniusz, a młody chłopak, który obecnie jest gwiazdą, nie wiedział, kto to jest..." – mówi Joanna.

Dziś żałuje bardzo jednej rzeczy. Chciałaby przymierzyć się do Cesárii Évory. Wydać płytę z jej piosenkami. „Żeby to było takie aktorsko-szemrane. I myślę, kto by mi to przetłumaczył. To musiałby zrobić mistrz. A jego już nie ma... Mam żal do siebie, że Wojtka nie przycisnęłam w sprawie tej Cesárii, że się nie umówiłam".

Zostały za to w głowie i w sercu ulubione frazy z Młynarskiego. Ma ich całą listę. Ale taka najbliższa na dziś to: „Memu ciału wystarczy 36 i 6, / mojej duszy potrzeba znacznie więcej". Mocno wybrzmiewała zwłaszcza w czasie pandemii, kiedy dzień był podobny do dnia, brakowało grania, otwartych teatrów, sztuki na żywo. „Ta fraza przypomina mi, że jest coś ważniejszego niż codzienna rutyna. Pobudza mnie do działania, daje napęd do pracy, nowych wyzwań. Nakręca do życia".

PS Jakiś czas po naszym spotkaniu uśmiecham się, widząc na Instagramie zdjęcie Joanny w aucie i napis: „Taki mi się trafił fach. Życie w drodze. Fara fara fara fara fara fa fa...". To przecież fragment z *Absolutnie* Młynarskiego. Wspólnota cytatów – piękna sprawa!

Interludium numer 8

Panna Zocha

Nie jest aż tak znana i pożądana jak panna Krysia z turnusu trzeciego. Ani tak kojąca jak panna Hela, co „ślicznym oczkiem strzela". Ale ja być może pannę Zochę lubię najbardziej. Bo ona mieszka w piosence, której przesłanie jest mi bliskie – *Lubmy się trochę*. Mieszka skromnie, dopiero w trzeciej zwrotce. Wiemy o niej niewiele. Można się domyślać, że gustuje w domowych ciastach z wsadem jabłkowym, na co wskazuje fragment: „[...] nim szarlotkę się upiecze / i zaprosi pannę Zochę, / ludzie, w słodki nasz odwieczerz / lubmy się trochę". Oczywiście, mam świadomość, że mistrz wskazał na Zochę, bo ona rymuje się z „trochę". Gdyby intencją było, żeby „lubić się odrobinę" – zaprosiłby może pannę Celinę. A gdyby „lubić się ciutkę" – Heniutkę. Nie mam tylko rymu do „lubmy się bardzo" – może ktoś z Państwa podpowie?

    Kiedy byłam młodsza, ta piosenka jawiła mi się jako gąszcz tajemniczych, ale pociągających fonetycznie fraz. Odwieczerz. Kaduceusz. Mentor nadęty. Nim się wina dzban utoczy. Zanim przejrzą ślepe kuchnie. Kalambury płoche.

    Tyle pięknych słów! Nie dziwię się, że Artur Barciś recytuje tę piosenkę jak wiersz w swoim programie z poezją Osieckiej i Młynarskiego.

A Zocha? Przez tę szarlotkę kojarzy nam się jakoś tak apetycznie. Jak wygląda? Nie wiemy, choć pewien trop może nasunąć nagranie programu *Szajba*. Czarno-białe, z lat siedemdziesiątych. Młynarski jest wtedy energicznym trzydziestoparolatkiem. W ciemnej marynarce i koszuli w kratę, z charakterystyczną krótką fryzurką. Mówi, że ma „skromny apel do wszystkich z prośbą o stosowanie go w życiu". I zaczyna śpiewać do muzyki Aleksandra Bema:

Nim się sny poetów ziszczą,
nim się wina dzban utoczy,
zanim szczęściem nam zabłyszczą
umęczone nasze oczy,
nim nas głupcy brać przestaną
na wypranych słów taniochę,
ludzie, gdy wstaniemy rano,
lubmy się trochę! [...]

A w trzeciej zwrotce, na słowa „pannę Zochę" przykuca na chwilę przy sympatycznie wyglądającej blondynce, która siedzi w pierwszym rzędzie na widowni. Czy to Zocha? Jeśli czyta te słowa, zachęcam do kontaktu! Będzie nagroda w postaci szarlotki.

PS Odwieczerz to po staropolsku czas między południem a wieczorem, z kolei kaduceusz jest nazwą laski do rozstrzygania sporów; atrybutu greckiego Hermesa, ale też ważnego symbolu w *Weselu* Wyspiańskiego. I wreszcie ślepe kuchnie – rozwiązanie architektoniczne typowe dla budownictwa PRL-u. Ślepa, czyli bez okna, ewentualnie z „okienkiem podawczym" do pokoju.

Katarzyna Żak

Ja jestem Kasia, ja Kasia i kwita,
kto wie, to w zasadzie o resztę nie pyta.

Kasia Blues

Przez tę piosenkę córki Katarzyny Żak mówią na nią Kita. To jeszcze określenie z czasów, kiedy były małe. Dla dziecka słowo „kwita" jest może abstrakcją, ale „kita" już brzmi znajomo, kojarzy się i z lisią kitą, i z Hello Kitty – postacią z kreskówki i dziewczęcych gadżetów. Więc pasuje. „Mamo, tam może powinno być: ja jestem Kita i kwita, wtedy lepiej by się rymowało" – sugerowały nawet kiedyś śpiewającej mamie małe Zuzia i Ola, poprawiając tym samym mistrza Młynarskiego.

Piosenka to *Kasia Blues*. Zamieszczona na albumie *Młynarski Jazz*. Charakterystyczna okładka z grafiką – twarz autora, zarys kobiecej sylwetki, biały pegaz. Kupiłam ćwierć wieku temu, bo zobaczyłam nazwisko Młynarski. Polubiłam, bo świetne aranżacje i energetyczna wykonawczyni – choć w ogóle nie wiedziałam, kto to jest. Nikt zresztą w czasach premiery albumu nie przewidywał, że dzięki roli Solejukowej w serialu *Ranczo* Katarzyna Żak zostanie kiedyś królową ludzkich serc. Że kobiety zainspirowane jej postacią będą się wybijać na niepodległość, iść na studia i zakładać firmy. A Kasia będzie zapraszana na spotkania i koncerty w całym kraju.

Tymczasem jest rok 1991, początek wiosny. Kasia nie ma jeszcze trzydziestki. Z domu Matusiak, torunianka, po zaślubionym kilka lat wcześniej mężu – pani Żak. Oboje pracują w Teatrze Współczesnym we Wrocławiu, mają dwuletnią córeczkę Aleksandrę. Zuzanna urodzi się za cztery lata.

Trwa XII Przegląd Piosenki Aktorskiej. Kasia, długowłosa blondynka stoi na scenie w czarno-czerwonej sukience w paseczki, pożyczonej od koleżanki. Ma fikuśny kapelutek i tremę. Do udziału w przeglądzie namówili ją koledzy. Bo fajnie śpiewa. Dodatkowy argument: nie ma daleko. Przesłuchania odbywają się w macierzystym teatrze. Nie jest zadowolona z występu („Z nerwów zaczęłam w innej tonacji"). Ale dochodzi do finału. Może nawet wygra? „Pierwszą nagrodą był maluch, wtedy nasze z Żakiem marzenie". – Uśmiecha się dziś. Niestety, fiat przejeżdża jej koło nosa. Zwycięża duet Beata Fudalej i Hanna Śleszyńska (ciekawe, jak podzielono malucha). Katarzyna Żak nie dostaje ani drugiej, ani trzeciej nagrody. A są finansowe, też nie do pogardzenia dla rodziny na dorobku. Dostaje za to wyróżnienie – roczną opiekę artystyczną Wojciecha Młynarskiego.

Pytam, czy naprawdę wtedy wolałaby wygrać fiata 126p. „Może tak? Jak człowiek ma dwadzieścia kilka lat, patrzy inaczej. Dziś wiem, że spotkanie z Młynarskim było nieprzekładalne na żadne pieniądze. Zaważyło na moich wyborach. Już nigdy nie chciałam wykonywać lekkich piosenek. Jeśli na początku wejdzie się w tę poetykę, trudno potem zadowolić się byle czym. Mogłabym śpiewać piosenki typu «hajda, hajda», robić to najlepiej, jak umiem. Ale nie pokazałabym tej wrażliwości, którą kształcił we mnie Wojtek".

Kasia często w wywiadach mówi, że jest „z twardej liryki Młynarza". Co wtedy zaśpiewała, że aż tak się spodobało? Jego *Kar-*

toflankę. Muzyk Piotr Baron wymyślił aranżację. „Do jazzu" – jak potem określił pan Wojciech. Jakież było zaskoczenie, kiedy po ogłoszeniu wyników – akurat wlokła się po schodach do garderoby – mistrz zaczepił ją i powiedział, żeby się nie martwiła. Bo on widzi potencjał i mogliby razem popracować. Ma swoje przekłady jazzowych standardów, które ona mogłaby zaśpiewać. Zapowiada: zdzwonimy się, porozmawiamy.

Dla młodej, nieznanej aktorki to kosmos – współpraca z legendą, recital, płyta. Kasia przyznaje: poczuła przerażenie. „O czym on do mnie opowiada?"

A przecież w śpiewaniu nie była nowicjuszką. Występowała w musicalach, między innymi *Sztukmistrzu z Lublina*, gdzie przeszła „szkołę Lopka" – słynnego Leopolda Kozłowskiego uczącego żydowskiego zaśpiewu, czy w *Zezowatym szczęściu* z Henrykiem Talarem w roli Piszczyka (on nie śpiewał, Kasia tak – wcielając się w różne postaci, szkolona przez kompozytora Wojciecha Głucha, którego do tej pory wspomina z estymą). Głos ćwiczyła od podstawówki. W chórze szkoły numer 3 w Toruniu, u pana Kazimierza Jaworskiego nie było zmiłuj. Kasia, choć pochodzi z domu bez tradycji muzycznych (rodzice myśleli, że będzie lekarzem, jak mama), odnalazła się w zespole wokalnym. „Już jako dziewczynka miałam niski głos, w chórze trafiłam do trzeciego" – mówi. Pan Kazimierz parę razy chciał ją wyrzucić. Za chichranie. „Koleżanki mnie rozśmieszały. Ale zanim doszłam do drzwi, już mnie przywracał". Przez sześć lat uczyła się kontaktu z publicznością. Jeszcze więcej dowiedziała się we wrocławskiej szkole aktorskiej u profesor Haliny Śmieli.

No ale tu Młynarski! Po oszałamiającej propozycji proces wykuwania się recitalu trwa rok. A to Kasia jedzie do Warszawy (mistrz zaprasza na swój spektakl w Ateneum), a to on jest we Wrocławiu i nadarza się okazja do pracy. To nie są tylko lekcje interpretacji. Rozmawiają o książkach, spektaklach, musicalach.

Uczy ją, że w piosence nie można wybijać każdego słowa, należy skupić się na rzeczach najważniejszych. „O czym chcesz opowiedzieć? Czy się identyfikujesz z tekstem? Chcesz zagrać postać?" – pyta. Przy każdym utworze zaczynają proces od zera. „Musisz wiedzieć, o czym śpiewasz. Bo jeżeli, Kaśka, nie będziesz tego rozumiała, nie zrozumie też tego widz".

Współcześnie Katarzyna Żak na koncertach ma z widownią świetny – jak się dzisiaj mówi – przelot. Ludzie „kupują" ją od pierwszej piosenki. „To szkoła Młynarza" – twierdzi. Podpowiadał, jak ułożyć utwory i co między nimi mówić. Radził: „Nie rozmawiasz bezpośrednio z widzem, ale musisz nauczyć się dialogować. Dawać zadanie zrozumienia tekstu, sprawdzenia, czy widz znajdzie tam coś dla siebie". Kasia przyznaje, że wtedy nie rozumiała wielu rzeczy. „On opowiadał, ja kiwałam głową: mhm, mhm. Dopiero z czasem pewne sprawy zaczęły do mnie dochodzić. I to jest fascynujące".

Pytam, czy „stawiała się" mistrzowi. „Błagam cię! Sam Młynarski mi coś mówił i ja miałam z tym dyskutować? Nie te rejony! A poza tym wyrosłam z domu, w którym panowały zasady: bądź grzeczna, ukłoń się, podziękuj, nie zawracaj głowy. Po takim wychowaniu człowiek długo dochodzi do umiejętności stawiania na swoim. Dzisiaj mam już odwagę, żeby w pracy powiedzieć, że czegoś nie czuję. To kwestia dojrzałości i trzydziestu lat na scenie. Wtedy – nie miałam z czym startować".

Zauważam, że Kasia raz mówi pan Wojciech, raz Wojtek. Po jakim czasie przechodzi się na ty z autorytetem starszym o pokolenie? „To stało się po recitalu w 1992 roku. Ale nawet gdyby mi zaproponował to dopiero w późniejszych latach, też byłabym zaszczycona. I tak długo mówiłam «panie Wojtku», nie mogłam inaczej. On zwracał się do mnie «Kasiu»".

Na płycie mieści się tuzin piosenek. Recital grają na małej scenie Teatru Współczesnego, w tak zwanej Rekwizytorni. Dziś kilka utworów z tamtego czasu można zobaczyć na YouTubie. Kasia śmieje się, że wtedy była „dużą blondyną". Kokieteria. Na scenie stoi atrakcyjna dziewczyna o kobiecych kształtach. Długie włosy, czarna cekinowa sukienka. Na twarzy – młodość, urocza naiwność, ale też fluterność. Słucham utworu *Widzę światło* do kompozycji Duke'a Ellingtona. Za fortepianem Jerzy Derfel. Kasia sunie jazzową frazą, nisko, czasem z brawurową chrypką. Nutki skaczą, nie są łatwe do zaśpiewania. Ale i teksty wymagające. Mówi artystka:

> Pan Wojciech był już mężczyzną w kwiecie wieku. Pisząc: „Kiedy kocham, gram o wszystko", wiedział, co to znaczy. Tam jest taki tekst: „A gdy przegrywam, to nie bywam smutna". Młody człowiek, kiedy przegrywa, uważa, że wali mu się świat. A ktoś dwadzieścia lat starszy ma świadomość, że to nie pierwsza i nie ostatnia porażka w życiu. Ja tę piosenkę wykonywałam strasznie dramatycznie, Młynarski mnie od tego odwodził. Radził śpiewać z uśmiechem. Miał rację, okazało się to lepsze.

Na płycie jest też jedna z moich ulubionych piosenek, *Koza u rena*. Trudna – wiem, bo sama mierzyłam się z nią kilka lat temu na scenie. Naśladuje latynoskie przeboje. Kasia zwróciła autorowi uwagę na fakt, że w przyrodzie to rzadki przypadek, by koza spotkała się z renem. Odpowiedział: „Rzadki. Ale zobacz, ile w tym zabawy. I trudności, żeby sprzedać tekst tak, aby widz zrozumiał żart". Ta piosenka wyraźnie odstaje od innych. „Na którejś próbie Wojtek zapytał, jaki gatunek muzyczny bym chciała zaśpiewać. I o ile te jazzowe były dla mnie kosmosem, to bossa nova była bliska sercu. Wydawało mi się, że tego nie można zepsuć. On powiedział, że mam pozwolenie na śpiewanie *Kozy*... Bo przecież on sam ją wykonywał w recitalach".

Podczas tych recitali mówił, że tak zmajstrował polski tekst, żeby piosenka brzmiała „szalenie zagranicznie". I opowiadał, jak na festiwalu w Sopocie w 1968 roku wyszedł z tą kozą tuż po występie oklaskiwanej piosenkarki Conchity Bautisty, która bisowała kilka razy. Lucjan Kydryński rzekł mu wtedy: „No, nie zazdroszczę". I rzeczywiście Młynarski, który przed sopockim festiwalem – jak sam wspominał – poczuł się jak artysta, palnął sobie smoking i pojechał do Opery Leśnej, po występie zrozumiał, o co chodziło Kydryńskiemu. Publika, delikatnie mówiąc, na kozie nie bardzo się poznała. „Najstraszniejsze, co może usłyszeć artysta, to odgłos własnych kroków o deski sceniczne. Ja coś takiego tam usłyszałem. Szedłem w kompletnej ciszy po tej kozie".

Ale jak ktoś już wniknie w słowną ekwilibrystykę: „Denna morena / drobne skalne z nią precjoza / spadły na lapońskie ranczo – tam, gdzie amoroso / prozą szeptał ren z kozą", z pewnością doceni dowcip. „Tata, który zakochany był w sambach i bossa novach, napisał polskie słowa tak, by naśladowały brzmienie słynnej bossa novy *Rosa Morena*. Zabawa słowem sprawiała mu wielką radość i była wyzwaniem, które stawiał sobie niemal każdego dnia" – mówiła mi Agata Młynarska.

Jedna z ulubionych piosenek Kasi to *Kocham się w poecie*:

Kompletnie jej nie rozumiałam. Wydawało mi się, że znam jakiegoś poetę i że się w nim kocham. A dziś ten tekst widzę jako opowieść o samotności artysty. Bo poeta nie zawsze jest rozumiany. To, co pisze, jest głęboko w jego głowie. My, czytając, szukamy swojej interpretacji. A ona jest czasami zgodna z myśleniem autora, a czasami nie. Przez lata poznałam kilku poetów. Przeszłam przez teksty Jana Wołka, Piotra Bukartyka, Michała Zabłockiego, Andrzeja Poniedzielskiego. I oprócz rzeczy zrozumiałych jeden do jednego są takie, gdzie trzeba się nagimnastykować. Poszukać w nich swojej opowieści. A i tak część zostanie tajemnicą. Zawsze będzie taka przestrzeń, która nie przenosi się na zewnątrz. I to też nie jest złe...

Dziś Kasia jest mniej więcej w tym wieku, w jakim był on, gdy się poznali. Gdyby teraz śpiewała ten recital, wyglądałby on inaczej. Wyszukałaby rzeczy bardziej dowcipne. Dla niej znakomitą wykonawczynią kobiecych tekstów Wojtka jest Ewa Bem – bo łączy jazz, doświadczenie, fantastyczne śpiewanie, cudowną interpretację. Ale sama też miała szansę wystąpić przed mistrzem już jako kobieta z doświadczeniem życiowym. To był rok 2014, festiwal jego twórczości w Gdańsku. Scena Teatru Szekspirowskiego. Dwie piosenki: *Ballada o dwóch koniach* i *Bohaterowie Remarque'a*. Ponieważ zawsze czuła się przy Młynarskim jak uczennica, wówczas było tak samo. Niepokój – jak on ją oceni? Zwłaszcza że nie widzieli się dobrych kilka lat. A on po występie powiedział dwa bardzo miłe zdania. Cieszy się, że nie obniżyła lotów. Mimo grania w serialach.

Rok później spotkali się w sytuacji prywatnej, na urodzinach Agaty Młynarskiej. Pan Wojciech przyznał, że zna *Ranczo*, choć do tej pory specjalnie seriali nie oglądał. Ale choroba sprawiła, że więcej czasu spędza w domu i zaczął. „To jest bardzo dobrze napisane. Podoba mi się twój mąż w dwóch rolach. I twoja postać. Pokazałaś, że masz dystans, przełamałaś wizerunek. Mam nadzieję, że to zaowocuje fajnymi rolami". Sprawił jej radość: „Usłyszeć takie słowa od Młynarza to jest coś!".

No właśnie, seriale. Wróćmy do lat dziewięćdziesiątych, kiedy to Cezary Żak znajduje pracę w Warszawie – Wrocław zrobił się dla ich rodziny mniej przyjazny. Mimo nagród i kilku lat pracy dyrekcja teatru rozwiązała umowę z Żakiem, a Żakowej zredukowała etat o połowę. „Powiedziano mi, że ponieważ śpiewam, to się jeszcze nadam w zespole. I że ewentualnie mogę sobie w knajpie dorobić". Oboje zostają praktycznie bez pracy. Młodsza córka ma kilka miesięcy, starsza zaczyna szkołę. Nie pozostaje nic innego, jak szukać szczęścia w stolicy. Cezary zaczyna przecierać szlaki. A to mignie w *Czterdziestolatku 20 lat później* jako szofer, a to w *Ekstradycji* jako gangster. Kasia w tym czasie widzi się z Młynarskim na koncercie w Sali Kongresowej. Zapytana, co słychać, zwierza się z trudnej sytuacji zawodowej.

I wtedy Młynarski zmienia jej życie po raz drugi. Najpierw dzwoni do Włodzimierza Nahornego, który pracuje nad płytą *Kolędy na cały rok*, i opowiada mu o dziewczynie, która mogłaby zaśpiewać. „Dostałam dwie piosenki i wystąpiłam z fantastycznymi gwiazdami polskiego jazzu – Mietek Szcześniak, Anka Jopek, Dorotka Miśkiewicz, Marek Bałata, Ewa Uryga". Potem mówi o niej Andrzejowi Strzeleckiemu, szefującemu wówczas z sukcesami w teatrze Rampa. „Z jednym «listem polecającym» weszłam do zespołu. «Strzelec» przyjął mnie na etat, razem z Robertem Janowskim, który wtedy odszedł od Józefowicza".

Hitem sceny jest wówczas *Tango Criminale*. Stworzona przez Młynarskiego „rewia gangsterska", pierwszy w Polsce spektakl muzyczny o „szemranej" tematyce. W obsadzie: Marian Kociniak, Robert Rozmus, Piotr Gąsowski, Krzysztof Tyniec, Hanna Śleszyńska, Joanna Kurowska. Kasia wchodzi na zastępstwo do już rozpędzonego projektu. „Dostałam od Wojtka kasetę z nagraniem spektaklu i całej choreografii nauczyłam się błyskawicznie sama w domu. Tyle że... w drugą stronę. Przyszłam na próbę, okazało się, że umiem te kroki, ale kiedy wszyscy tańczą w prawo, to ja w lewo. Krzysiek Tyniec mnie ratował, przy większych zmianach choreografii mocno trzymał za rękę".

Kasia śpiewa w rewii romans rosyjski *Ogieniek* i *Tango amore*. Podczas naszej rozmowy zaczyna nucić: „Ujrzałam cię, jak szedłeś z rudą Wandą. Pójdę z innym na zabawę, cóż to obchodzi mnie...". „Pięknie to Wojtek napisał" – komentuje. I dodaje, że robił wszystko, by jej pomóc. „Byłam nieznana, a ci artyści już mieli osiągnięcia. Dla mnie to dodatkowy stres, który musiałam dźwignąć. Ale zespół przyjął mnie super. Zaczęły się wspólne wyjazdy na spektakle, biesiady. Z Hanią Śleszyńską przyjaźnię się do dziś. Dublujemy się w niejednym spektaklu. To dla mnie wielki zaszczyt być z nią «na roli»".

Kasia uważa, że dzięki Wojtkowi dostąpiła jeszcze innego zaszczytu – wejścia na wyższy poziom artystyczny. „Czasem po latach dochodziło do mnie, że szepnął komuś o mnie dobre słowo, polecił".

Spotkali się jeszcze przy spektaklu z piosenkami Brassensa. Według powszechnej opinii on wtedy nie czuł się najlepiej. Aktorka wspomina to jednak w bardziej zniuansowany sposób:

> Bywało, że krzyczał, że coś robimy nie tak, że potrzebne są inne środki. Ale nie upokarzał aktorów – i to w nim ceniłam. Kazał nam szukać w tych piosenkach swoich historii. Nie pokazywał jak. Rzucał wędki. Jak ktoś potrafił, wyciągał rybkę. To był spektakl zespołowy, ale główną rolę grał Piotrek Machalica. Cudowną przygodą była możliwość patrzenia, jak z próby na próbę rodzą się nowe rzeczy. Jak Wojtek z Piotrem rozkminiają teksty.

Kasia śpiewała tam *Żonę policjanta*. Ale przyznaje się, że zakochała się w piosence *Zacna Kasia* wykonywanej wtedy przez Julitę Kożuszek. To tłumaczenie znanego we Francji utworu o dzielnej Margot. Po latach włączyła ten tekst do repertuaru. „Jestem może za stara, żeby go śpiewać. Ale zebrałam tu całą swoją wiedzę na temat pracy nad piosenką. Nie umiem opowiedzieć. Pokażę ci". Ten występ jest zamieszczony na jej Instagramie, puszcza mi z telefonu: mistrzowski pokaz min, gestów, zawieszeń głosu, strzelania okiem. Kwintesencja tego, jak można dowcipnie pokazać dwuznaczności. „Gdzie ten kot, kotek ten, Kasiu miła? / – Pod bluzeczką mą śpi, tutaj, ot. / – A gdybyś tak troszkę jej uchyliła..." „Młynarz nauczył mnie przewrotności. Tego, żeby nie traktować piosenki jeden do jednego. I za to będę mu do końca życia wdzięczna". Żak uważa, że Młynarski nigdy nie napisał błahej piosenki. Dla niego wartościowe rzeczy były wartościowe. A mało wartościowe – mało wartościowe. W tekstach dawał temu wyraz. W każdym jest coś z jego wrażliwej duszy, co go boli, wzrusza, bawi.

Może pod koniec życia było więcej rzeczy, które go dotykały. Wydaje mi się, że trudno mu było pogodzić się z tym, jak obniżył się poziom artystyczny tekstów literackich piosenek. Słyszałam rozmowę, którą przeprowadzała z nim córka Agata. Powiedział, że nie wie, o czym są dzisiejsze piosenki. Odwoływał się do Kofty, Osieckiej, Przybory. Na co dzisiaj zamienił się świat? Czy naprawdę tak inni byli tamci Polacy z lat sześćdziesiątych, siedemdziesiątych? Wtedy śpiewano *W Polskę idziemy* i nawet ci, którzy dokładnie nie rozumieli podtekstu, powtarzali słowa. W czasach młodości naszych rodziców piosenkę *Jesteśmy na wczasach* śpiewała cała Polska, wszyscy się przy tym bawili i śmiali. I te piosenki były o czymś, nie były głupie.

Styczeń 2016, warszawski klub Hybrydy, premiera płyty *Bardzo przyjemnie jest żyć*. Jestem na widowni, nawet ułożyłam jej wierszyk gratulacyjny zaczynający się od stwierdzenia: „Bardzo przyjemnie jest jak / śpiewa Katrin Żak". Kasia w złoto-czarnej sukience. Każdą piosenkę okrasza błyskotliwym komentarzem. W powietrzu aż gęsto od przednich rymów – autorami tekstów są Magda Czapińska, Jan Wołek, Artur Andrus, Andrzej Poniedzielski, Michał Zabłocki. Ale zaczynając pracę nad tą płytą, Kasia w pierwszej kolejności dzwoni do mistrza. Odtwórzmy ten dialog.

– Jaką chcesz piosenkę? – pyta Młynarski.

– O kobietach. Że są silne, wspaniałe, choć niekonsekwentne. Idą z siatami przez życie, potykają się, podnoszą. Płaczą, ale się uśmiechają, bo nie chcą pokazać tych łez.
– A, czyli chcesz zaśpiewać o sobie?
– No nie, przecież taka nie jestem...
– Ale gdy cię spotykam, jesteś zawsze uśmiechnięta, otwarta, miła. Więc napiszę o tobie.

W tydzień powstają *Pięciogroszówki słońca*, jeden z ostatnich utworów mistrza. „Napisał, że chodzę i rozdaję ludziom pięciogroszówki słońca na wieczne nieoddanie".

Mam taką śmieszną właściwość,
Chyba nieczęstą zbyt:
Nie umiem spoglądać krzywo,
Gdy smutny wstaje świt.

Co drugi człowiek narzeka,
Co drugi pecha ma.
I żal mi bardzo człowieka,
Lecz tak nie umiem, bo ja

Zamieniam dni pogodne
Na pięciogroszówki słońca

Życzeniem autora było, aby muzykę napisał Janusz Sent. Ona nawet nie śmiała o tym marzyć. I oto – jedzie do pana Janusza do domu, spędza wspaniałe popołudnie. Są opowieści, Sent komponuje wtedy symfonię. „Starszy pan, elegancki, kulturalny, historia polskiej muzyki" – wspomina Kasia. Niestety, Janusz Sent odchodzi do lepszego świata w następnym roku po Wojciechu Młynarskim...

Listopad 2020, Toruń, koncert z cyklu *Pejzaż bez ciebie*, co roku poświęcony innemu artyście. Ten – Młynarskiemu. Jest

Alicja Majewska, Jan Młynarski, Krzysztof Kiljański. Kasia śpiewa *Po co babcię denerwować* i *Przedostatni walc*. Szczególnie ta druga piosenka robi na niej wrażenie. „Dziś to moje credo". Cytat z niej jest od lat jednym z ulubionych w domu Żaków. „Trzeba wiedzieć, kiedy wstać / i wyjść, / trzeba wyczuć, kiedy w szatni / płaszcz pozostał przedostatni...". „Przecież to się rozciąga i na nasz zawód. Dużo by trzeba było opowiadać komuś, a tu masz jedno zdanie – i wiadomo. Ale nie wszyscy to łapią i czasem sobie myślę: «Ależ jestem wiekowa, że gadam Młynarskim!»". – Uśmiecha się. W ich domu też często używa się wyrażenia „nie ma jasności w temacie Marioli" – kiedy trudno coś jednoznacznie określić. No i jest oczywiście ta Kita. I kwita.

Choć to jeszcze nie kwita. Kasina przygoda z Młynarzem trwa. Wyskoczyła na chwilę w stronę Osieckiej („To, czego nauczył mnie Młynarski, pomogło i przy płycie z utworami Agnieszki"), a teraz nagrywa płytę z piosenkami Jerzego Wasowskiego, na której będą niezapomniani *Bohaterowie Remarque'a*. Kasia ma świadomość: to nisza. I nie wszyscy rozumieją dziś sens słów: „Być może na Zachodzie bez zmian, u nas ostatnio są zmiany". Nawet jej muzycy, ludzie po trzydziestce, nie do końca wiedzą, o co chodzi. „Trzeba będzie przed zaśpiewaniem to i owo dopowiedzieć" – planuje. No ale ona to umie. Dzięki Młynarskiemu.

„Piosenki Wojtka to moja wielka miłość. I śpiewanie to moja miłość. Ale i stres, nie mogę się od niego odciąć. Boję się, ale z drugiej strony nie wyobrażam sobie bez tego wszystkiego życia".

PS Tuż przed wydaniem książki dociera do mnie piękna wieść: Kasia Żak wydaje płytę. Stworzyła recital *Młynarski – kocham cię życie*. Po trzech dekadach powraca do jego tekstów bogatsza o życiowe doświadczenia. Inne interpretacje, inne aranżacje, czwórka nowych muzyków. Sama mówi, że chce w ten sposób „złożyć hołd Nauczycielowi i podziękować za wszystko, czego się od niego nauczyła".

Interludium numer 9

Mariola

To ta od „niemajasności". W jej temacie. Z piosenki z 1993 roku, z muzyką Jerzego Dudusia Matuszkiewicza.

Co o niej wiemy? Że utrzymuje znajomość z niejakim typem lirycznym zamieszkałym w miejscowości Sochaczew. Że między wierszami proponuje mu „otchłań zmysłów". Wiemy też, że nie używa specjalnie wyrafinowanego słownictwa – ktoś, kto zwraca się do zalotnika per „kasztanie, tępy modelu, drętwy aparacie", raczej nie pobierał nauk u profesora Miodka.

Oczy: zielone.

Znaki szczególne: „profil prześliczny", „głos jak narkotyk".

Miejsce zamieszkania: trudno stwierdzić, ale osoba ma wyraźne predylekcje do miejscowości z „warszawskiego obwarzanka" (Kobyłka, Tłuszcz). Możliwe, że mieszka tam, gdzie Typ Liryczny (pozostańmy już przy tej nazwie), czyli w Sochaczewie. A trzeba wiedzieć, że z Sochaczewa do Tłuszcza jest koło stu kilometrów. Do Kobyłki niewiele mniej. Więc gdy ona rzuca: „porwij mnie choć do Kobyłki" albo „wiej ze mną do Tłuszcza", to nie jest to wyjście za róg po bułki. Zwłaszcza że Typ Liryczny raczej samochodu nie posiada (narrator spotyka go wszak na przystanku autobusowym). Doceńmy!

Sam Wojciech Młynarski mówił, że słownictwo zaczerpnął od córek, kiedy były w wieku nastoletnim. „Urządziły jakieś przyjątko, ja tam wpadłem, zrobiłem uwagę, że coś mi się nie podobało, jedna wzięła mnie na bok: «Tato, ty nam teraz nie rób wioski». Zapisałem: robić wioskę, bo nie znałem tego. A jedna z koleżanek powiedziała: «Z panem miło się gawędzi, bo pan zapodaje takie klimaty»" – wspominał w którymś z recitali.

Umiejętność Młynarskiego w zwarty sposób ujmuje Izabela Mikrut, pisząc o nim w e-booku *Przymrużonym okiem. Radość czytania satyryków*: „To podsłuchiwacz codziennych fraz, kolokwializmów, banałów i haseł, kolekcjoner utartych zwrotów, z których potrafi wydobyć zaskakujące podteksty".

Jakkolwiek Mariola z tej piosenki wydaje się (zwłaszcza Typowi Lirycznemu) unikalna, autor wrzuca ją do jednego worka z innymi dziewczynami. A konkretnie z nieznanymi z nazwiska Dziubą, Marzeną i Haliną. Konkluzja jest taka: wszystkie te pannice, gdy mówią jedno, to chodzi im zupełnie o coś innego. Ale nic to, bo jak głoszą ostatnie wersy piosenki: „życie dlatego właśnie jest piękne".

W książeczce do płyty *Róbmy swoje '95* Młynarski pisze, że ta piosenka napisana z Matuszkiewiczem „na recitalach jest mym prawdziwym przebojem" i że „nawiązuje do wcześniejszych liryczno-obyczajowych utworów z serii *Polska miłość*. A w książce *Moje ulubione drzewo...* dodaje: „Bohaterem jest ten sam człowiek z platformy tramwaju, który już nieraz w moich tekstach występował, ale odmłodniał, trochę inaczej gada, bo za oknem kwitną lata dziewięćdziesiąte".

Podczas naszej rozmowy autor powiedział, że nie było konkretnej Marioli – „to raczej portret zbiorowy". Imię, popularne w tamtym czasie, wydawało mu się wtedy nieco pretensjonalne. Swoją drogą: ma ono poczesne miejsce w naszej popkulturze. Bo przecież jest i słynna „Mariola o kocim spojrzeniu" z reklamy piwa z lat dziewięćdziesiątych (tekst autorstwa Kota Przybory), i kabaretowa Mariolka w sweterku w paski odgrywana dekadę później przez Igora Kwiatkowskiego. Ta postać zresztą też czerpie ze słownictwa młodych dziewczyn („heloł, krejzole") i jest satyrą na specyficzny dla pewnej grupy brak dykcji, zjadanie samogłosek i skłonność do nadużywania słów mocno niecenzuralnych.

W tym kontekście styl mówienia „Marioly" od Młynarskiego (nawet z zawołaniem „wyklepuj mnie z chaty") wydaje się Wersalem.

Joanna Trzepiecińska

Truskawki w Milanówku,
na księżycowy promień złoty
ty nawlekałeś swe tęsknoty,
a ja westchnienia me...
Truskawki w Milanówku

Ta piosenka – opowieść o tęsknocie za przedwojennym stylem życia – bardzo długo była jedyną, którą Joanna Trzepiecińska miała odwagę wykonywać na scenie. Do dziś trzyma liścik, w którym Młynarski oficjalnie zaprasza do zaśpiewania jej na koncercie. Nie znają się osobiście, on zwraca się do młodej aktorki per „pani".

Potem już przez kolejne ćwierć wieku są po imieniu. „Wojtek i Jurek Derfel szybko mnie polubili. Chyba za to, jaka byłam, bo przecież nie za to, co wtedy umiałam" – śmieje się Joanna Trzepiecińska.

A jednak Jerzy Derfel – autor muzyki do *Truskawek...* – lubi opowiadać anegdotę, która sławi umiejętności Joanny. Otóż na początku zawodowej drogi Trzepiecińska zostaje zaproszona do udziału w słynnym *Hemarze* w Ateneum. Derfel wspomina: „Opania chciał strasznie, żeby zastępowała Jandę w piosence *Nikt, tylko ty*. Gdy usłyszałem, jak to zaśpiewała, zbaraniałem. Opania powiedział: «Pani Joanno, to proszę do dyrektora». A ona: «Ale mnie to w ogóle nie interesuje»".

Joanna, słysząc opowieść, śmieje się, pamięta to inaczej. Ale skoro Jurek tak opowiada, więc niech tak będzie. Że wtedy odmówiła pod pretekstem, że pracuje z Grzegorzewskim i ma co innego do roboty. I że wszyscy zgłupieli, bo przecież udział w *Hemarze* to był zaszczyt!

Zaproszeni na jej urodziny do Literackiej Derfel i Młynarski przekonywali: musi śpiewać. W programie *Niedziela z Joanną Trzepiecińską* pan Jerzy wspomina: „Ona w kilku wywiadach powiedziała, że Derfel i Młynarski zmusili ją do śpiewania. Chwała Bogu, że tak się stało".

Potem przez całe lata panowie D. i M. oraz Joanna, wraz ze swoimi drugimi połówkami, spotykają się na wykwintnych kolacyjkach, urodzinach. Któregoś razu oni dwaj przywożą jej prezent z kartką: „Joasi z okazji imienin jej ulubieńcy" – wiadomo, to nawiązanie do piosenki *Najpiękniejszy list miłosny* Młynarskiego („Piszę do Pani... Trzebaż więcej? / Piszę do Pani z tremą wielką / bo jestem pani ulubieńcem / a Pani moją wielbicielką...").

Mistrz bywa nieraz gościem w jej domu na Mazurach.

Fantastycznie opowiadał anegdoty. Finezyjna pointa to był jego znak rozpoznawczy. Szkoda, że to nie zostało nagrane, spisane, zapamiętane. Był niezwykle atrakcyjny towarzysko. Skrzącymi się humorem opowieściami bawił, uwodził, prowokował... Oczarowywał. Ale nie był to typ towarzyskiego wesołka. Zanim go poznałam, spodziewałam się – jak większość pewnie – że to będzie taki trochę kabareciarz. A okazało się – czym byłam najpierw zaskoczona, a potem nieskończenie zachwycona – że to ktoś bardzo serio, z troską patrzący na świat, poważny, głęboko myślący, wspaniale wykształcony, wybitnie inteligentny, niezwykle mądry, cieszący się estymą wśród przyjaciół ze środowiska akademickiego. W swojej dziedzinie był genialny. To był zaszczyt móc go znać.

Joanna od zawsze uwielbiała jego piosenki. Na nich się wychowała, ich słuchała – obok utworów Demarczyk, Grechuty, Okudżawy, Biczewskiej. Ale to, że mistrz dał jej w prezencie *Truskawki w Milanówku*, nie było dla niej jakimś specjalnym trzęsieniem ziemi. Może dlatego, że – jak mówi – szybko odniosła „tak zwany sukces medialny". Z głównej roli w serialu *Rzeka kłamstwa* w końcówce lat osiemdziesiątych kojarzyli ją chyba wszyscy. „Nie mogę powiedzieć, że za każdym razem, kiedy ktoś mnie zapraszał do współpracy, czułam się zaszczycona. Bo w swojej niewiedzy, zarozumialstwie i braku wyobraźni uważałam wtedy, że to oczywiste. – Uśmiecha się dziś. – Przecież skończyłam szkołę po to, by być aktorką. I skoro nią jestem, to nic dziwnego, że chcą ze mną pracować".

Podkreśla jednak mocno: to nie znaczy, że się z autorytetami spoufalała. O Młynarskim mówi, że miał do niej stosunek ojcowski, jak do grzecznej, spełniającej oczekiwania rodziców córki. Joanna jest zresztą z rocznika Agaty Młynarskiej. Panienka z dobrego domu, poukładana, o niewinnym wejrzeniu. To o niej Agnieszka Osiecka pisała: „marzenie każdej teściowej".

Przyjaźń młodej aktorki z mistrzem hartuje się na długich tournée po Stanach i Kanadzie. „Wtedy się można naprawdę dobrze poznać. Przekonać, kim kto jest. Nie tylko na scenie, ale też prywatnie".

Młynarski – a jakże! – zarządza w autokarze zabawy słowne, w których bryluje. Jego sprawność językowa jest przecież nieporównywalna do umiejętności kogokolwiek innego w towarzystwie. Tak dzieje się na wielu trasach, aż na jednej okazuje się, że pewna dama po osiemdziesiątce radzi sobie w równie błyskotliwy sposób. To Irena Kwiatkowska. „Przyjemnie było słuchać, jak przerzucali się słowami. Cenzuralnie. Bo już z Wiktorem Zborowskim, ulubionym kompanem Wojtka do słownych figli, tematyka była bardziej pieprzna" – wspomina Joanna.

Podczas jednej z takich podróży ginie walizka Młynarskiego. Zabiera ją omyłkowo jakaś pani, która leci dalej, na Zachodnie Wybrzeże. Joanna opowiada:

A my codziennie występowaliśmy na Wschodnim Wybrzeżu, w dodatku co dwie doby przenosząc się do kolejnego miasta. Trochę więc trwało, zanim walizka wróciła do niego. Na szczęście miał w czym występować, bo frakonosz zabrał jako bagaż podręczny. Ale jeśli chodzi o ubrania „cywilne", został tak jak stał, więc kupował wszystko na bieżąco. Co oczywiście w Stanach było łatwiejsze niż w Polsce i sprawiało mu sporo przyjemności. Miał świetny gust. We wszystkim, co dobierał, był sznyt i ujmujące wyczucie stylu. Był to jeden z najlepiej ubranych mężczyzn, jakich znałam. Świetnie wyglądał i w słynnej zielonej kurtce, i w smokingu. Sposób noszenia się stanowił chyba ważną część jego wizerunku – mimo że to nie były czasy, kiedy rozmawiało się o modzie męskiej. Zawsze emanował nienachalną elegancją. Miał klasę.

I jeszcze jedna dykteryjka, którą Joanna pamięta ze wspólnego wyjazdu do Stanów:

W Ameryce serwuje się ogromne porcje jedzenia. To, czego gość nie zjadł, pakowano w tak zwane *doggy bag* i zabierano do domu. W Polsce nie było takiego zwyczaju. Mnie uczono, że wręcz nie wypada „wymiatać" talerzy do końca. Gdy w amerykańskiej restauracji zapytano Wojtka: „Czy zapakować resztę?", odpowiedział: „Tak, poproszę, tylko ładnie, bo to będzie na prezent".

Anegdoty są jak kolorowe fotografie, mówią wiele o człowieku. Ale Joanna Trzepiecińska umie też ciekawie spojrzeć na to, co Młynarski pisał. A ponieważ dobrze go znała, być może widzi więcej niż inni.

Najwięcej piosenek na świecie napisano o miłości. A w twórczości Młynarskiego tekstów mówiących o niej wprost nie ma wiele. Wydaje mi się, że miał taką naturę, która kazała mu się za czymś kryć. Nie był wylewny. Autor piszący o miłości zwykle się otwiera – najwspanialsze utwory na ten temat powstały z ogromnego osobistego cierpienia. Mam wrażenie, że emocjonalna otwartość nie była dla niego łatwa. Być może nie była mu potrzebna. Być może uznawał ją za pretensjonalną i w złym guście. A jednak burzę emocji potrafił wspaniale zawrzeć w tłumaczeniach. Być może dlatego, że mógł się zasłonić tekstem innego autora. Swoją drogą – jego tłumaczenia miały kongenialną wartość poetycką. Jest wiele przekładów piosenek Brela, można porównać. I nie chodzi tylko o frazę, choć oczywiście ta Wojtka jest najbardziej wyrafinowana. Ale liczy się też wielopoziomowość znaczeń i wyjątkowa muzykalność, wrażliwość na duszę innego autora. To wyróżnia jego tłumaczenia.

Wracając do tekstów własnych mistrza. Joanna nuci: „Wolno bardzo do mnie mów, kochana... Wchłania nas choreografia... Roznamiętniam się wokalnie...". Jej zdaniem piosenka *Przedostatni walc* jest pełna namiętności (zgadzam się z nią). Ale Młynarski nie nazywa uczuć dosłownie. To my, słysząc, że „walc porywa nas od stóp do głów", dodajemy sobie w głowie emocje. Joanna Trzepiecińska opowiada:

On w ten sposób pisał lirykę: działając na wyobraźnię, powściągliwie, powstrzymując opis pożaru uczuć. Wolał niedopowiedzenie. Zastanawiam się, na ile to wynika z charakteru Wojtka, psychiki, z granic jego otwartości. Bo przecież ma je każdy artysta. Jedni mogą biegać nago po scenie i nic ich to nie kosztuje. A inni nie zdobędą się nawet na dużo skromniejsze gesty. I nie należy ich do tego zmuszać. Dzielimy się swoim światem do pewnych granic. Ma to każdy artysta, poeta, pisarz. I każdy tekściarz traktujący swój zawód tak jak Wojtek. Ale jest jeszcze coś innego – i tu zrobię klamrę do *Truskawek*... Mam wrażenie, że chodzi też o Wojtka inteligenckość. A ona zawiera się we wrażliwości i dbałości o formę. W działalności artystycznej to bywa siłą i słabością. Uważam, że Wojtek był w jakimś sensie obwarowany inteligenckością, która zakłada, że pewnych rzeczy zwyczajnie nie wypada. Przecież nawet o prostactwie potrafił mówić z żartobliwym wyrafinowaniem.

O miłości, choć innego rodzaju, jest też piosenka *Nie ma jak u mamy*. Joanna tłumaczy:

Wszyscy się na niej wychowaliśmy. „Mamo, kocham cię" – temat trudny, bo łatwo można popaść w ckliwość i banał. Ale proszę zwrócić uwagę, jak po mistrzowsku zbudował przestrzeń dla odbiorcy. Sami dopisujemy uczucia, które piosenka niesie w słowach: cichy kąt, ciepły piec... i wzruszamy się. Ja zresztą Wojtka mamę jeszcze pamiętam – przeurocza, spokojna, dystyngowana pani.

Ciekawostka: piosenka z muzyką Panajota Bojadżijewa, skrzypka z orkiestry Stefana Rachonia, była wykonywana w Dudku przez niezwykły tercet: Bogdana Baera, Bronisława Pawlika i Jana Kobuszewskiego. Lubię frazę, „że się wrabia człek pomału w ciepłą żonę, stół z kryształem". Swoją drogą, przez ostatnie dekady kryształy były niemodne, ale ostatnio na nowo się stają. *Mid-century modern design* wraca!

Joanna Trzepiecińska podkreśla: to, że Młynarski traktował ludzi z szacunkiem, wynikało z jego bardzo dobrego wychowania. Ale pewnie też z tego, że umiejętnie dobierał tych, z którymi współpracował: „Nigdy nie widziałam, żeby zachował się nieelegancko. W życiu! A przecież na scenie spotykał się też z ludźmi od siebie mniej utalentowanymi, mniej umiejącymi. Wykazywał się cierpliwością, delikatnością, starał się wyłącznie pomóc. Potrafił pokornie, z szacunkiem pokłonić się przed twórczością innych".

Aktorka uważa, że klucz do jego pisarstwa polega na tym, że on nie miał w sobie brutalności, jaką cechują się dzisiejsi twórcy. „Myślą, że wszystko zaczyna się od nich. On – przeciwnie, był kontynuatorem tego, co najlepsze w polskiej twórczości estradowej. Miał ogromny szacunek dla Hemara, Tuwima, Przybory. Wielokrotnie podkreślał ich mistrzostwo. Zależało mu, żeby tę pałeczkę przekazywać dalej".

Ciekawi mnie, którą z piosenek Młynarskiego ona uważa za najlepszą.

Gram o wszystko z muzyką Jerzego Wasowskiego. „Najpiękniejsza, jaką w ogóle w Polsce kiedykolwiek napisano. Światowy numer pod każdym względem". Joanna sama jej publicznie jeszcze (jeszcze!) nie śpiewała. „Nie jestem aż tak śmiała. Ale może kiedyś..."

To „kiedyś" nie jest może tak odległe. Bo czas na wisienkę na torcie tej opowieści. Otóż kiedy pierwszy raz zadzwoniłam do naszej bohaterki z propozycją spotkania, usłyszałam: „Niesamowity zbieg okoliczności, właśnie wybieram się do Jurka Derfla, bo stwierdziłam, że czas wrócić do recitalu, który kilkanaście lat temu obaj z Wojtkiem dla mnie napisali". Recitalu?! Czuję się jak entomolog, który niespodziewanie natknął się na nieznany gatunek motyla. Młynarski nie rozdawał takich prezentów na prawo i lewo. Całe recitale napisał tylko dla Haliny Kunickiej i Michała Bajora. Tymczasem okazuje się, że powstało takie opus i dla Joanny Trzepiecińskiej. Piosenki inspirowane jej opowieściami o dzieciństwie, szkole teatralnej, pierwszych miłościach. Napisane, elegancko ułożone w teczce. Swego czasu zaczęła je nawet muzycznie „rozczytywać". Ale potem – jak to bywa na skutek życiowych zawieruch i śnieżyc – projekt został odłożony. „Może przegapiłam czas, kiedy to miało powstać?" – zamyśla się aktorka.

A może nie? Słowa są. Gorzej z odnalezieniem nut, ale Jerzy Derfel obiecuje przetrząsnąć archiwa. „Jak nie znajdziesz, będziesz musiał napisać mi nowe" – odgraża się ona. Dramatyzmu dodaje fakt, że kilka melodii kompozytor już nagrał, ale przepadły, bo były w telefonie, który aktorka niechcący utopiła. Rzucam: „Czyli droga wyboista do tego recitalu?".

Joanna Trzepiecińska ripostuje słowami z tej samej piosenki mistrza: „Ważne, że kierunek słuszny!". To oczywiście utwór *Przyjdzie walec i wyrówna*. Wspaniale jest trafić na rozmówcę, który posługuje się kodem z piosenek Młynarskiego. „Teraz ludzie mówią skrótem, bezpośrednio, literalnie. W języku naszych czasów nie ma miejsca na finezję. Wiele osób uprawia polszczyznę nikczemno-karczemną, metafora właściwie nie istnieje, dobra pointa zdarza się rzadko" – kwituje moją uwagę Trzepiecińska. Tym milej wrócić do Milanówka, ganeczku w dzikim winie, pogodnego wuja reakcjonisty (co konkubinę miał w Brwinowie), wytwornych żartów od niechcenia i księżyca, który „łypnął ku nam łypu-łyp". Tamten świat jest opisany tak, że można odczuwać doń sentyment. Epoka przedwojennej inteligencji i podwieczorków na talerzykach Rosenthala. „I aspiracje powojennego pokolenia, żeby podtrzymać te tradycje, które przerwała wojna. Zachować styl wykwintnego żartu. I pointy, która liczyła się w każdej opowieści. To była poważna broń wobec tych, w których «mowie było słychać błędy ortograficzne»" – mówi Joanna. I dodaje:

Mam poczucie, że się z Wojtkiem przyjaźniliśmy. Chociaż trafiłam na ten trudniejszy czas jego życia. Był już starszy. Zdarzało mu się, zwłaszcza w okresach większego pobudzenia, że jak coś dobrego wymyślił, dzwonił do znajomych zapytać, czy im się to podoba. To była zwykle szósta rano – dla ludzi z naszego środowiska godzina właściwie nieistniejąca. Ja też takie pobudki w swoim życiu zaliczałam... To był niezwykły mózg, który całą swą wiedzę i obserwację życia umiał zamknąć w lapidarnej formie rymowanego utworu scenicznego, z natury wydającego się mniej poważnym niż na przykład esej. Mimo że wznosił się na wyżyny artyzmu, mimo ogromu talentu i umiejętności codziennie pracował. Nie spoczywał na laurach, tylko pracowicie doskonalił rzemiosło dzień po dniu. Z wiekiem, ze względu na pogarszający się stan zdrowia, nie wydawał aż tak błyskotliwych i spektakularnych plonów jak wcześniej. Ale to nadal był poziom dla dzisiejszych tekściarzy nieosiągalny.

Wróćmy jeszcze do Milanówka. W książce *Dookoła Wojtek* mistrz mówił: „Ponieważ miałem w Milanówku przyszywaną ciotkę, która hodowała truskawki, a Milanówek to jest jakiś topos, jakaś konotacja, przedwojenne miasteczko inteligenckie znów jest inteligenckim miastem – więc napisałem o nim piosenkę". Podczas mojego wywiadu z panem Wojciechem dopytywałam o tę przyszywaną ciotkę, która dzięki swoim truskawkom przeszła do historii. Odpowiedział: „Dobre ma pani informacje, ale to była ciotka bardzo przyszywana. Już nie pamiętam, jaki rodzaj pokrewieństwa. Jeździło się tam na truskawki, które były też w naszym Komorowie. Ale mi się jakoś bardziej ten Milanówek rymował...".

Na koniec jeszcze przytoczę piękną analizę Ariadny Lewańskiej, wykładowczyni UW, filozofki, a prywatnie córki profesora

Juliana Lewańskiego, który był wielkim autorytetem dla Młynarskiego. Pan Wojciech był jej ojcem chrzestnym. Na portalu Teatr-pismo.pl pisze ona tak:

> W piosence *Truskawki w Milanówku*, choć bohaterka ma pamięć krótką, nie musi nią sięgać daleko, bo świat miniony wciąż trwa w detalach, światłocieniach, dźwiękach i smakach. Niczym Proustowska magdalenka truskawki „na widelczyku srebrnym drżące, o cichym zmierzchu sprzyjające związkowi dusz i ciał", mają – jak pisze poeta – koić cichą tęsknotę. Wuj z piosenki nie zmarł, ale „już na chmurce gdzieś". Teatr Młynarskiego jest często teatrem wspominanych cieni, które, obecne wśród nas dzięki poezji, wzbogacają nasze życie.

Przepięknie interpretuje *Truskawki...* także Hanna Banaszak. Nieco inna aranżacja. Muzyka jest bardziej marszowa, ale też pod koniec rozpływa się jazzująco. Wokalistka czaruje końcówki fraz słynną „banaszakową" modulacją głosu. Chwila, która otula.

Truskawki... z ogromną prawdą wykonywała też Agnieszka Kotulanka. Jedna z moich ulubionych aktorek, która w fizjonomii miała już coś takiego, co ten tekst uwiarygadniało. Warto zobaczyć nagranie w sieci, ze studia Trójki z roku 1994. Ukochana przez widzów Krystyna z *Klanu* nie śpiewała wiele i często piosenek mistrza, ale jej wykonania *Juraty '34–38* (piosenka o słynnym kurorcie dedykowana Edwardowi Dziewońskiemu) i *Przez minutę (Walca minutowego)* to perełki. Mają w sobie to coś. Co? Uważność, świadomość tekstu?

Joanna Trzepiecińska na samym początku rozmowy rzuciła mi ciekawy trop: „Nie każdy może zaśpiewać *Truskawki...* Ta osoba na scenie musi nieść w sobie... Jak to nazwać? Rys inteligenckości". Niech tak będzie.

Truskawki w Milanówku,
Wasz czar nie zniknął i nie przepadł
Nim was zagłuszy kalarepa –
poświęcam wam tę pieśń.

Interludium numer 10
Gwiazdeczka estradowej wiosny

Błyszczy w utworze *Najpiękniejszy list miłosny*. Wiadomo o niej na pewno, że to „ogromnie miła piosenkarka". No i chyba nie jest na diecie, bo już w pierwszej zwrotce zjadła (a dokładniej rzecz cytując: „wrąbała") bryzol na pieczarkach. Czują państwo ciężar tych kalorii?

Dama okazuje list, który dostała od fana. Ten wyznaje, że pisze z tremą wielką – „bo jestem pani ulubieńcem, a pani moją wielbicielką". Oczywiście, wszyscy od razu rozumiemy, że facet pomylił znaczenie słów, i uśmiechamy się z mieszaniną wyższości i wyrozumiałości. Uroczy, ale niedouczony jakiś! I jeszcze zamiast „autograf" mówi „autogram". Phi! Nic dziwnego, że „perła młodych wokalistek" śmieje się „perliście" z tej „perły epistolografii". Ale tu wkracza narrator i przekonuje, że trzeba docenić fana.

> Jeśli za sławą tęsknisz wielką
> i powodzenia chęcią pałasz,
> bądź tego pana „wielbicielką",
> bez niego, miła, nic nie zdziałasz.

Jak podkreśla badaczka Małgorzata Kita, analizując ten utwór: „Wielkie uczucie może wyrazić się w niewyrobionej formie, ale nie przestaje pochodzić prosto z serca".

To piosenka z gatunku – jak mawiał sam autor – „obyczajowo-
-żargonowych". Muzykę napisał Jerzy Wasowski, a inspiracja do
tekstu jest z życia wzięta. Młynarski opowiadał o tym między innymi podczas recitalu *Czterdziecha*. Rzecz działa się w początkach
jego kariery. Po jakimś koncercie znalazł się w towarzystwie Ireny Santor, przed Salą Kongresową. „I podszedł do niej jegomość
(w innej wersji „podżeglował jegomościunio"), który oznajmił:
«Pani Irenko, chciałem oświadczyć, jestem od dawna pani wybyt-
nym ulubieńcem. Mam nadzieję, że i pani, nieprawdaż, mojom
wielbicielkom»". Wszystko powiedziane „warsziaską" gwarą. Młynarski wokół tych dwóch zdań, jak watę cukrową wokół patyka,
owinął całą piosenkę, która oprócz linearnej historii niesie przesłanie – bardzo ważne dla każdego twórcy. Że bez odbiorcy obejść
się nie może.

W tym momencie wyrażam wdzięczność, Tobie – czytelniku
tej książki. Wszak odbiorcą jej jesteś niewątpliwie, skoro dobrną-
łeś do tego miejsca. Dziękuję za to i obiecuję trzymać fason do
ostatniej strony.

Jedźmy dalej!

Jest fragment w tej piosence, który lubię za obrazowość: „Na
stole ciepła coca-cola / swą chłodną świetność wspominała". Wtedy, w 1973 roku, ów imperialistyczny napój był w Polsce nowością,
wszedł do zwykłych sklepów zaledwie rok wcześniej. Dziś ktoś
mógłby rzec, że w piosence jest lokowanie produktu. Ale wówczas
słowo „lokowanie" kojarzyło się tylko z fryzjerstwem. Szczęśliwa
epoka, kiedy jeszcze nie wszystko było przeliczane na pieniądze.

Jest też sformułowanie, które cieszy „przefikniętym" rodzajem. To „szczegóła drobna". Naukowiec Bartłomiej Cieśla, analizując ten fragment piosenki, zwraca uwagę, że takie neologizmy
słowotwórcze stanowią „produktywny środek artystycznej ekspre-
sji autora. Pełnią one funkcję pragmatyczną: służą nawiązaniu
swoistego porozumienia między nadawcą a odbiorcą; ich użycie

jest zarazem próbą ukazania dużej elastyczności tworzywa słownego". W punkt.

Jest również fragment, który zawsze budzi mój niepokój. „Gość w naszym bloku leje żonę, / bo jest do Pani niepodobna". Zatrważa i sam fakt przemocy domowej, i jej powód – tak błahy, że aż nieprawdopodobny. Irena Santor powiedziała w filmie *Piosenka finałowa*, że Młynarski był Długoszem naszych czasów. I fakt, w piosenkach – jak muszki zastygłe w bursztynie – są zachowane obyczaje tamtych lat. Ten wers niepokojąco przypomina, że kiedyś mówienie o „laniu żony" nie raziło tak, jak razi teraz.

I wreszcie jeszcze jeden, weselszy, znak czasów. Fan w piosence nazywa się Gondol Jerzy. To mrugnięcie okiem do piosenki *Gondolierzy znad Wisły* z 1968 roku, śpiewanej przez Irenę Jarocką (słowa: Krzysztof Dzikowski, muzyka: Seweryn Krajewski). Ponoć niektórzy słuchacze tak właśnie rozumieli – że nie chodzi o wodnych przewoźników, tylko o jednego faceta, zgodnie z ówczesną normą przedstawianego najpierw z nazwiska. Zresztą Młynarski potwierdza to w ostatnich sekundach tej piosenki, nucąc na melodię Jarockiej: „Gondol Jerzy znad Wisły...".

Tempus fugit. W piosence z 1972 roku mamy „młodą gwiazdeczkę estradową wiosny", mijają prawie cztery dekady i oto w roku 2010 Młynarski pisze Irenie Santor piosenki na płytę *Kręci mnie ten świat.* „To nie było trudne zadanie. Były piękne kompozycje Seweryna Krajewskiego, wiadomo było, dla kogo się pisze" – mówił w Polskim Radiu. Najpiękniejsza piosenka tej płyty? *Starość to nie jest wiek.*

Kolejny wiosenny śnieg
Do morza popłynął Wisłą
Starość to nie jest wiek
Starość to stan umysłu

Bo ja wśród barwnych różności
W życiu jak w sklepie za szybą
Umiem nie wybrać starości
A przecież starość to wybór.

Irenę Santor – i dwie inne piosenkarki – Młynarski uhonorował w piosence *Dyktatura wyjców*.

Kiedyś, gdy się budziła Polska
z przeszłości nieodległej, znam to,
to jej śpiewała Rena Rolska,
Sława Przybylska, Irka Santor.
Urocze były te piosenki,
małe dramaty i tęsknoty,
i odpływały kawiarenki,
na szczęście lśnił pierścionek złoty.
A dziś kto powie: *mea culpa*,
gdy się przelewa wciąż od rana
muzyczna przeraźliwa pulpa
i słowa, dzieło grafomana [...]

PS Warto posłuchać płyty *Santor Cafe* z roku 2000, zawierającej światowe standardy z tłumaczeniami Młynarskiego. Przeboje Piaf, Sinatry, Bécaud, Kelly'ego, Aznavoura, Dassina... *C'est si bon*, *Bésame mucho*, *Jeśli ty nie istniałbyś*... Cudowna podróż przez kraje, nastroje, kultury, w której biletem jest jedyny w swoim rodzaju powiewny, płynący, pewny i solidny głos Ireny Santor. A w *Herbatce we dwoje* partneruje jej sam pan Wojciech.

Małgorzata Kożuchowska

Nie umiem grać w miłości,
to nie mój styl,
ale co świt ruszam w pościg
dopaść parę szczęścia chwil.
Nie umiem grać w miłości

„To moja jedyna historia związana z Wojciechem Młynarskim" – zastrzega Małgorzata Kożuchowska, kiedy do niej dzwonię z propozycją rozmowy. Jedyna, ale za to jaka – uśmiecham się pod nosem. Każdy by taką chciał!

Rok 2003, chyba – zaczyna opowieść Małgosia. – Dokładnie daty nie pamiętam, ale pamiętam moment w moim życiu. Rozmowa do miesięcznika „Pani". Zabawnie: dużo wcześniej dziennikarka Kasia Przybyszewska przeprowadzała ze mną swój pierwszy wywiad do tego pisma, a potem, już jako naczelna, przeprowadziła swój ostatni wywiad dla „Pani" – znowu ze mną. Ja też wtedy byłam na życiowym zakręcie, więc dobrze nam się rozmawiało, powstał ciekawy materiał. Kasia postanowiła użyć cytatu z wywiadu na okładce z moim zdjęciem. Zdanie brzmiało: „Nie umiem grać w miłości".

Patrzę na tamtą okładkę. Numer listopadowy. Małgosia w wersji naturalnej. Niewiele makijażu, nagie ramiona, niżej zarys jakiejś ciemnej sukienki. Proste, rozwiane wiatrem włosy. Nie jest Kożuchowską z czerwonego dywanu, którą publiczność będzie podziwiać w kolejnych latach. Raczej dziewczyną, która nieśmiało patrzy, co będzie za tym życiowym zakrętem. Ma w sobie jakąś melancholię, tajemnicę, może niedawno przeżyła coś trudnego, dowiedziała się o świecie kolejnej prawdy. Media wiążą ją z przystojnym fotografem, wcześniej ze znanym dziś aktorem. Męża przecież dopiero pozna. Polubiona już wcześniej za *Kilera*, od trzech lat daje twarz Hance Mostowiak w *M jak miłość* (do *Rodzinki.pl* jeszcze szmat czasu). W Teatrze Dramatycznym jest Blanche w *Obsługiwałem angielskiego króla*, praca z legendarnym Jarockim w Narodowym dopiero hen przed nią. Podobnie jak Telekamery i rozmaite nagrody od magazynów kobiecych, które sypną się w drugiej połowie dekady.

Pozostałe hasła z tej okładki są jak kapsuła czasu, przenoszą nas do początku wieku. „Niania w Warszawie, polska wersja nowojorskiego bestsellera". Nieco zaskakujące: „Twój podwójny atut – erotyczna siła piersi". Imponujące: „Moda ze świata. Pięciu wielkich projektantów dla «Pani»: mini legginsy, wysokie kozaki na szpilce, futro z kokardą". „Nowa choroba kobiet: ortoreksja, czyli potrzeba diet". Wreszcie: „Kremy pracują, gdy ty śpisz". Dużo miejsca zajmuje napis: „Najmodniejszy adres sezonu: twój dom. Sztuka przyjmowania gości". Tekścik dotyczący Kożuchowskiej nie jest nawet jakoś szczególnie wyeksponowany. A jednak przyciągnął uwagę Wielkiego Tekściarza.

Małgosia wspomina:

Odbieram telefon. „Kłania się Wojciech Młynarski". Ja – szok! Czy to jakiś żarcik? Program *Mamy cię*? Do mnie dzwoni Wojciech Młynarski? Do mnie?! Stanęłam na baczność. A on mówi: „Pani Małgorzato, my się nie znamy, ale widziałem w kiosku gazetę i kupiłem, bo zaintrygował mnie tytuł «Nie umiem grać w miłości». Uważam, że to jest świetny temat na piosenkę. Dzwonię do pani z pytaniem, czy mogę to wykorzystać do napisania tekstu?". Na co ja odpowiadam, że oczywiście, będę zaszczycona i tak dalej. Ale... w tym momencie włącza się moja druga natura, ta zawodowa, która woła: walcz o siebie, jeśli masz ku temu okazję. Więc nie zwlekając, pytam: „A, przepraszam, że się ośmielam, ale w związku z tym, że jest to cytat ze mnie i dotyczy mojego osobistego życia, czy... mogłabym mieć prawo do pierwszego wykonania utworu, jak już powstanie?". Na co on: „Oczywiście, daję pani takie prawo".

Za jakiś czas dzwoni do niej ponownie: „Proszę pani, już mam tę piosenkę. Czy moglibyśmy się spotkać? Może od razu z akompaniatorem". Muzykę napisał Janusz Sent, ale Małgosia tak była przejęta spotkaniem z mistrzem, że nie pamięta na sto procent, czy rzeczywiście to on grał na fortepianie podczas jedynej wspólnej próby, jaka zdarzyła się tej trójce. Mała salka, chyba w Ateneum. Idzie tam z gigantyczną tremą. Nie bardzo wie, czego się spodziewać – jaki ten tekst będzie, czy jej się spodoba? Młynarski to dla niej niekwestionowany mistrz, wychowała się na jego piosenkach (w domu słuchało się też Fogga, Demarczyk, German, Grechuty, Kabaretu Starszych Panów – „Jako dziewczynka męczyłam te płyty na okrągło"). Ale jednak to inne pokolenie. Czy jej świat – zabawowej trzydziestolatki – będzie rezonował z wrażliwością mistrza, mającego wtedy lat dwa razy więcej?

Tu – nie bez kozery – moja rozmówczyni przytacza anegdotę z Mają Komorowską. Wchodziły kiedyś razem na premierę w Teatrze Współczesnym:

Tłum ludzi, jesteśmy w zwężeniu, przy wejściu. Maja mnie zobaczyła i mówi [tu Małgosia idealnie naśladuje charakterystyczny nosowy głos Komorowskiej – przyp. aut.]: „Małgosieńka, cieszę się, że cię tu widzę. Słuchaj, tak bym chciała, ż e b y m i s i ę p o d o b a ł o. Bo jak nie, to potem nie wiadomo, co powiedzieć". Ja wtedy nie za bardzo to zrozumiałam. Ale potem często byłam w takiej sytuacji, czyli na premierze, gdzie grali koledzy. Bo przecież w moim zawodzie najczęściej na premierach grają koledzy – bliscy lub dalsi. I za każdym razem myślałam sobie: „Oj, żeby to było dobre, żeby mi się podobało". Bo „potem nie wiadomo, co powiedzieć". Podobnie kiedy do mnie przychodzi ktoś znajomy na przedstawienie. Gdy po zagląda do garderoby albo czeka, żeby zamienić słowo, od razu wyświetla mi się myśl: „Mam nadzieję, że się nie męczył". I że naprawdę mu się podobało, a nie że główkuje po spektaklu – „Co ja mam teraz tej Kożuchowskiej powiedzieć". Więc wtedy, kiedy szłam na próbę z Wojciechem Młynarskim, chciałam, żeby mi się ta piosenka podobała. Ale poczułam coś takiego i chyba mogę to w tej chwili powiedzieć... Dla tamtej Małgosi piosenka była trochę jakby z innej epoki. Ciągnęło mnie wówczas do zupełnie innej muzyki. Niedługo później nagrałam przecież płytę z zespołem Futro, na zderzeniu muzyki elektronicznej, sampli, zabawy. To mnie wtedy kręciło. A piosenka Młynarskiego – nieco może klasyczna – nie pasowała do mego ówczesnego „vibe'u". W dodatku, ponieważ byłam bardzo zajęta w teatrze i w serialach, to okazji, żeby ją zaśpiewać, zabrakło. A może to nie był akurat ten czas? Do dziś mam wyrzuty sumienia z tym związane.

Małgosia jest typem chomika, zbiera pamiątki. W tamtych latach prowadziła zeszyty, coś w rodzaju pamiętników – tekst podarowany przez Młynarskiego jest więc zapisany. W pudłach, nierozpakowanych po kolejnych przeprowadzkach, powinna być też kasetka z nagraniem z próby w Ateneum. To były czasy dyktafonów, a Gosia na pewno wtedy zarejestrowała prymkę, czyli linię melodyczną:

> Bo od razu powiedziałam, że nie jestem muzykiem i nie mam wykształcenia muzycznego, żebym umiała sobie z nut odtworzyć, więc chętnie posłucham, jak piosenka brzmi. Pamiętam, że nastrój próby był raczej poważny. Żadnych śmichów--chichów. Musiałam się poduczyć melodii na poczekaniu, Młynarski był tego świadkiem. Spotkanie spokojne, on mi się trochę przyglądał. Stonowany, konkretny. Ale ja to akurat lubię, bo też jestem konkretna. Nie mieliśmy relacji kumpelskiej – jednak różnica wieku była za duża. Wszystko działo się w atmosferze dżentelmeńskiej – to chyba najtrafniejsze określenie naszego spotkania. Ja to szanuję – tamto pokolenie zachowywało formy, znałam sporo reżyserów czy aktorów w wieku podobnym do Młynarskiego. To ludzie, których maniery i tak zwane dobre wychowanie zawsze mnie ujmowały. W dzisiejszym pokoleniu artystów to raczej rzadkość.

Młynarski to pokolenie jej rodziców. Tata Małgosi jest dokładnie z tego samego rocznika.

Pamiętam Młynarskiego z opolskich festiwali, z jedną ręką w kieszeni i z takim półuśmiechem. Kiedy byłam już dorosła, dostrzegłam, że on był swego rodzaju kontynuatorem formy Kabaretu Starszych Panów. Doceniałam kunszt słowa, poczucie humoru i to, co mieli Starsi Panowie, i Młynarski – tyle że on w wersji, powiedziałabym... bitowej. Co to było? Jakiś rodzaj nonszalancji, w dobrym tego słowa znaczeniu. Dezynwoltury. I to takiej, która widza nie denerwuje. Przeciwnie. To jest coś bardzo rzadkiego. Dla mnie – odkrycie. Bo ja na tym polu długo walczyłam ze sobą jako aktorka. Miałam potrzebę bycia w punkt, tip-top, perfekcyjną. A jak patrzyłam na niego na scenie, myślałam: „Nie no, w to wszystko trzeba «wpuszczać luza», powietrze, robić: spocznij, przekłuwać balon. Tak jak on". Siebie widziałam jako typ tygrysa, który się gotuje do skoku. I wszyscy mają podziwiać: aaa, jak ten tygrys niesamowicie skacze – tak, że widać każdy mięsień. A u Młynarskiego? Tygrys skoczył miękko, spadł, otrzepał się, machnął ogonem, poszedł, a i tak wszyscy zawołali: łaaaa! Zaczęło mi w głowie kiełkować, że to jest fajne. Takich inspiracji miałam kilka – podobne emocje czułam, gdy zobaczyłam na koncercie Amy Winehouse. Jak stała przy mikrofonie, nic nie robiła, tupała nóżką, śpiewała perfekcyjnie, a jednocześnie wydawało się, że to jej lekko przychodzi. Bez napinki, bez nasadzania się. Młynarski miał nieprawdopodobny wdzięk sceniczny. I taką umiejętność posługiwania się słowem, jaka w dzisiejszych czasach jest w zaniku – nad czym ubolewam. Erudycja, lekkość. A jednocześnie piosenki miały przesłanie, nie były zabawą samą w sobie, były po coś.

I jeszcze jedna migawka. Kiedy Małgosia pierwszy raz zobaczyła go młodziutkiego, w telewizyjnym materiale sprzed lat:

W czarnym garniturze, wysoki, szczupły, w typie bigbitowca. Pomyślałam wtedy: Ciacho! Przystojniak przystojnością nowoczesną. Znałam go jako dojrzałego pana, a tu nagle zobaczyłam młodzieniaszka. I on już wtedy wszystko miał! Jako dwudziestoparolatek był ukształtowany scenicznie. Artystów obserwujemy na przestrzeni lat – są materiały archiwalne, łatwiej dostrzec ich zmiany. Są ludzie, którzy nie starzeją się mimo upływu czasu, chociaż w sposób oczywisty się zmieniają. Nie tracą jednak tego, co jest domeną młodości – błysku w oku, dowcipu, „feelingu". I prostej sylwetki. To jest coś, na co ostatnio zwracam u siebie uwagę – dopóki trzymam się prosto, jest okej. Zobaczyłam gdzieś zdjęcie Urszuli Dudziak z podpisem: 79 lat. Mówię: „Nie wierzę!". Myślę, że Młynarski też to miał, w sensie energii – nie starzał się. Że go to życie nie dociążyło. Oczywiście, do czasu, kiedy mogliśmy go oglądać na scenie. Moja diagnoza – subiektywna – jest taka, że to domena ludzi z pasją. Jeśli ktoś robi to, co kocha i co go nakręca, to utrzymuje się w dobrej formie.

Wtedy na próbie to było ich pierwsze i ostatnie spotkanie. Jemu blisko było do Ateneum, Małgosia w Dramatycznym, Narodowym – te środowiska aż tak bardzo się nie mieszały. Z mistrzem nigdy więcej się nie spotkała, ale z jego twórczością owszem.

Przenosimy się do Krakowa. Epoka z grubsza pozostaje ta sama. Telewizyjna Dwójka nagrywa stworzony z rozmachem spektakl *Pod dachami Paryża* – znane francuskie piosenki w tłumaczeniach Młynarskiego. Scenariusz: Agata Młynarska i Jacek Bończyk, reżyseria: Elżbieta Protakiewicz, aranżacje i kierownictwo muzyczne: Hadrian Filip Tabęcki. Opieka artystyczna: Nina Terentiew. Na scenie – użyjmy tego zwrotu – plejada gwiazd. Od Kingi Preis po Piotra Gąsowskiego, od Grażyny Strachoty po Mariusza Przybylskiego. Wszystko w klimatycznej scenografii przywołującej paryską ulicę z kawiarnianym ogródkiem i kręcącym się czerwonym wiatrakiem Moulin Rouge.

Kożuchowska śpiewa trzy piosenki. W balladce Brassensa o Kasieńce (w oryginale: Margot – czyli dla Małgosi jak znalazł), co chowa kotka za dekoltem, jest odpowiednio filuterna, wdzięczna i płocha. Ma koronkowe rękawiczki i biały futrzany kołnierz, którego uchyla w kluczowych momentach. Zalotnie wymachuje połą spódnicy. Piotr Polk i Jacek Bończyk robią tam chórki (i podchody, a ich wzrok świadczy o grzesznych zamiarach wobec panny, którą zresztą na końcu wespół w zespół porywają ze sceny). Gosia wspomina:

> Lubiłam tę Margot, choć piosenka była wyzwaniem: dużo wyrazów, szybko, wysoko, z choreografią. Rzecz sensu stricto aktorska, wymagająca dobrej dykcji. Ale akurat dykcja to mój konik – już od ogólniaka, gdy chodziłam na kółko teatralne. Lubię, kiedy wszystkie głoski zostają wypowiedziane i człowiek rozumie, co aktor czy wokalista śpiewa. Lubię rozumieć tekst, choć są oczywiście sytuacje, w których to nie jest najistotniejsze. Ale akurat w tego typu utworze, gdzie tekst niesie całą piosenkę, smaczki muszą być wygrane i czytelne – żeby piosenka bawiła. I żeby w ogóle – jak to mówimy – się przenosiła.

W *Padam, padam* Małgosia ma na sobie małą czarną i minikołnierzyk z białego futerka z broszką („Na pewno go nie przyniosłam z domu, raczej dostałam na planie"). Na skrzypkach ze swadą rżnie Grupa MoCarta, w walczyku wirują pary – między innymi Zbigniew Wodecki z partnerką. Tylko Jacek Borkowski przy kawiarnianym stoliku smętnie ćmi papierosa. Małgosia wyciąga: „Pa-dam, pa-dam, pa-dam / ta melodia przez życie mnie gna. / Pa-dam, pa-dam, pa-dam / Ona o mnie wie więcej niż ja".

W *Szabadabada* śpiewa w czerwonej sukience („Ta była moja własna!"), siedząc na barowym stołku (na nogach wzorzyste rajstopy). Pozostali artyści wtórują jej w refrenach, melodia jest narkotyczna, wciągająca.

> I tyle szans wciąż przede mną
> tańczy ciemną nocą, jasnym dniem.
> Znów się uda wszystko,

chwil cudownych bliskość
czuję, wiem!

Dla Kożuchowskiej te słowa są prorocze.

Dobrze to wspominam. Pamiętam: cieszyłam się, że dostałam takie porządne piosenki. Jedną bardziej aktorską, inną do solidnego zaśpiewania. Ale gdy dziś na to patrzę... Zestresowana tam byłam. Za bardzo. Interpretację przygotowałam sama. To zresztą było moje wielkie zaskoczenie, kiedy wchodziłam w zawód i zaczynałam się pojawiać w tego typu profesjonalnych koncertach złożonych z piosenek śpiewanych przez różnych wykonawców – że każdy przychodzi z gotową własną interpretacją. Tak było i tam, w „paryskim" Krakowie. W ogóle super atmosfera, spędziliśmy tam ze dwa, trzy dni, na scenie siedzieliśmy cały czas, dużo się gadało. Nie, nie było szaleństw, wiadomo – każdy się koncentrował na swoim wykonaniu, poza tym trzeba dbać o gardło

– mówi z uśmiechem.

Oglądam w sieci *Pod dachami Paryża* jeszcze raz i jeszcze. Dużo wdzięku ma ten program. I może żal, że Kożuchowska nie śpiewała w takich produkcjach więcej. Że w ogóle więcej nie śpiewała. Jest jedną z niewielu kobiet, dla których Młynarski napisał tekst inspirowany jej życiem. Frajda. Jeśli wtedy to nie był dobry czas, to może warto spróbować dziś? Aktorka uśmiecha się. „Byłoby super spojrzeć na ten tekst w chwili, kiedy nie mam lat trzydziestu, tylko pięćdziesiąt. Jestem inną osobą. Z drugiej strony piosenka była inspirowana przeżyciami kobiety młodej, a nie dojrzałej, która życie uczuciowe ma poukładane – tak jak ja teraz. Ale... nie mówię nie". – Zamyśla się. A ja oczami wyobraźni widzę ją na kolejnym gdańskim festiwalu twórczości Wojciecha Młynarskiego.

Tradycyjne pytanie – ulubiona fraza? „Kocham cały tekst *Jesteśmy na wczasach*, z tymi wstawkami parlando. Ale gdyby wybrać jedno hasło, to byłoby to «róbmy swoje». Myślę, że pasuje do mnie bardzo. W różnych sytuacjach mówię sobie: «Gośka, róbmy swoje»".

Chyba pasuje, rozmawiamy w czasie, kiedy znów mocniej czujemy – który to już raz? – że żyjemy w spolaryzowanym społeczeństwie. A Małgosia na Instagramie zamieszcza wyważony post na temat pewnej trudnej sytuacji w kraju, w którym wysyła pozytywny sygnał i jednej, i drugiej stronie sporu. Robi swoje. Jak w tej nigdy niezaśpiewanej przez nią piosence. Bo tam dalej szło tak:

W Jabłonnie, w Honolulu,
W słońcu, we mgle,
Jestem uczciwa do bólu,
Gdy miłość wchodzi w grę.

Interludium numer 11

Dziewczyny...

Świat popkultury zna dziewczyny Bonda (było ich ponad osiemdziesiąt). Tymczasem ja ostatnie interludium poświęcam tym z piosenek Młynarskiego. Bo badania szczegółowe wskazują, że właśnie dziewczyny – różnego pokroju – zaludniają jego piosenki gęsto i z wdziękiem. Słowo to pojawia się nie tylko w tekstach, ale też zajmuje honorowe miejsce w tytułach piosenek.

Oczywiście, najbardziej znane są te „dobre na wiosnę", które muzycznie kołysze Janusz Sent. Doprecyzowano nawet, o które konkretnie momenty wiosny chodzi: „noce kwietniowe i majowe". Choć w piosence występują przedstawiciele fauny („brzmią chrząszcze", „bąk brzdąka") oraz flory (maciejka, czosnek, tuje, łąki, gąszcze), to rzecz jest głębsza, traktuje o męskim cierpieniu. Na benefisie trójkowym Młynarskiego w 2011 roku Artur Andrus zauważył, że swoją drogą trzeba mieć niezwykłą fantazję, żeby dziewczyny próbować podrywać na kwitnący czosnek. Chociaż dodał zaraz: „Lepiej na kwitnący niż w postaci stałej". Na co Młynarski, że ktoś mu powiedział, że wymyślił nawet stosunkowo rzadki rym: czosnek – wiosnę.

Wracając do meritum, doktor Elwira Olejniczak, filolożka i kulturoznawczyni, analizuje tekst piosenki w ten sposób: „[...] nieprzystępność kobiet odbiera radość życia, ogranicza satysfakcję czerpaną z nadejścia wiosny i bogactwa przyrody. Kobiety jawią się tu jako te, które trzymają w rękach męski los. [...] Artysta, wypowiadając się w imieniu ogółu mężczyzn, ma nadzieję, że przekona płeć piękną, by była łaskawsza".

W piosence odnajdziemy też *signum temporis* – słowo „kobra" („skończmy już te «Kobry» miłosne"). Chodzi o telewizyjne spektakle kryminalne, które kiedyś były oglądane z takimi samymi wypiekami na twarzy, jak dziś seriale w serwisach streamingowych. „Kobra" była zatem synonimem sensacji. Dziś pewnie powiedzielibyśmy: dziewczyny, skończcie te dramy. I ogarnijcie się!

Tytuł piosenki wraz z bodaj dziesięcioma innymi wyrażeniami Młynarskiego wszedł do księgi *Skrzydlate słowa. Wielki słownik cytatów polskich i obcych* Henryka Markiewicza i Andrzeja Romanowskiego.

Ripostą na wezwanie do dziewczyn jest piosenka – również autorstwa Młynarskiego – *Panowie, bądźcie dla nas dobrzy na lato* (i „Waleczni / niby wywiadowczy pułk NATO", „bo my latem strasznie się robimy wrażliwe"). Jest też wersja „na zimę" – Paulina Młynarska wspomina: „To była piosenka napisana dla mnie. Śpiewałam ją w latach dziewięćdziesiątych, miałam wtedy krótkie włosy i wyglądałam jak mały klon Młynarskiego. Bardzo to ludzi rozśmieszało. To jedno z moich dokonań artystycznych, które uważam za najfajniejsze". Po tę piosenkę sięgały potem m.in. Gaba Kulka czy Mela Koteluk – druga z artystek pisała zresztą pracę magisterską o Młynarskim.

Obie piosenki nawiązują znakomity dialog w spektaklu Jacka Bończyka *Misja Młynarski* w Ateneum. Aktorzy śpiewają *Dziewczyny...*, a aktorki *Panowie...* – teksty się harmonijnie przeplatają.

W tym samym spektaklu Bartłomiej Nowosielski w imponujący sposób wykonuje może mniej znaną *Balladę skandynawską* o tamtejszych dziewczynach. Bohater udaje się na Północ w celach podrywu, napotyka po kolei szpetną Szwedkę, dumną Dunkę i zwinną Finkę. Jednak ledwie zwróci uwagę na którąś z nich, zaraz pojawia się rudy wiking i sprząta mu po kolei te obywatelki sprzed nosa. Na końcu poznajemy nazwisko drania – Skjervesen. W kabarecie Dudek śpiewał to Janusz Gajos, a jeszcze wcześniej Damian Damięcki. Muzyka Jerzego Wasowskiego.

Poczesne miejsce w naszej galerii ma Żniwna Dziewczyna (z piosenki o tym samym tytule) – „lekka i zdyszana, / i całkiem bosa", „...oczy piwne". Ta, której poszukiwali „wszyscy działacze, wszyscy żeńce" (zawód już dziś chyba nieistniejący). Swoją drogą, to chyba najbardziej roznegliżowana z dziewczyn w piosenkach Młynarskiego – „miała burzę włosów i nic więcej". Domyślamy się, że Żniwna miała okoliczność z podmiotem lirycznym (czego wyraźnym dowodem „włos w nieładzie"). Ale potem zniknęła „w chabrach, kąkolach i lwich paszczach", a wokół „pachniało wrzosem i pachniało miętą". Oczywiście to, że w finale piosenki zjawia się dziewczyna „bosa" i „nowa", jest wyrazem sympatii Młynarskiego do bossa novy. Tekst napisał w Sopocie, pokazał kompozytorowi Jerzemu Abratowskiemu, a ten wrócił z muzyką już następnego dnia! Piosenka jest lubiana do dziś, śpiewali ją między innymi Macieje – Maleńczuk i Stuhr. Bywa też przedmiotem poważnych dywagacji naukowych. Wspomniana już doktor Olejniczak pisze: „Wizja szczęścia wyłaniająca się z tej piosenki dotyczy niczym niezmąconej wakacyjnej przygody na łonie natury. Ten trochę epikurejski wariant radości życia przeplata się tu z motywami renesansowej «wsi szczęśliwej, wsi wesołej»". Ha!

Kiedy kartkuję tomik *Polska miłość*, dziewczyny spotykam co kilka chwil. Tekst *Opuszczona dziewczyna* zawiera aluzje do Tyrmanda i jego dzieł – „Jeszcze wczoraj zaciągałeś się OLD-GOLDEM / Jeszcze wczoraj byłeś moim Leopoldem / [...] Jeszcze w ustach gorzki smak twej czekolady / czemu znowu nie jesteś mi ZŁY". I ta świetna fraza: „Tyś dla niej jeden, tyś jedyny w całym worldzie / Leopoldzie". Piosenka była w programie *Radosna gęba stabilizacji*. Tyrmand ściągał znajomych na kolejne przedstawienia w Hybrydach, by popisać się przed nimi, że sławi go pieśń pióra Młynarskiego.

Dalej: teksty *Cudownie zwyczajna dziewczyna* („pogodna czarownie, tak zwyczajna nareszcie, tak nieupozowana") i *Każda dziewczyna jest cyganką* – „Dziewczyna ma cygaństwo w duszy / i w jeden zwykły letni dzień / tak cię oplącze, tak cię wzruszy, / że będziesz za nią szedł jak cień".

Nieokreślona dokładnie, ale ewidentnie spora grupa dziewczyn występuje też w piosence *Ziuta z Krosna*. Utwór nie jest może powszechnie znany, choć przecież wykonywany był przez Kalinę Jędrusik, a bliżej naszych czasów – Agnieszkę Dygant. To jeden z tych tekstów, w których Młynarski maluje zamaszysty PRL-owski socjoobrazek. Akcja rozgrywa się w wiejskiej klubokawiarni, w której zjawia się agronom. Mężczyzna interesujący pod niejednym względem („lśniły mu gumiaki i błyszczał wzrok") szybko staje się obiektem westchnień. Nie tylko Ziuty, ale i innych dziewczyn – tych „z PGR-u, z nasiennictwa i od drobiu". Tu, uwaga, znów motywy roślinne: „Wśród motylkowych roślin i trawy bywał mi w snach". No dobrze, uparłam się. Może to „szczegóła drobna", ale trzeba przyznać, że opisy przyrody występują u autora wcale nierzadko i za każdym razem wzbogacają treść.

W zestawieniu Młynarskich dziewczyn najbardziej chyba wzruszają *Dziewczyny z Komorowa*, które „śmieją się wciąż na pamięci mojej ścieżkach", „młode są i ich młodość się nie zmierzcha", „spotykane rankiem w kolejce EKD"... Wojciech Młynarski do późnych lat pięćdziesiątych mieszkał w tej podwarszawskiej miejscowości w rodzinnej willi Zdziechowskich przy Słowackiego 6 (dziś 8). Napis na pamiątkowej tabliczce głosi „Pamięci Wojciecha Młynarskiego (1941–2017) i jego młodych lat spędzonych w Komorowie". Obok napisu – fragment tej właśnie piosenki. Można domniemywać, że właśnie w Komorowie przeżył pierwsze młodzieńcze zauroczenia płcią przeciwną. „Dziewczyny zdobywane w walce wręcz / do pierwszej krwi / przy pierwszym bzie". Piosenka napisana jest w roku 1996, kiedy autor jest już po pięćdziesiątce, więc wzrusza tym bardziej. A doktor Olejniczak zauważa: „Metafora «spoglądające zza firanek rzęs na klęski i zwycięstwa me» eksponuje przekonanie, że kobiety wykazywały zainteresowanie artystą, przyglądały się mu i śledziły jego poczynania. Są one ukazane nie jako istoty czekające na dowody męskiej odwagi, ale te, które same okazują mężczyźnie atencję".

Dziewczyny, już nie w tytułach, ale w treści pojawiają się w wielu piosenkach. W *Och, ty w życiu!* (nagroda w Opolu w 1966 roku, muzyka niezawodnego Senta) autor informuje, że ma „rozdartą duszę / z powodu – śmieszna rzecz – dziewczyny", następnie „do dziewczyny tej, wśród marzeń" wzdycha, a wreszcie apeluje doń: „Sympatyczna, liryczna dziewczyno, / skojarz ty mnie sobie wreszcie, skojarz".

Niezmiernie wzruszająca jest piosenka *Na naszym piętrze nowina*, wykonywana przez zespół 2 + 1, z muzyką Janusza Kruka.

Dziewczyno, żono zakochana,
Dziewczyno przy nadziei [...]
Wyszywasz kwiaty na fartuchu
I czekasz dnia powicia,
Mąż ukląkł przy twym pełnym brzuchu,
Słucha życia...

Wreszcie na koniec – tekst *Dziewczyny, kochajcie nas*. Tu Młynarski wzywa w imieniu całej męskiej braci:

Niepoważnych, poważnych
bardziej ważnych, mniej ważnych
pogubionych w szarym dniu
niepoprawnych, upartych
tych miłości wartych czy niewartych
pokochajcie nas ile tchu.

I o to chyba chodzi w tych wszystkich piosenkach z dziewczynami. Na wiosnę, lato, jesień i zimę. Na zawsze.

Stanisława Celińska

Noc błękitnieje, przed małą chmurką księżyc ucieka
I głos ten słyszę, to Bóg mój modli się do człowieka
Myśl gorejąca, myśl współczująca przed drzwi twych progiem
Więc drzwi odemknij, jesteś człowiekiem, ja jestem Bogiem.

Drzwi odemknij

„Miałam kiedyś w książeczce do Pierwszej Komunii Świętej obrazek: Pan Jezus stoi z pastorałem i puka do drzwi. Dokładnie ten widok był w mojej głowie, kiedy zwracałam się do Wojtka z prośbą o tekst. Muzyka powstała dopiero później" – mówi mi Stanisława Celińska.

Poruszający jest ten tekst. O Bogu. O człowieku. To jeden z ostatnich utworów Młynarskiego. Napisany specjalnie dla pani Stanisławy, według jej sugestii. Na płytę *Atramentowa...*, wydaną w roku 2015. Tę, od której zaczęło się Wielkie Celińskie Śpiewanie. Trwa ono do dziś, po tamtej płycie wyszło ładnych parę albumów. Aktorka, przez wiele lat teatralna i filmowa (dla wielu – może nawet głównie komediowa, barejowa), która, owszem, czasem śpiewała (*Song sprzątaczki* to przecież już klasyka) – teraz oddała się piosence w całości. Choć nie stało się to z wtorku na środę. „Płyta powstawała sześć lat, od 2009 roku – wspomina pani Stasia. – W międzyczasie Wojtuś napisał te teksty, potem się trochę niecierpliwił, co się z tym dzieje. No ale Maciek Muraszko kończył wtedy pracę z Maleńczukiem, ja z kolei szalałam u Warlikowskiego. I się przeciągnęło".

Do Muraszki jeszcze wrócimy. Do Warlikowskiego ona raczej już nie wróci. Ale na razie zatrzymajmy się na tamtych wytycznych:

> Pomyślałam sobie, że w czasach trudnych – a już wtedy były trudne – może być odwrotnie: nie że człowiek modli się do Pana Boga, ale Bóg do człowieka. Żeby ten wreszcie w Niego uwierzył i żeby mu się lepiej żyło. Pomyślałam, że Bóg potrzebuje ludzkiej miłości. I że chcę o tym zaśpiewać. Takie moje myślenie wywodzi się jeszcze z tego, że kiedyś grałam monodram *Księga Hioba* – premiera odbyła się w 1984 roku, w dniu pogrzebu księdza Popiełuszki. Do dziś zresztą mam to w repertuarze. Tam była mowa o tym, że Bóg potrzebuje miłości człowieka. Na górze wiatry wieją, chłodno. Ale jak On ma nasze serca, to jest inaczej, lepiej. Ostatnio świat zrobił się bardzo ateistyczny. Laicyzacja niesamowita. Już się nie mówi: Bóg, Honor, Ojczyzna. Te słowa są niemodne. Wielu wydaje się, że Bóg im nie jest potrzebny. Bo sobie dajemy radę – najemy się, wyśpimy i uważamy, że jesteśmy panami swojego losu. A nie jesteśmy. Gdy dzieje się coś głębszego, coś, co jest niezależne od nas, gubimy się. Kiedy ktoś nam umiera albo zakochujemy się nie w tej osobie, co trzeba, potrzebujemy siły nadprzyrodzonej, która nam pomoże, pokieruje nami. W tych momentach, które przekraczają nasze możliwości duchowe, psychiczne, Bóg jest bardzo potrzebny.

Aktorka opowiedziała o swoich przemyśleniach tekściarzowi. Wysłuchał i rzekł: „Dobrze, poczekaj trzy dni". Pomyślała: „Kurczę, jaki zdolny – tylko trzy dni!". Tekst przysłał nazajutrz. Celińska zauważa, że bardzo sprytnie to napisał. Nie, że Bóg się modli do człowieka w ogóle, tylko: „Bóg mój modli się do człowieka". Czyli że ona śpiewa w swoim imieniu, jako Stanisława.

> Umiejętne i mądre. Wojtek nie uogólnia tego w filozofii, tylko podkreśla: chodzi o zapotrzebowanie konkretnej osoby, która utwór wykonuje. Kiedy dostałam tekst, pomyślałam: w punkt. „Gdy północ bije, nim noc mnie skryje i w sen, i w ciszę..." Tam są piękne rzeczy, na przykład że „noc błękitnieje, przed małą chmurką księżyc ucieka" – uwielbiam ten moment! Ale też Młynarski ma swoje nieoczywiste skojarzenia: „Na złe i dobre niech nas połączy jedna współrzędna". Podoba mi się ta współrzędna, jest w tym tekście taka nieoczywista. Widać siłę warsztatu: czy temat wysoki, boski, czy inny, przyziemny – Wojtuś pisał z równą łatwością.

Drzwi odemknij to dla Celińskiej najważniejsza z jego piosenek. Bo jeszcze „taka fajna rumba" jest do tego napisana. Wraca do niej, tuż po naszej rozmowie ma to śpiewać w koncercie papieskim.

Artystka zamyśla się. Bardzo chciała, aby Wojtek napisał jeszcze jeden tekst. O życiu po życiu – jak on je sobie wyobraża?

> Zdążyłam mu to zasugerować. Ale już bardzo chorował i nie było o czym mówić. Nawet miałam wyrzuty sumienia, że w ogóle mu zawracam głowę. Tym bardziej że tematyka trudna dla człowieka w poważnym stanie. Nie zdążył mi tego napisać... A może Pan Bóg nie chciał, żeby on wiedział? Mam takie spostrzeżenie, że kiedy twórca dotyka kosmicznych prawd – takich, które należą tylko do Stwórcy – wtedy odchodzi z tej ziemi. Tak było z Bachem, Einsteinem,

wieloma innymi. Z niedokończoną symfonią Beethovena. Z Łomnickim, którego ostatnia rola – podejrzewam – byłaby genialna. Jak człowiek zbliża się do pułapu swoich możliwości, jest zabierany. Może dlatego, żeby następny znowu to badał?

Wracamy na *Atramentową*... Tam kołyszą się jeszcze trzy piosenki Młynarskiego. Jedna z nich była nawet singlem albumu, jego forpocztą. *Czerń i biel*.

Wspaniały tekst i też z refleksją, napisany dla mnie do muzyki Macieja Muraszki. O tym, że wszystko pięknie i jesteśmy bardzo mądrzy, ale do czasu – zanim przyjdzie miłość. Wtedy pojawia się problem. Bo ona łączy skrajne emocje: „Czerń i biel, start i cel, żar i lód, skwar i chłód. / I ból, i lek, maj i śnieg, jawa, sny, śmiech i łzy". W miłości wszystko się miesza i dlatego jest trudna.

Mnie ujmuje piosenka *Smuteczku mój*. Bo jest Młynarska *par excellence* – na koniec pojawia się światełko nadziei. Z tą oceną zgadza się pani Stanisława:

> Wojtek lubił dawać te recepty. Wiadomo, smuteczek jest. Jak u Norwida – ta nić czarna się przędzie. Ale można powiedzieć: już stop, szczęście, spłyń na ziemię. Zahamować złą passę. Chyba we wszystkich śpiewanych przeze mnie piosenkach na końcu jest pocieszenie. Bo oczywiście, łatwiej narzekać i być dekadentem, a trudniej coś zaradzić, nie zostawić słuchacza – za przeproszeniem – z ręką w nocniku. Trzeba dać otuchę, wskazówkę. To ludziom potrzebne. Doświadczam tego na każdym kroku.

Podczas naszej rozmowy za każdym razem wzrusza mnie moment, kiedy pani Stasia przepowiada sobie tekst piosenki pod nosem, żeby dojść do konkretnej frazy. Teraz też przesuwa słowa jak koraliki, na przyspieszeniu, na przydechu, lekko połykając głoski. Szu, szu, szu... – i jest!

Ten moment przejścia... „Krzyknę: «Szczęście, sfruń na ziemię, / spróbuj me istnienie wziąć na hol». / I uroczyście hol ten chwycisz osobiście, / i wręczysz mi na długie dni, smuteczku mój". Łapanie tego holu – to jest takie fajne, męskie. Bardzo lubię obrazowe określenia Wojtka. I niech pani zobaczy, jaka świetna przewrotka – że to właśnie smuteczek pomoże w złapaniu szczęścia.

Wreszcie: *Moje życie, twoje życie*. To on zaproponował jej śpiewanie tej piosenki. „A nawet na prośbę Macieja Muraszki dopisał ostatnią zwrotkę [pani Stanisława znowu szemrze tekst, zanim nie dojdzie do: „Biegną, gonią w jedną stronę, ale nie spotkają się" – przyp. aut.]. Piękna, przyjemnie się ją śpiewa. Z nostalgią. No i flet – świetna improwizacja Pawła Pełczyńskiego na końcu". Melodia pewnie wielu wyda się znajoma. Nic dziwnego, to swobodny przekład *C'est une histoire de l'amour* Dalidy, z muzyką Carlosa Elety Almarana, kompozytora z Panamy. Piosenka pierwotnie została napisana w latach pięćdziesiątych, wiele krajów miało swoje wersje językowe. U nas utwór w przekładzie Młynarskiego był śpiewany wcześniej przez Krystynę Jandę, ale Celińska nie oglądała się na poprzednie wykonanie. Zwłaszcza że przy tej pierwszej płycie bardzo świadomie szukała nowej barwy. „Do tamtej pory śpiewałam mocno, od *Atramentowej*... zaczął się nowy etap. Ciepło, niskim głosem, prawie szeptem. Bardzo osobisty komunikat. Chcieliśmy, żeby płyta trafiała do serc i jednocześnie pocieszała, dawała spokój. I to się udało, do tego stopnia, że niektórzy mówili, że trzeba uważać, prowadząc samochód, aby nie usnąć" – śmieje się.

Z tą piosenką łączy się pewna historia: aktorka chciała trochę zmienić tekst. Nie odpowiadał jej kawałek zaraz na początku – tam, gdzie wstążki dwie „na wietrze rozwieszone / wietrzą się". Ale autor nie pozwolił! „I słusznie. Szybko wytłumaczył, żebym sobie wybiła to z głowy. Napisane jest dokładnie tak, jak ma być. Wszystko precyzyjnie przemyślane. Koniec".

Czy był zatem apodyktyczny? Pani Stanisława kręci głową. „To nie była apodyktyczność, ale decyzja i umiejętność. I wie pani co? Jego teksty w ogóle mi się nie plączą, gdy śpiewam. Są tak logiczne i dobrze skonstruowane, że nigdy się nie pomyliłam".

Pytam, czy czuła, że ją cenił. Potwierdza. Wzruszyła się, kiedy tak pięknie napisał o niej w książeczce do płyty. „Lirycznie, serdecznie. Nie spodziewałam się". Mówi, że możemy zacytować fragment. Ale na cytat zasługuje całość. Słowa Wojciecha Młynarskiego:

> Pisząc teksty piosenek od wielu dziesiątków lat, utwierdziłem się w przekonaniu, że piosenka o wartościowej melodii i pomysłowym, niekiedy poetyckim tekście to materiał, to okazja do wykreowania kilkuminutowej sztuki teatralnej, do zagrania skrótowej, dramatycznej, lirycznej bądź komediowej roli. Te myśli towarzyszą mi, zwłaszcza kiedy obserwuję piosenkową działalność Stanisławy Celińskiej. Jej warsztat muzyczny jest nienaganny. Jej muzyczna wrażliwość jest ogromna. Ale powiedzieć tak to praktycznie nie powiedzieć nic. Bo podejście Stasi do każdej piosenki wiąże się z możliwościami Jej talentu, z ogromną wyobraźnią, siłą wyrazu, słowem z tą niezliczoną ilością filtrów, przez które przebiega słowno-muzyczny materiał, by w końcu stać się odrębnym światem, światem Stanisławy Celińskiej. I rzecz ciekawa, że

dzieje się tak nie tylko z wyrafinowanymi piosenkami. Stasia umie zaśpiewać najprostszą, najbardziej znaną piosenkę tak, że jak to mówią, „wbija w fotel". Jestem wielkim admiratorem Jej twórczości. Czekam na nowe utwory, które Stasia śpiewa tak, że przychodzi mi obcować z zawartą w nich tajemnicą. Jestem szczęśliwy, że w dobie komercji i bylejakości mamy kogoś, kto lśni czystym, artystycznym blaskiem, mamy Stanisławę Celińską.

Dziś aktorka uśmiecha się: „Kiedy to przeczytałam, poczułam się taka potrzebna... I że to jest dobra droga".

Przyszedł na jej koncert w teatrze, 8 maja 2015 roku – premiera *Atramentowej*... Na ten wieczór wymyśliła sobie, że będzie grała jednocześnie dwie postaci – panią Celińską i „taką dziennikarkę porąbaną, która zadaje durne pytania". I jako ta dziennikarka wskazała palcem na widownię: „O, a tam siedzi Wojciech Młynarski". Wstał, ukłonił się. Wtedy chyba widzieli się po raz ostatni.

Ale cofnijmy się w czasie. Bo ich losy splatały się od dawna. Na przykład wtedy, gdy mąż Celińskiej, Andrzej Mrowiec, brał udział w spektaklu *Cień* – bajce muzycznej dla dorosłych. Jak napisano o nim w recenzji: „aktor o rzadko spotykanej wyrazistości i sugestywności". Premiera odbyła się 27 kwietnia 1973 roku w Teatrze Rozmaitości, reżyserował Jerzy Dobrowolski. „Z tej rozgrywającej się w bajecznym kraju historii łatwo można odczytać aluzje do współczesności, i tak też przyjęto ten satyryczny, mądry musical" – zauważał w *Przewodniku operetkowym* Lucjan Kydryński. Za libretto odpowiadał Wojciech Młynarski, za nuty – Maciej Małecki. „Przepiękny spektakl, gdzie grała Elżbieta Starostecka, Lewandowski Marek w roli głównej, mój mąż, Łazuka, żona Wojtka, czyli Adrianna Godlewska-Młynarska, cała plejada aktorów" – wspomina pani Stanisława. Na próby nie chodziła, nie śmiała przeszkadzać. Ale na przedstawienia – owszem. „Bo to było pięknc! Wzruszające. Świetnie śpiewali. Dziś już spektakl mało znany, a przecież tam był wspaniały tekst Juliusza Szwarca, to według jego sztuki *Człowiek i cień*. Niezwykle mądry. O tym, że każdy ma w sobie i dobro, i zło. Teraz by to było bardzo aktualne. Czasami nawet noszę się z zamiarem, że może bym to zrobiła. Jak będzie sprzyjająca passa. I jeśli będę chciała coś reżyserować".

To jest wiadomość! Deklaruję pani Stasi, że jak do tego dojdzie, będę przychodzić na próby, żeby nosić jej kawę. A jej jeszcze przypomina się obrazek, jak to – w czasach *Cienia* – poszli raz do Młynarskich do domu. „Gospodarze akurat mieli sjestę, wszyscy sobie podsypiali i to było takie cudowne, podobało mi się. Sielanka".

Czy nie miała w tych czasach pokusy, by śpiewać jego piosenki? Zwłaszcza że mistrz dał jej pozwolenie na skorzystanie z utworów z cyklu *12 godzin z życia kobiety*. Był też plan, że ona, z tym swoim mocnym głosem, zrobi z nim parę jazzowych standardów. „Ale nie zrobiłam". Może dlatego, że zależało jej na tym, aby być postrzeganą przede wszystkim jako aktorka dramatyczna. „Bardzo tego pilnowałam. Mogłam w zastępstwie za Krysię Sienkiewicz grać w Kabarecie Olgi Lipińskiej, ale odmawiałam komediowych rzeczy. Nawet Barei raz odmówiłam mojego udziału – w *Poszukiwany, poszukiwana*. A kiedy potrzebne były wykonawczynie do telewizyjnego programu rozrywkowego, to właśnie Wojtek Młynarski powiedział o mnie: «ale ona jest dramatyczna, ona się nie śpiewa i tym się nie zajmuje»".

Wokalnie spotkali się dopiero na Przeglądzie Piosenki Aktorskiej we Wrocławiu, na początku lat dziewięćdziesiątych.

Wojtuś bardzo we mnie wierzył. Ale czasami przesadzał. Jak wtedy, kiedy przyjechał Okudżawa. W pierwszej części śpiewaliśmy jego piosenki, coś tam usiłowaliśmy przekazać, interpretować. A potem pojawił się on. Wydaje się: proste piosenki. Ale takie zaśpiewać najtrudniej! Okudżawa wychodził na scenę, stawiał nogę na krześle, brał gitarę, nic nie robił aktorsko, a i tak był koniec świata. Na cześć wielkiego barda Wojtek napisał tekst *Majster Bułat* [pani Stanisława znowu podśpiewuje – przyp. aut.]. „Co nie raz i nie sto / dobrym myślom pospieszał z odsieczą. / I dla serc nieszczęśliwych piosenki miał, co / serca leczą". To oczywiście nawiązanie do piosenki *Majster Grisza* Okudżawy. I Wojtek mówi: „Stasiu, zaśpiewasz". A to miało być tego samego dnia, za dwie, trzy godziny! Wołam: „Jak to?!". A on: „Nauczysz się. W razie czego pomogę". No i na scenie stało się to, czego się obawiam przy tak krótkim „terminie zamówienia". Śpiewam, śpiewam, a w pewnym momencie stanęłam, nie wiedziałam, co dalej. Na szczęście Wojtek się uśmiechnął, pociągnął i żeśmy dośpiewali do końca.

Nie doszukałam się filmu z tego wieczoru, jest tylko wersja audio. Za to w internecie można obejrzeć spektakl *Bułat Okudżawa. Pieśni i ballady*. To XII Przegląd Piosenki Aktorskiej, z 2 marca 1991 roku. We wrocławskim Teatrze Polskim na scenie kwiat naszego aktorstwa: Celińska i Pakulnis, Machalica i Malajkat, Opania, Zamachowski, Zborowski. I Młynarski. Gra zespół pod kierunkiem Janusza Bogackiego, reżyseruje Krzysztof Zaleski. Celińska śpiewa tam piosenkę *Majster Grisza* w tłumaczeniu Wiktora Woroszylskiego, a także *Piosenkę o żołnierskich butach* (przekład Witold Dąbrowski i Andrzej Mandalian) oraz *Trzy miłości* w tłumaczeniu Młynarskiego. On natomiast jest w radzie programowo-artystycznej festiwalu. Wrażenia? Spektakl nostalgiczny już w swoim założeniu, po trzech dekadach od premiery jest nostalgiczny podwójnie. Bez fajerwerków, a jednak się iskrzy. Jakością, dykcją, melodyjnością. I ówczesną młodością wykonawców.

Szkoda, że moja rozmówczyni nie śpiewała więcej piosenek Młynarskiego. W książce o Celińskiej (*Niejedno przeszłam* autorstwa Karoliny Prewęckiej) o artystce opowiada między innymi Maciej Stuhr. Stanisława przyszła na próbę z muzykiem, Wojciechem Borkowskim, wybrać tonację do piosenki *Polska miłość*, miała ją śpiewać w spektaklu *Młynarski, czyli trzy elementy* w Ateneum (na czterdziestolecie pracy twórczej mistrza, w reżyserii Magdy Umer; Celińska ostatecznie w nim nie zagrała). Najpierw poszli w C-dur, wyszło świetnie. Potem próbowali w coraz wyższych tonacjach. „Staszka śpiewa wstrząsająco. Każdy dźwięk utrzymany i czysty" – wspomina Stuhr. W końcu ona postanowiła z wysokości... zejść możliwie najniżej. „I w ten sposób przeszła całą skalę. W każdej tonacji była rewelacyjna. Nigdy więcej czegoś podobnego nie widziałem i nie słyszałem".

Niedawno Stanisława Celińska sama zaczęła pisać teksty na swoje płyty. Odważny krok – tak, zdaje sobie z tego sprawę. Namówił ją Maciej Muraszko, autor wszystkich melodii do jej utworów. „Wszystko przez Muraszkę" – wołam, bo to przecież on przekonał ją w ogóle do tego nowego śpiewania i występu w Opolu w 2015 roku, po którym okrzyknięto ją polską Cesárią Évorą. „Ale brak Wojtka Młynarskiego też to spowodował. Normalnie bym się zwracała do niego. Gdyby żył, na pewno napisałby mi niejedną piosenkę. A tak – pomyślałam – może spróbuję".

I tu pani Stasia znowu mnie zaskakuje. Okazuje się, że od kilku lat próbuje napisać tekst piosenki o Wojciechu Młynarskim. Pod roboczym tytułem *Odejście poety*. „Jeszcze mi nie wychodzi" – przyznaje rozbrajająco. Ale może teraz znowu się przymierzy. Ma to w rękopisie gdzieś, w próbkach.

„Kiedy odchodzi poeta, zamiera świat" – tak zaczęłam. Bo poeta potrafi definiować wszystko, co się dzieje wokół. Nazywać po imieniu, organizować. To jest zbawcze, pomocne.

Gdy zabraknie obserwatora, który potrafi z rzeczywistości wydobywać to, co ważne, świat dużo traci. Jak tak zwany normalny człowiek patrzy na wydarzenia, widzi chaos. A Wojtek potrafił wyłowić kwintesencję i wybrać z tego myśl, która pomaga człowiekowi żyć dalej.

Pani Stanisława mocno wierzy, że piosenka pomaga. Chce, żeby pisane przez nią teksty też tak działały, więc wzoruje się na Młynarskim. Bo jej się w ogóle podoba męska poezja. Dlatego zawsze wolała śpiewać piosenki na przykład Jonasza Kofty niż poetek:

Owszem, teksty, które teraz piszę, staram się posypać pewną kobiecością. Ale generalnie chciałabym, żeby były w nich tak dosadne i tak trafne sformułowania jak w poezji Wojtka. On potrafił powiedzieć to, co niejedna osoba czuje, ale nie umie ubrać w słowa. Często po koncercie ludzie mówią mi: „Pani śpiewała o mnie, to są moje piosenki". Bo przecież gdzieś w środku wszyscy jesteśmy tacy sami. Każdy jest albo małą dziewczynką, albo małym chłopcem. I jak człowiek zajrzy głęboko w siebie, znajduje prawdę, która może pomóc nie tylko jemu, ale i wielu innym osobom.

Piosenka o Młynarskim? Chyba nikt jeszcze takiej nie napisał. Przecież tekst o wielkim tekściarzu nie może być banalny. Artystka żartuje, że jak będzie źle, mistrz wystawi nogę zza chmurki i kopnie: „Co ty tam piszesz, Stasiu?". I że pewnie już teraz obsztorcowałby ją za niektóre rzeczy w tworzonych przez nią tekstach. Wspomina:

Miałam kiedyś przygodę z Jonaszem Koftą. Napisałam piosenkę – zresztą po latach ją dokończyłam – o drzewie. Tekst babski bardzo. Przeczytałam mu ją na głos. Kofta popatrzył na mnie, wziął serwetkę – bo to było w kawiarni – i mówi: „To teraz pokażę ci, jak trzeba napisać". Od ręki poprawił moją grafomanię. Myślę, że Wojtek zrobiłby to samo z niejednym moim tekstem. Ale wie pani... On w swoich utworach nie chciał zmieniać ani pół słowa. Dziś to rozumiem. Kiedy pisząc, dojdę do wniosku, że to już jest ten wyraz, krzyżem bym się rzuciła i Rejtanem w jego obronie. Tylko że trochę trwa, zanim do tego właściwego słowa dojdę. Oczywiście dłużej niż u Wojtka, bo u niego to było na pstryknięcie palcami. Miał to wszystko w sobie. Ja się dopiero uczę.

Ona także z jego skrzydlatych słów lubi najbardziej: „róbmy swoje". Cytuje na koncertach.

Bo są tacy, którzy uważają, że jak pandemia czy wojna, to oni nie będą nic robić, tylko czekać, aż się skończy. A w ogóle to są w dołku. W jakim dołku? Trzeba robić swoje! Nie wytłumaczysz się potem: „Ach, nic nie zrobiłem ze sobą, bo był wirus, inwazja". Nie! Tuman idzie swoją drogą, a ty masz się rozwijać. Nie patrzmy na tych, na tamtych. Nie wzorujmy się na nikim, tylko róbmy swoje – to jest genialne. Człowiek sobie to powtórzy i już mu lepiej.

Pani Stanisława uważa, że dobru trzeba pomóc. Pisze o tym w swojej *Modlitwie o pokój*. To ważne zwłaszcza dziś, kiedy zło jest tak wszechpotężne. „Im będziemy lepsi, tym większa szansa, że zło będzie tłamszone" – mówi z przekonaniem.
Wracamy do piosenki *Drzwi odemknij*. „Zaśpiewamy sobie na koniec, co nam szkodzi". I płyną słowa.

Więc mnie wysłuchaj, serca niepokój w nadzieję przekuj,
to ma modlitwa o ciebie i trwa na wieki wieków.

Przypomina mi się, jak podczas swego jubileuszu w Opolu w 1988 roku Młynarski, mówiąc o Jerzym Wasowskim, zadeklarował ze sceny: „Wierzę – bo jestem człowiek wierzący – że przyjaciel patrzy z chmurki na nas i może troszkę się cieszy".

Czy Stasia i Wojtek rozmawiali o wierze? Nie za bardzo. „Ale wydaje mi się, że Wojtuś zaznał tej czułości z góry". – Uśmiecha się artystka. Tym swoim dobrotliwym dla świata uśmiechem, w którym czuję zrozumienie dla wszystkich ludzkich słabości. Kołyszące – jak jej piosenki.

Coda

Po interludiach czas na codę – mam nadzieję, że nie jest to wyrażenie na wyrost. Bohater tej książki lubił słownictwo muzyczne. Te wszystkie „berżeretki, ballady, canzony", które pamiętam z tekstu *Lubię wrony*, czy inne beginy, kuplety, szansonetki. I serce jak muzyk – „improwizujący, co ma własny styl i rytm".

Kilka miesięcy po odejściu pana Wojciecha miałam okazję przeprowadzić wywiad z Agatą Młynarską. O tym, jaki tata był w domu, o rodzinnych rytuałach. Wywiad naprawdę duży – Jacek Szmidt, redaktor naczelny „Twojego Stylu", zdecydował, że temat zajmie aż jedenaście stron – ewenement w historii pisma. Pamiętam plastyczne opowieści Agaty o tym, jak pan Wojciech od rana chodził po domu w słynnym granatowym szlafroku, stukając o dębowe podłogi szwedzkimi – modnymi wówczas – drewniakami. Że lubił twarożek i keczup. Że córki nazywały go „Królem Lulem". Że miał świetne porozumienie intelektualne z żoną. W swoim mieszkaniu przy Woronicza Agata pokazała mi też pamiątki po ojcu. Wierszowane laurki wypisywane jego dziecięcą ręką, zdjęcia, obrazy. Kalendarze z charakterystycznym „okienkiem" – niespotykane za komuny, bo szwajcarskie, od siostry. A w nich kawał pięknej historii polskiej piosenki. Rok 1966 – pan Wasowski, Dudek, próba kamerowa. Próba. Kwiatkowska. 1967 – Hybrydy. Warska.

Wysłać Niemenowi tekst, nuty i taśmy. Albo 1975 – Opole. Wyjazd, próba, Michnikowski, telewizja, Gołas...

"W rodzinie było wiele silnych kobiet. A Wojcio wśród nich brylował" – mówiła mi podczas tego spotkania Agata. Miałam nawet okazję zobaczyć stół z 1904 roku, zrobiony z dębów, które rosły w rodzinnym majątku w Gładczynie, a zaprojektowany przez Cecylię Zdziechowską. Tak, tę samą babcię Cesię, o której opowiadał Młynarski, że uczyła kindersztuby, uciekając się do dość radykalnych metod. Agata potwierdziła: owszem, wspominano czasami surowość Cesi, ale przede wszystkim jej wielkie serce. I talenty: pani Zdziechowska zaprojektowała nie tylko meble, ale i dom w Komorowie ("Na tamte czasy była niezwykle nowoczesną kobietą"). Obejrzałam również "Romualdy" – obrazy przodkiń Młynarskiego, które wisiały w komorowskim domu. Na pierwszym, z 1801 roku: Konstancja Zdziechowska, późniejsza Madalińska, córka Romualda i Tekli z Maszkowskich. Na drugim: Konstancja, matka Romualda. Legenda głosi, że umarła ze śmiechu – bo była straszną śmieszką. Agata wspomniała też, że dostała w posagu sześć talerzy z wielkiego rosenthalowskiego serwisu rodzinnego – to właśnie te "rozentale" z piosenki *Truskawki w Milanówku*. Opowiadała o mamie pana Wojciecha – "przepięknej i arcydobrej babu Magdzie", i jej siostrach: Marii i Anuli, z których każda miała dwie córki ("To się nazywa siła kobiet!").

W dzieciństwie córka Wojciecha Młynarskiego spotkała część z moich rozmówczyń. Ale też wiele innych artystek. Na Marię Koterbską mówiła: "ciocia, która usiadła na płycie", bo tak się faktycznie zdarzyło u nich w domu. Młodziutka Agata była z kolei przez ojca nazywana córką ogniopiórką (z racji swego ówczesnego słomianego zapału) albo kupcową wenecką – bo łatwo dawała się nabierać, "kupowała" rzucane w jej stronę żarty. W tamtych latach miała poczucie, że znajduje się w kolorowym, pełnym emocji, twórczym świecie, gdzie jej tata gra absolutnie pierwsze skrzypce. I że ci wszyscy ludzie są dla niej wujkami, ciociami, kumplami – bliskimi. Ale wiedziała dobrze: to osoby, przed którymi trzeba czuć respekt. „Dopiero niedawno przełamałam się i zaczęłam mówić na ty Irenie Santor, i to dopiero na jej wielokrotnie wyrażone życzenie. Podobnie z Haliną Kunicką. Jako dzieci nigdy nie dano nam do zrozumienia, że możemy sobie na to pozwolić tylko dlatego, że jesteśmy w tym «tyglu»".

Wzruszyło mnie szczególnie jedno wspomnienie:

U nas każdy niedostatek czułości rekompensowały nam teksty pisane przez tatę. Często czułam, że coś jest o nas, o mnie. I że może tato nam wprost czegoś nie powie – bo żyje tak, jak umie – ale tekstem daje mi coś w zamian. Czego może w zwykłym życiu nie dostawałam... [...] Gdy np. pojawił się tekst: „Ludzie, to jest znana rzecz od stuleci – siebie nie musimy, lecz chrońmy dzieci", czułam, że to o nas. Gdy byłam starsza, rozmawialiśmy o relacjach kobieta–mężczyzna. I tata potem napisał w piosence: „Po co jechać aż do Werony? Do Werony daleko hen. W naszym mieście też są balkony do tragicznych stworzone scen". To była jego odpowiedź na różne moje rozmowy z nim, jak się zachować w sytuacjach romantycznych. Tata napisał też spektakl *Wesołego powszedniego dnia*. I każdy z tych tekstów jest tak głęboko wrażliwy na to, co czuje kobieta, matka, kochanka, niekochana żona, kobieta w ciąży. A kiedy mnie życie dojechało jako matkę Polkę, to *12 godzin z życia kobiety* śpiewałam sobie i łzy mi ciekły, bo wiedziałam, że nikt tego lepiej nazwać nie potrafi.

Jeden z ostatnich tekstów napisał Młynarski, kiedy Agata w 2014 roku wychodziła za mąż. Mówiła mi: „Kiedy zakochałam się w Przemku, rozmawiałam z tatą o tym, jak wygląda dojrzała miłość. I on powtarzał: «właśnie, żeby tego nie stłuc»". I oto w wierszu znalazł się piękny fragment: „To między Wami – to jest porcelana". Na koniec autor przedstawia się: „ja, co sztuk parę porcelany stłukłem". Mocne wyznanie.

Po naszej rozmowie utwierdziłam się w przekonaniu, że Młynarski świetnie umiał oddać sposób, w jaki świat odczuwają kobiety. Wrażliwość, precyzja, empatia. Ale jeszcze raz podkreślam, że znakomicie i dużo pisał o mężczyznach i z męskiego punktu widzenia. Jedno nie wyklucza drugiego. Ta książka oświetla tylko fragment wielkiej młynarskiej sceny uczuć.

Pisząc, zerkam na okładkę albumu winylu *Dziewczyny, bądźcie dla nas dobre na wiosnę*. Mam oryginał z 1968 roku, na którym już w XXI wieku autor tekstów złożył autograf z dedykacją dla naszej rodziny. Ważna pamiątka, bo – jak wspominam na początku – pewnie gdybym na studiach nie trafiła do teatru akademickiego Uniwersytetu Warszawskiego, który akurat przygotowywał spektakl z piosenkami Wojciecha Młynarskiego, moje losy uczuciowe potoczyłyby się inaczej. Okładka z autografem wisi u nas nad pianinem. Esowo-floresowa ilustracja Stanisława Żakowskiego okala fotografię dwudziestosiedmioletniego wówczas tekściarza pozującego w otoczeniu Alibabek w stylizacji „kwiaty we włosach". A na odwrocie – słowo od samego Stanisława Dygata (w wersji polskiej i – uwaga! – angielskiej), który o piosenkach „najbardziej interesującego pisarza w młodej literaturze polskiej" wyraża się tak: „Jego bohaterowie powszedniości walcząc daremnie przeciw niej korzystają już z najnowszych zdobyczy cywilizacji, a wciąż są zaplątani w przeżytki minionych epok. Młynarski kocha tych ludzi, chciałby ich jakoś pocieszyć, jakoś im pomóc. Chyba pomaga. Stwierdzam to po sobie". („He does it with me").

Piosenka pomaga. Dlatego w czasach płynnej rzeczywistości warto wracać do tekstów Młynarskiego. Jeśli chodzi o te śpiewane przez kobiety – na poprzednich stronach jest już mnóstwo tropów. Ale przecież oprócz roznamiętniania się w wokalnej twórczości pań występujących w książce warto jeszcze nucić do spółki z Krystyną Jandą (wspaniałe *Trochę miejsca*, *Ogrzej mnie*), charyzmatyczną Grażyną Łobaszewską (*Wieczór bez okazji*), energetyczną Lidią Stanisławską (*Gram w kiepskiej sztuce*, Opole '78). Dalej: Joanna Rawik i *Ściany między ludźmi* czy *Kiedy nie mam na siebie pomysłu*, Krystyna Prońko i *Poranne łzy*, Alina Janowska i *Sałatka*, Dana Lerska i *Po prostu jestem*, Zofia Kamińska z *Jeszcze w zielone gramy* (Opole '85) czy – bliżej naszych czasów – Daria Zawiałow z tą samą piosenką.

I tak dalej, i tak dalej – jak mawiał mistrz.

Piosenki Młynarskiego śpiewane przez kobiety zliczy któż?

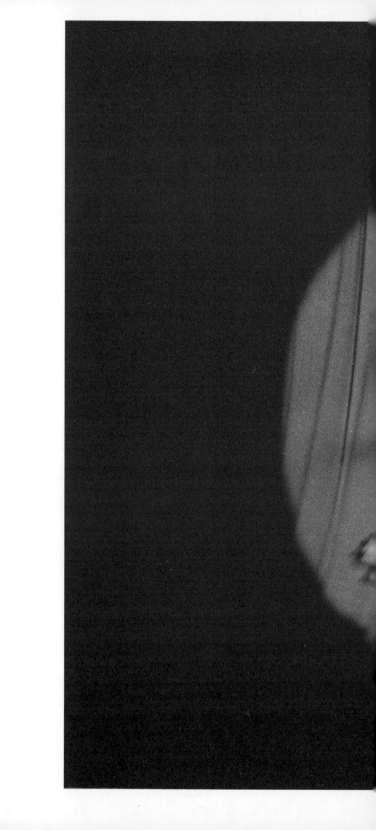

Podziękowania

Podziękowania niech zechcą przyjąć Rozmówczynie, które poświęciły swój czas, dzieląc się wspomnieniami, a nierzadko nucąc piosenki, o których rozmawiałyśmy. Te mikrokoncerty zostaną w moim sercu (i w dyktafonie).
Dziękuję Adriannie Godlewskiej-Młynarskiej za spotkania w jej domu i życzliwość dla mojego stylu pisania. Dziękuję Agacie Młynarskiej, która na pomysł książki zareagowała zwięzłym: „Nojszu, pisz", wskazała wiele cennych tropów, a raz z właściwą sobie swadą pomogła w trudnej kwestii. Agato, nie zapomnę też, że podczas premiery filmu *Młynarski. Piosenka finałowa* w kinie Luna życzliwie nazwałaś mnie „młynarskolożką" – to zobowiązuje i motywuje. Dziękuję Paulinie Młynarskiej, która była jedną z bohaterek mojej pierwszej książki i z sympatią podeszła do projektu niniejszej. Dziękuję Jankowi Młynarskiemu za wspólny festiwal w Gdańsku, gdzie miałam zaszczyt poprowadzić koncert finalistów konkursu Młynarski w Paryżu.
Podziękowania za gesty współpracy kieruję do Muzeum Literatury w Warszawie i Muzeum Polskiej Piosenki w Opolu, a także do Agnieszki Labenz, szefowej Fundacji „Róbmy Swoje dla Kultury", i Gabi Stankiewicz organizujących z zapałem Festiwal Twórczości Wojciecha Młynarskiego.

Merci mojej Mamie, Ninie Wiatrowskiej, która była pierwszą czytelniczką tej książki, a jej entuzjazm sprawiał, że nabierałam wiatru w żagle, oraz Lulu, która zawsze wierzy w mój potencjał – nawet bez czytania tekstów.

„Byle dalej, byle w przód! [...] Fa fa fa fa fa ra fa fa!" Ten entuzjastyczny okrzyk kieruję do wspaniałych „Drogowców": Mery Sapalskiej, Piotra Kadysza, Tomasza Strąka i oczywiście mojego męża Artura Nojszewskiego. Jestem Wam, Kochani, wdzięczna za przygodę ze spektaklem *Droga* z piosenkami Wojciecha Młynarskiego. I czekam na kontynuację.

Pozdrowienia dla reżyserów naszych spektakli: Mirka Sikory i Jerzego Łazewskiego.

Choć skroń niejedna siwa, jeszcze w zielone gramy. Absolutnie!

Bibliografia

Materiały wizualne

Agata się kręci. 4. rocznica śmierci Wojciecha Młynarskiego, YouTube, kanał: Agata Młynarska, dostęp z 29 września 2023.
Czterdziecha – recital jubileuszowy Wojciecha Młynarskiego, 2003, YouTube, kanał: REC Archiwum, dostęp z 29 września 2023.
Hybrydy – stare śmieci, reż. Tadeusz Pikulski, 2003.
Młynarski. Piosenka finałowa, reż. Alicja Albrecht, 2017.
Młynarski. Rozmowy poszczególne, Ninateka.pl, dostęp z 17 marca 2017.
Młynarski Wojciech ZAIP, YouTube, kanał: Kris Lent, dostęp z 11 lutego 2021.
Niedziela z..., odcinek poświęcony twórczości Wojciecha Młynarskiego, Tvp.vod.pl, dostęp z 29 września 2023.
Szansa na sukces, s. 9, odc. 12, Tvp.vod.pl, dostęp z 29 września 2023.

Audycje radiowe

Benefis Wojciecha Młynarskiego, Program Trzeci Polskiego Radia, 18 kwietnia 2011.
Bez tajemnic. Wywiad z Ewą Bem, Program Pierwszy Polskiego Radia, 29 grudnia 2013.
Bez tajemnic. Wywiad z Hanną Banaszak, Program Pierwszy Polskiego Radia, 13 czerwca 2014.

Dwie do setki. Twórczość Wojciecha Młynarskiego, Program Drugi Polskiego Radia, 19 grudnia 2020.

Leniwa niedziela. Wywiad Marii Szabłowskiej z Januszem Sentem, Program Pierwszy Polskiego Radia, 3 kwietnia 2016.

Publikacje książkowe

Michał Bajor, *Moje piosenki*, Warszawa 2003.
Roman Dziewoński, *Irena Kwiatkowska i znani sprawcy*, Warszawa 2016.
Piotr Dziewoński, Roman Dziewoński, *Dożylnie o Dudku Edwardzie Dziewońskim*, Warszawa 2007.
Adrianna Godlewska-Młynarska, *Jestem, po prostu jestem*, Warszawa 2003.
Jerzy Grygolunas, *Festiwale opolskie*, Warszawa 1971.
Izolda Kiec, *Historia polskiego kabaretu*, Poznań 2013.
Aneta Kielak-Dudzik, *Janusz Warmiński i jego teatr*, Warszawa 2021.
Iwona Kienzler, *Kronika PRL. Festiwale, festiwale*, Warszawa 2015.
Lucjan Kydryński, *Przejazdem przez życie… Kroniki rodzinne*, Kraków 2005.
Agnieszka Litorowicz-Siegert, Agata Młynarska, *Moja wizja*, Kraków 2017.
Dariusz Michalski, *Dookoła Wojtek. Opowieść o Wojciechu Młynarskim*, Warszawa 2008.
Dariusz Michalski, *Komu piosenkę?*, Warszawa 1990.
Dariusz Michalski, *To była bardzo dobra telewizja*, Warszawa 2012.
Barbara Młynarska-Ahrens, Jerzy Sosnowski, *Życie nie tylko snem*, Warszawa 2018.
Wojciech Młynarski, *Miłe panie i panowie bardzo mili*, Warszawa 1995.
Wojciech Młynarski, *Młynarski. Rozmowy*, Warszawa 2018.
Wojciech Młynarski, *Moje ulubione drzewo, czyli Młynarski obowiązkowo*, Kraków 2007.
Wojciech Młynarski, *Od oddechu do oddechu*, Warszawa 2017.
Wojciech Młynarski, *Polska miłość*, Warszawa 2019.

Wojciech Młynarski, *W co się bawić*, Kraków 1983.
Wojciech Młynarski, *W Polskę idziemy*, Warszawa 2018.
Wojciech Młynarski, Janusz Sent, *Jesteśmy na wczasach. Piosenki*, Kraków 2007.
Karolina Prewęcka, *Stanisława Celińska. Niejedno przeszłam*, Warszawa 2020.
Katarzyna Skrzydłowska-Kalukin, *Mistrz. Absolutnie*, Warszawa 2017.

Książeczki dołączone do wydań płytowych

Ateneum gra Młynarskiego, Warszawa 2019.
Młynarski w Paryżu, Warszawa 2016.
Róbmy swoje '95, Warszawa 1995.
Wojciech Młynarski. Prawie całość, Warszawa 2014.

Programy teatralne

Młynarski, czyli trzy elementy, Teatr Ateneum, Warszawa 2003.
Młynarski obowiązkowo! Śpiewany autoportret na aktorów i orkiestrę, Teatr 6. piętro, Warszawa 2015.
Róbmy swoje, Teatr Ateneum, Warszawa 2016.

Opracowania i teksty naukowe

Katarzyna Burska, *W świecie tytułów utworów Wojciecha Młynarskiego*, [w:] *Strasznie lubię cię, piosenko. Szkice o tekstach Wojciecha Młynarskiego*, red. Katarzyna Burska, Elwira Olejniczak, Łódź 2018.
Bartłomiej Cieśla, *Przejawy kreatywności leksykalnej w twórczości Wojciecha Młynarskiego*, [w:] Tamże.
Katarzyna Jachimowska, *Świat muzyki słowami solysty. Analiza leksykalno-funkcjonalna terminologii muzycznej wykorzystywanej przez Wojciecha Młynarskiego w jego wierszach i piosenkach*, [w:] Tamże.
Małgorzata Kita, *Lekcja kultury języka prowadzona przez Mistrza*, [w:] Tamże.

Ariadna Lewańska, *Dlaczego teatr ogólnie jest piękny? Młynarski na scenie*, Teatr-pismo.pl, czerwiec 2017, [online] tinyurl.com/bdzd5s2c.

Izabela Mikrut, *Przymrużonym okiem. Radość czytania satyryków*, Będzin 2016.

Elwira Olejniczak, *Wizja szczęścia w tekstach wybranych piosenek Wojciecha Młynarskiego*, [w:] Tamże.

Dorota Samborska-Kukuć, *Wojciecha Młynarskiego rewersy grandilokwencji*, [w:] Tamże.

Jacek Sieradzki, *Wojciecha Młynarskiego kronika polska*, „Akcent", 1987, nr 4.

Anna Sokół-Klein, *„Skąd ty tyle wiesz o kobiecie? Nie odpowiedział. A chyba wiedział" – kilka słów o wizerunku kobiety w wybranych tekstach Wojciecha Młynarskiego*, [w:] Tamże.

Wojciech Młynarski, seria „Artyści Ateneum", red. Aneta Kielak, Tadeusz Nyczek, Warszawa 2016, zeszyt nr 6.

Aneta Wysocka, *„Określona epoka" w skrzydlatych słowach Wojciecha Młynarskiego*, „Roczniki Humanistyczne", 2022, t. 70, nr 6.

Prasa

Paweł Brodowski, *Wojciech Młynarski. Cudowna karawana*, „Jazz Forum", 2017, nr 4–5.

Krystyna Gucewicz, *Jak w przedwojennym kabarecie*, „Express Wieczorny", 1987, nr 63.

Paweł Gzyl, *Zmarła „prześliczna wiolonczelistka" z piosenki Skaldów*, „Gazeta Krakowska", 17.03.2021, [online] tinyurl.com/3nakfz4n.

Agata Młynarska, *Córka ogniopiórka*, rozm. przepr. Joanna Nojszewska, „Twój Styl", 2017, nr 8.

Wojciech Młynarski, *Przetrwamy*, „Piosenka. Rocznik Kulturalny", 2017, nr 5.

Źródła internetowe

bibliotekapiosenki.pl
e-teatr.pl
hypatia.pl
jazzforum.com.pl
miejski.pl
muzeumpiosenki.pl

Wykaz źródeł ilustracji

s. 5, 124, 182: fot. Marek Karewicz / East News
s. 6: okładka płyty *Dziewczyny bądźcie dla nas dobre na wiosnę* wydanej przez Polskie Nagrania
s. 25: fot. Lucjan Fogiel / East News
s. 26, 48, 64, 82, 202, 237, 238, 252: fot. Zofia Nasierowska / REPORTER
s. 42, 60: fot. Jerzy Płoński / RSW / Forum
s. 78, 166, 214: fot. Andrzej Wiernicki / East News
s. 97: fot. Zbigniew Kosycarz / KFP
s. 98: fot. Marek Karewicz / Forum
s. 120: fot. Michał Kułakowski / REPORTER
s. 150: fot. Lucjan Fogiel / Forum
s. 154: z archiwum prywatnego Danuty Błażejczyk
s. 170: fot. Marek Nelken / East News
s. 185: fot. Aleksander Jałosiński / Forum
s. 186: fot. Iza Grzybowska
s. 219: fot. Krzysztof Gieraltowski / Forum
s. 220: z archiwum prywatnego Małgorzaty Kożuchowskiej
s. 258–259: fot. Zygmunt Rytka / © Instytut Teatralny im. Zbigniewa Raszewskiego

Wydawnictwo Marginesy dołożyło należytej staranności w rozumieniu art. 335 par. 2 kodeksu cywilnego w celu odnalezienia aktualnych dysponentów autorskich praw majątkowych do zdjęć opublikowanych w książce. Z uwagi na to, że przed oddaniem niniejszej książki do druku nie odnaleziono niektórych autorów zdjęć, Wydawnictwo Marginesy zobowiązuje się do wypłacenia stosownego wynagrodzenia z tytułu wykorzystania zdjęć aktualnym dysponentom autorskich praw majątkowych niezwłocznie po ich zgłoszeniu do Wydawnictwa Marginesy.

Spis treści

„Kobiety w moim życiu zliczy któż?" — 7
Ewa Wiśniewska — 27
   INTERLUDIUM NUMER 1
   Panna Krysia z turnusu trzeciego — 43
Magdalena Zawadzka — 49
   INTERLUDIUM NUMER 2
   Prześliczna wiolonczelistka — 61
Halina Kunicka — 65
   INTERLUDIUM NUMER 3
   Bożenka — 79
Joanna Szczepkowska — 83
   INTERLUDIUM NUMER 4
   Desdemona — 93
Ewa Bem — 99
   INTERLUDIUM NUMER 5
   Kobietka, co niezłomne ma zasady... — 121
Alicja Majewska — 125
   INTERLUDIUM NUMER 6
   Panna Hela — 151

Danuta Błażejczyk	155
INTERLUDIUM NUMER 7 Pani, do tela pikna, co cud	167
Joanna Kurowska	171
INTERLUDIUM NUMER 8 Panna Zocha	183
Katarzyna Żak	187
INTERLUDIUM NUMER 9 Mariola	199
Joanna Trzepiecińska	203
INTERLUDIUM NUMER 10 Gwiazdeczka estradowej wiosny	215
Małgorzata Kożuchowska	221
INTERLUDIUM NUMER 11 Dziewczyny...	231
Stanisława Celińska	239
Coda	253
PODZIĘKOWANIA	261
BIBLIOGRAFIA	263
WYKAZ ŹRÓDEŁ ILUSTRACJI	268

WYDAWCA Adam Pluszka
REDAKTORKA PROWADZĄCA Dominika Popławska
REDAKCJA Sylwia Niemczyk
KOREKTA Sandra Trela, Małgorzata Kuśnierz
PROJEKT OKŁADKI I STRON TYTUŁOWYCH,
OPRACOWANIE GRAFICZNE Anna Pol
ŁAMANIE manufaktura
KOORDYNATORKA PRODUKCJI Paulina Kurek

ZDJĘCIE NA OKŁADCE Marek Karewicz / East News

ISBN 978-83-67859-92-9

WYDAWNICTWO MARGINESY SP. Z O.O.
UL. MIEROSŁAWSKIEGO 11A, 01-527 WARSZAWA
TEL. 48 22 663 02 75
redakcja@marginesy.com.pl
www.marginesy.com.pl

WARSZAWA 2024
WYDANIE PIERWSZE

ZŁOŻONO KROJEM PISMA Scala

KSIĄŻKĘ WYDRUKOWANO NA PAPIERZE Lux Cream 80 g vol. 1.6
DOSTARCZONYM PRZEZ Zing S.A.

ZiNG

DRUK I OPRAWA Abedik S.A.